W0247796

MIT BUDDHAS AUGEN SEHEN

Fred von Allmen

MIT
BUDDHAS AUGEN
SEHEN

Buddhistische Meditation
und Praxis

Mit einem Vorwort von
Joseph Goldstein

Theseus Verlag

Die Deutsche Bibliothek – CIP-Einheitsaufnahme

Allmen, Fred von:
Mit Buddhas Augen sehen : buddhistische Meditation und Praxis /
Fred von Allmen. Mit einem Vorw. von Joseph Goldstein. -
Berlin : Theseus Verl., 1997
ISBN 3-89620-106-9

ISBN 3-89620-106-9
© 1997 by Theseus Verlag, Berlin

Umschlaggestaltung: Morian & Bayer-Eynck, Coesfeld
Titelbild: © Philippe Chabloz
Lektorat: Karen Siebert / Ursula Richard
Gestaltung und Satz: Typografik & Design
Druck: Wiener Verlag, Himberg
Printed in Austria

Gedruckt auf alterungsbeständigem Papier
mit chlorfrei gebleichtem Zellstoff

Für Ursula

Das ursprüngliche Klare Licht,
die Buddhanatur, nicht erkennend,
wandern wir im Kreislauf des Daseins umher,
gepeinigt von Karma und Leidenschaften.
Lass deinen erschöpften Geist ruhen
in der ihm innewohnenden Grossen Vollendung.
Der siegreiche Longchenpa kennt sie;
um seinen Segen bitten wir.

Khenpo Jam-yang Dor-je

Verfasst vom Ehrw. Nyoshul Khenpo Rinpoche
am 2. Oktober 1996 in Paris

Dank

Als erstes möchte ich all meinen Dharmalehrern und -lehrerin-
nen aus Ost und West danken für ihre beharrlichen Versuche,
mir die Lehren und Absichten des Buddha nahe zu bringen.
Vor allem möchte ich aber Urs Haller danken, ohne dessen
wertvolle und unermüdliche Mitarbeit weder das vorliegende
noch mein erstes Buch »Die Freiheit entdecken« je zustande
gekommen wären. Seine ermutigende Unterstützung und die
Beratung sowohl für die inhaltlichen wie für die sprachlichen
Aspekte beim Verfassen der Texte waren mir eine unschätzbare
Hilfe; genauso wie Rosmarie Hallers Gastfreundschaft und
köstliche Mahlzeiten immer wieder dafür sorgten, dass bei der
Arbeit mit Urs Energie und Laune in Schwung blieben.
Dank gebührt meinem hochgeschätzten Lehrer Nyoshul
Khenpo Rinpoche für das Dharmagedicht, das er für dieses
Buch schrieb, und meinem Lehrer und Freund Joseph Gold-
stein für das Verfassen des Vorwortes.
Auch möchte ich es nicht versäumen, meiner geschätzten
Lehrerin und Freundin Sharon Salzberg für all die Kenntnisse
zu danken, die sie mir über die Praxis der Brahmaviharas ver-
mittelt hat.
Carol Wilson sei Dank für ihre Ratschläge in Bezug auf das
Kapitel über Vipassana-Meditation.

Ein herzliches Danke meiner Frau Ursula Flückiger, die auf meine unzähligen Fragen zu Inhalten der Lehre und ihrer Formulierung mit Interesse und Geduld einging und den Computer mit meinen Grundtexten fütterte.

Im weiteren danke ich S. E. Dagyab Kyabgön Rinpoche, Ven. Lama Gendün Rinpoche und Lama Lhündrub, Ven. Ajahn Sumedho, Stephen Batchelor, Lama Surya Das und Prof. Jan Stenflo für die Erlaubnis zum Abdruck von Gedichten, Zitaten und Übersetzungen. Dies gilt auch für Coleman Barks, Robert Bly, John Stevens, Rodger Kamenetz sowie ihren Verlagen.

Den Lektorinnen Karen Siebert und Ursula Richard danke ich für die gute Betreuung meines Manuskriptes, dem Theseus Verlag dafür, meine Bücher in guter Gesellschaft mit ehrwürdigen Dharmalehrenden zu publizieren und für die Genehmigung zum Abdruck wertvoller Zitate.

INHALT

VORWORT

Ich begegnete Fred von Allmen zum ersten Mal im Jahr 1971,
als wir in Bodhgaya, dem Ort der Erleuchtung Buddhas, zusammen praktizierten. Seit dieser Zeit kenne ich Fred als guten
Freund, unermüdlichen Schüler und weisen, mitfühlenden
Kollegen auf dieser großen Dharma-Reise. Unsere Wege haben
sich auf mannigfaltige Weise verwoben und spiegeln zu einem
gewissen Grad die Entwicklung des Dharma, der Lehre und
Praxis des Buddha, im Westen wider.

Fred hatte das große Glück, bei Lehrern und Lehrerinnen
der Theravada- wie auch der tibetischen Tradition studieren zu
können, und in diesem ausgezeichneten Buch vereint er tief-
gründige Elemente beider Überlieferungen. Er vertiefte sich in
die präzisen und systematischen Methoden der Vipassana-Meditation, die um die Mitte des 20. Jahrhunderts in Burma zum
ersten Mal auch Laien umfassend zugänglich gemacht wurden.
Dies ermöglichte vielen Menschen aus dem Westen die befreiende Praxis buddhistischer Meditation selbst zu kosten.

Durch Studium und Praxis bei großen tibetischen Meistern
konnte Fred die umfassenden Perspektiven von Bodhichitta,
dem Geist der Erleuchtung, ergründen.

Relative Bodhichitta ist der aus Mitgefühl entstandene
Wunsch, zum Wohl aller Lebewesen zur inneren Freiheit zu er-

wachen. Absolute Bodhichitta ist die transformierende Erkenntnis der Leerheit. Zusammen bilden sie einen umfassenden
Bezugsrahmen für jede spirituelle Praxis.

Für lange Zeit existierten die verschiedenen Schulen des
Buddhismus in Asien weitgehend isoliert voneinander. Ein Teil
der heutigen Renaissance des Interesses an Buddhas Lehre
stammt aus der Begegnung und dem voneinander Lernen der
Praktizierenden aus unterschiedlichen Kulturen und Herkünf-
ten. Es findet gegenwärtig eine belebende, wechselseitige Be-
fruchtung der Traditionen statt – und vielleicht wird sogar eine
spezifisch westliche entstehen. *Mit Buddhas Augen sehen* ist ein
hervorragender Beitrag zur Entwicklung dieser spirituellen Bewegung.

Möge dieses Buch zum Wohl und Erwachen
aller Lebewesen beitragen.

Joseph Goldstein
Barre, Massachusetts
Dezember, 1996

BUDDHISMUS UND MEDITATION: MYTHEN UND FAKTEN

Nehmt keine Lehre an, nur weil sie von einer Autorität gelehrt wurde, noch weil sie aus alten Texten stammt oder der Tradition entspricht. Prüft sie vielmehr durch gesunden Menschenverstand, logisches Denken und vor allem durch Ausprobieren.

Immer mehr Menschen im Westen sind heute an Buddhismus und Meditation interessiert. Vielleicht liegt es daran, dass diese Lehre nicht das Annehmen von Dogmen, sondern persönliches Erforschen und Erproben voraussetzt. Obgleich mehr und fundierteres Wissen über den Buddhismus zugänglich ist als früher, nehmen gleichzeitig auch die Mythen und falschen Vorstellungen zu. Zum Teil mag das an den Medien liegen, die über Spiritualität meist nur berichten, wenn es sich um sensationelle oder abwegige Aspekte handelt. Es mag auch an der Esoterik- und New-Age-Welle liegen, die mit ihrer Faszination für Außergewöhnliches und für Spezialeffekte bei Teilen unserer Gesellschaft auf fruchtbaren Boden zu fallen scheint, und vielleicht liegt es auch einfach an der alten abendländischen Fasziniertheit durch den Orient: ein vager, fremdartiger Bereich, in den wir immer wieder unsere Träume und Hoffnungen von einem mystisch reichen Leben hineinprojiziert haben.

Mir scheint es an der Zeit zu sein, einige der Mythen über Buddhismus und Meditation zu demontieren und zu klären und an ihrer Stelle vielleicht weniger aufregende, aber dafür nützliche und inspirierende Fakten zu präsentieren.

Beim Buddhismus geht es wie bei jeder anderen echten spirituellen Tradition nicht um die Zugehörigkeit zu einer Gruppe oder zu einem Glauben, sondern um echte Praxis und innere Wandlung. Nach einem langen Aufenthalt in einem buddhistischen Zentrum kehrte ein junger Mann für eine Weile zurück zu seinen Eltern, die auf dem Lande lebten. Die Eltern, gläubige Christen, taten sich schwer mit der neuen Glaubenszugehörigkeit ihres Sohnes. Dieser schrieb in einem Brief an seine Lehrer und Freunde im Zentrum Folgendes über die Haltung seiner Eltern: »Wenn ich ein Buddhist bin, hassen sie mich. Aber wenn ich ein Buddha bin, dann lieben sie mich.« Von Bedeutung ist einzig, was wir verwirklicht haben und wie wir dies leben. Religionszugehörigkeit kann unter Umständen sogar zu einem Hindernis werden.

Es wird gesagt, dass der Buddhismus zwar als Weltreligion gelte, aber da er keinen Gott oder Gottesglauben kenne, sei er nicht wirklich eine Religion. Vielleicht ist er es wirklich nicht. Dabei wird er allerdings unter den buddhistischen Völkern Asiens so sehr wie eine Religion praktiziert, dass er wahrscheinlich doch eine ist – nämlich eine Religion mit all den Ritualen und Zeremonien, dem (oft blinden) Glauben, mit Institutionen und Hierarchien, mit Druck und Zwang auf die Anhänger und Gläubigen und daraus resultierenden Ängsten, genauso wie man das auch von anderen institutionalisierten Religionen kennt. Natürlich spielt es nicht wirklich eine Rolle, ob Buddhismus eine Religion ist oder nicht. Er scheint seinen Zweck zu erfüllen und es gibt weltweit etwa drei- bis vierhundert Millionen Buddhisten. Diese sind zwar fast ausschließlich in Asien zu finden und beim Anteil von höchstens einem Prozent im Westen handelt es sich zum größten Teil auch um Asiaten, die bei ihrer Einwanderung ihre Religion mitbrachten. Trotzdem: Der große Historiker Arnold Toynbee soll gesagt haben, dass – zurückblickend – das herausragendste Ereignis des 20. Jahrhunderts die Begegnung des Christentums mit dem Buddhismus gewesen sein werde.

In Bezug auf den Glauben an einen Gott kommt es darauf an, was damit gemeint ist. Wenn damit ein allmächtiger Schöpfer gemeint ist, der straft und belohnt, dann kennt der Buddhismus tatsächlich keinen Gott. Wenn aber die Vorstellung von Gott auf eine universelle Gesetzmäßigkeit zielt und eine moralische Gesetzmäßigkeit mit persönlicher Verantwortung einschließt, dann ja, dann gibt es das im Buddhismus.

Wenn wir sagen: Gott ist Liebe, das ist das Essentielle, dann stimmt auch hier der Buddhismus mit seiner Betonung von Liebe und Mitgefühl damit überein. Der Dalai Lama sagte: »Meine Religion ist Güte.«

Wenn Gott als eine mystische Realität, jenseits dieses konditionierten Daseins, gesehen wird und als solche »erfahrbar« ist, dann entspricht auch dies ganz buddhistischer Vorstellung und Erkenntnis.

Auf der Ebene des Daseins, auf der wir leben und handeln, ist ethische Integrität und Verantwortung ein zentrales Anliegen des Buddhismus.

Auf einer psychisch-emotionalen Ebene hat korrekte, richtig verstandene und angewandte buddhistische Praxis eine therapeutische Wirkung.

Auf der Ebene echter religiöser und meditativer Erfahrung ist Buddhismus zutiefst mystisch.

Trotzdem und vor allem ist er pragmatisch und praktisch im Ansprechen des Dilemmas menschlichen Daseins und im Umgang damit; er ist pragmatisch und praktisch darin, dem Leben Bedeutung und Sinn zu verleihen, und letztlich darin, Befreiung vom Leiden zu ermöglichen. Seine praktische Seite hat mein erster Vipassana-Meditationslehrer Sri S. N. Goenka ungefähr so illustriert: Ein Professor befand sich auf einer Schiffsreise. Jeden Abend setzte sich ein einfacher Matrose zu ihm und die beiden sprachen über die Welt und das Leben. Eines Abends fragte der Professor den Matrosen: »Kennst du dich aus in Ozeanographie?« »Nein«, antwortete der Seemann, »davon habe ich keine Ahnung.« »Schade«, meinte der Professor, »da

hast du ein Drittel deines Lebens verpasst.« Am nächsten
Abend diskutierten sie weiter, bis der Professor fragte: »Kennst
du Meteorologie?« Wieder verneinte der Matrose die Frage
und der Professor befand: »Schade, du hast zwei Drittel deines
Lebens verschwendet!« Am dritten Abend kam der Seemann
angerannt: »Professor, kennst du Schwimmologie?« »Nein«,
meinte dieser, »von Schwimmen habe ich keine Ahnung.«
»Schade«, meinte der Matrose, »du hast dein ganzes Leben verloren! Das Schiff hat ein Leck und wir sinken!«

Buddhistische Praxis ist eine Art »Schwimmologie«. Wir
lernen im Ozean des Daseins zu schwimmen, um das andere
Ufer erreichen zu können.

In buddhistischen Ländern nennt man Lehre und Praxis *dhamma* (Pali) oder *dharma* (Sanskrit). Das Wort »Buddhismus« gab
es erst, nachdem es von westlichen Missionaren und Forschern
geprägt wurde. Buddha heißt »erwacht«; Buddhismus bedeutet
also so etwas wie die Lehre des Erwachens.

Im Buddhismus ist es nicht nötig, auf eine Belohnung in
der Zukunft zu hoffen, nachdem man sich gut benommen hat.
Zwar ist diese Vorstellung im volkstümlichen Buddhismus unter Laien durchaus sehr verbreitet. Buddhismus ist aber eher
das, was »Ehipassiko Dhamma« genannt wird, die »Komm-
schau-und-finde-für-dich-selbst-heraus-Lehre«! Diesen Aspekt
des Buddhismus zu verstehen ist sehr wichtig. Wir müssen die
Lehren und die Anleitungen anwenden, ausprobieren und mit
Hingabe praktizieren, dann sollte eine innere Veränderung für
uns spür- und wahrnehmbar sein und die Praxis hilfreich, er-
leichternd und befreiend wirken. Wer wirklich an diesem Weg
interessiert ist, sollte in diesem Sinn zu Beginn einmal wenigstens »ein Jahr und einen Tag« investieren.

Manchmal wird gesagt, Buddhismus sei pessimistisch. Obwohl für mich das Gegenteil wahr ist, gibt es einen Grund für
diese Behauptung: Buddhismus ist nämlich außerordentlich
realistisch! Den Schwierigkeiten des Lebens und dem Leiden

wird ins Auge geblickt und sie werden direkt angegangen. Für manche Menschen ist das beängstigend, ja sogar bedrohlich. Dabei geht Buddhismus natürlich noch einen entscheidenden Schritt weiter; nämlich hin zur Möglichkeit inneres Leiden zu überwinden und Glück und Frieden zu schaffen. Lama Govinda schreibt: »Von den 121 Bewußtseinsklassen, die von der buddhistischen Psychologie besprochen werden, sind 63 von Freude begleitet und nur drei von ihnen leidvoll, während der Rest, d. h. 55 Klassen, neutral sind. Wenn irgend etwas geeignet ist, den Vorwurf des Pessimismus, den man dem Buddhismus gemacht hat, zu entkräften, so dürfte es diese Feststellung sein. Wie verblendet muß der Mensch sein, daß er, trotz der überwiegenden Möglichkeiten freudvoller Bewußtseinszustände, vorwiegend in jenen drei unheilsamen verharrt.«[1]

Vom Dharma, der Lehre und der Praxis, wird gesagt, sie sei »süß am Anfang, süß in der Mitte und süß am Ende«. Das bedeutet nicht, dass wir auf einem spirituellen Weg nicht immer wieder − oft riesige − Schwierigkeiten und Hindernisse überwinden müssen. Aber dabei geht es immer um Befreiung vom Leiden und damit um Heiterkeit, Unbeschwertheit und ein offenes Herz.

Es gibt auch einige positive, schmeichelhafte Annahmen und Vorstellungen über den Buddhismus, die schlichtweg falsch sind. Eine ist die Behauptung, es habe nie religiös motivierte Kriege gegeben. Vermutlich ist es wahr, dass es keine solch großangelegten Kriege gab wie die christlichen Kreuzzüge oder so etwas wie Jihad, den »heiligen Krieg«. Aber auch Buddhisten sind Menschen − mit all den destruktiven Eigenschaften des menschlichen Geistes. Deshalb haben auch sie Konflikte verursacht und Kriege und Greueltaten vollbracht, einschließlich solcher gegen religiös andersgesinnte Gruppen.

Eine andere irrige Vorstellung ist die, zu glauben, die meisten Buddhisten würden meditieren. In Thailand zum Beispiel, einem Land, in dem die buddhistische Tradition noch intakt ist, sollen schätzungsweise nur zwei bis fünf Prozent aller ordinierten Mönche und Nonnen ernsthaft meditieren. Daraus kann man auf den Seltenheitswert der Meditation beim Rest der buddhistischen Bevölkerung schließen. Damit soll nicht gesagt werden, dass Mönche und Nonnen dort kein verdienstvolles Leben führen. Ganz im Gegenteil üben sich Praktizierende oft sehr intensiv in verschiedenen Aspekten des Dharma. Aber Meditation ist eher die Ausnahme, sozusagen eine elitäre Praxis. Dabei gibt es aber in Thailand, Burma, Sri Lanka, in Japan und Südkorea und in vielen andern Ländern Asiens durchaus viele Klöster und Meditationszentren, in denen ernsthaft und intensiv meditiert wird.

Nun zu einigen fragwürdigen oder gar falschen Vorstellungen und Mythen über Meditation.

Weit verbreitet ist die Vorstellung, Meditation sei ein schneller, müheloser Weg mit inneren Schwierigkeiten fertig zu werden und inneren Frieden zu erreichen. Um aber gegen Jahrzehnte − oder sind es Jahrtausende? − von innerem Lärm, Zerstreuung und destruktiven Gewohnheiten anzukommen, brauchen wir eine entsprechend langfristige, konsequente Praxis. »Wunder brauchen auch hier ihre Zeit.«

Meditation ist kein Allheilmittel. Buddhistische Psychologie ist darauf ausgerichtet, durchschnittlich ausgeglichenen Menschen den Weg zur Befreiung zu weisen. Das bedeutet etwas völlig anderes als ein psychologisches oder psychotherapeutisches Heilverfahren, das auf Psychopathologie ausgerichtet ist. Dazu ist buddhistische Psychologie in den meisten Fällen ungeeignet. Zwar wird eine tägliche Meditation sicher für alle hilfreich sein, intensive Meditationsretreats taugen aber kaum dazu, Menschen mit einer psychiatrischen Krankengeschichte wie Suizidgefährdete, schwer Depressive oder Menschen mit Neigung zu psychotischen Zuständen zu heilen. Das bedeutet nun wiederum nicht, dass wir bereits unsere üblichen Neurosen und emotionalen Unzulänglichkeiten überwunden haben müssen, bevor wir einen längeren Meditationskurs besuchen können. Denn solche Kurse sind vorzügliche, wirksame Formen der Praxis, die allen im weitesten Sinne »Normalen« spirituelle Entwicklung und innere Befreiung ermöglichen können. Im Zweifelsfalle kann nur im Retreat selbst herausgefunden werden, ob und inwieweit sich diese Form für uns eignet. Es besteht also kein Grund sich abschrecken zu lassen. Bestehende Zweifel und Schwierigkeiten sollten aber zu Beginn eines Retreats den Lehrenden mitgeteilt werden und im weiteren Verlauf des Kurses sollte der regelmäßige Kontakt zu diesen unbedingt aufrechterhalten werden.

Es ist unrealistisch, sich einfach darauf zu verlassen, dass Meditation allein schon genügen wird, um uns wirklich zu transformieren. Sie kann zwar immer wieder eine gewisse momentane innere Stille und Ausgeglichenheit bewirken. Um aber tiefer greifende Veränderungen herbeizuführen, müssen wir uns verändern und wandeln *wollen* und es dann auch tatsächlich *tun*. Dies verlangt enormes Interesse, Entdecker- und Forschergeist, Energie und Ausdauer. Unser ganzes Wesen und unsere totale Hingabe sind gefragt, wenn Meditation und Praxis mehr sein sollen als ein bloßer Zeitvertreib.

Bei der Meditation geht es auch nicht um ein gefühlsintensives oder dramatisches Erleben, das uns ein andauerndes »Hoch«, ein inneres Abgehobensein oder sonstige Erfahrungen verschafft, die all unsere Probleme lösen und Leiden heilen können. Wenn sich eine Erfahrung »tief«, ja überwältigend anfühlt, bedeutet dies noch längst nicht, dass Erkenntnis oder Weisheit damit verbunden sein müssen. Sensationelle, aufregende, ungewöhnliche oder abgehobene Meditationserfahrungen deuten keinesfalls auf innere Freiheit hin. Selbst bedeutende Erkenntnisse in das Wesen der letztendlichen Wirklichkeit müssen integriert, gelebt und vertieft werden.

Rituale wie zum Beispiel im Kreis sitzen, Kerzen anzünden, sich an den Händen halten und singen können zu einem Gefühl der Zusammengehörigkeit verhelfen, werden aber meist nicht die Tiefen unseres Wesens transformieren. Auch viele Methoden und Kurse der Esoterik- und der New-Age-Bewegung wie Klangmeditationen, kreative Ausdrucksrituale, Licht- und Farbmeditationen und insbesondere auch die New-Age-Tantras müssen klar vom buddhistischen Weg und vor allem vom sehr anspruchsvollen und schwierigen Weg des höchsten tantrischen Vajrayana unterschieden werden. New-Age-Tantra-Kurse können unter guten Bedingungen vielerlei innere Hemmungen und Blockaden lösen, Energien freier fließen lassen und die Fähigkeit zu Genuss und Freude vertiefen. Sie entsprechen aber nicht einem spirituellen Weg, der zu Befreiung von Täuschung, Verlangen, Aversion und all den anderen quälenden Emotionen – und damit zur Freiheit vom Leiden – führt.

Wenn von östlicher Spiritualität die Rede ist, wird oft gleich an übernatürliche oder seltsame Kräfte gedacht, als ob solche Dinge für die innere Entwicklung eines Menschen besonders relevant wären. Nun gibt es zwar einige seltene Individuen, die solche Fähigkeiten entwickeln können. Diese Kräfte sind jedoch nicht notwendigerweise identisch mit spiritueller Entwicklung und die Überbewertung solcher Fähigkeiten – auch als »spiritueller Materialismus« bekannt – widerspricht dem Wesen echter Spiritualität und kann für die innere Entwicklung sogar hinderlich sein.

Beliebt und bekannt sind heute buddhistische Initiationen oder Einweihungen. Als Formen des tibetischen Buddhismus sind sie faszinierende und symbolträchtige Rituale. In ihrer wahren Bedeutung entsprechen sie einer anspruchsvollen Stufe der meditativen Praxis. Bei uns wie auch bei den Tibetern werden sie oft einfach als Gelegenheit gesehen, karmische Kontakte und Verbindungen mit den Meistern, den Lamas, herzustellen und ihren Segen zu empfangen.

Dabei wird nun aber bei uns oft allerlei esoterischer Hokuspokus hineinprojiziert und wenn man sich dazu in eine emotionelle Intensität hineinsteigert, kann dies leicht mit ech-

ten spirituellen Erfahrungen verwechselt werden. Initiationen
sind das Eingangstor zur Praxis des Vajrayana-Buddhismus. Nur
erfahrene Praktizierende unter qualifizierter Leitung können
in der Folge auch in tiefgründiger Weise die entsprechenden
Praktiken üben und verwirklichen. In diesem Zusammenhang ist es auch wichtig zu verstehen,
dass Meister oder Meisterinnen, Gurus und Lamas uns nicht
»erleuchten« können. Wenn sie es könnten, hätten sie dies
längst getan. Vielmehr ist ein dauerndes interessiertes Bemühen
unsererseits unabdingbar. Der große indische Meister Ramana
Maharshi, in dessen Tradition die Hingabe an den Meister und
die Notwendigkeit seines Segens als zentral angesehen werden,
betonte: »Niemand kommt ans Ziel ohne Anstrengung. Verwirklichung ist nicht unser Geburtsrecht. Die wenigen Verwirklichten verdanken den Erfolg ihrer Ausdauer.«[2] Obgleich
wir jede Art der Unterstützung von Seiten verwirklichter
Menschen brauchen können und auch aktiv suchen müssen,
liegt es an jedem und jeder von uns, unsere wahre Natur zu erforschen und innere Freiheit zu entdecken. Wie mein indischer
Vipassanalehrer Anagarika Munindra es ausdrückte: »Buddha
hat *sein* Problem gelöst. Du musst *das Deine* lösen!«

Durch die Übung spiritueller Praxis wird oft eine gewisse innere Zufriedenheit und Ausgeglichenheit erreicht – psychi-
scher Wohlstand sozusagen. Dabei stellt sich aber die Frage, ob
es uns bei der Praxis tatsächlich nur um das Erreichen dieses
psychischen Wohlstandes geht oder ob wir wirklich frei sein
wollen. Diese beiden Zielsetzungen stehen zwar nicht im Widerspruch zueinander, sie entsprechen aber jeweils einer anderen geistigen Dimension. In einer authentischen Praxis geht es
nicht darum, schöne Gefühle und angenehme Geisteszustände
zu erreichen, sondern darum, Erkenntnis, Gelassenheit und innere Freiheit sowie Liebe und Mitgefühl zu verwirklichen. Wie
eine Meditierende mir aus ihrem Retreat schrieb: »Lieber frei
als high.«

Praxis ist letztlich auch nicht einfach eine Methode mit dem Ziel des ausschließlich persönlichen Gewinns. Zwar ist eine gemischte Motivation aus Eigeninteresse und Altruismus (der uneigennützigen inneren Haltung zum Wohle aller) für weite Strecken des Pfades normal. Aber: Ohne eine echte altruistische Haltung bleibt unsere Praxis letztlich begrenzt und in Bezug auf unsere Mitwelt recht bedeutungslos, vergleichbar mit jemandem, der in einem Ozeandampfer mutterseelenallein das Meer überquert. Eine Praxis mit der Motivation, dem Wohle aller zu dienen, ist wie das Licht der Sonne, ohne diese Motivation aber wie das Licht einer Kerze.

So viel zu den Missverständnissen. Was sind nun die Charakteristiken echter buddhistischer Praxis? Zen-Meister Dogen sagte:»Buddhismus oder ›den Weg‹ zu ergründen heißt, sich selbst ergründen. Sich selbst zu ergründen heißt, sich selbst zu vergessen. Sich selbst zu vergessen heißt, durch alle Dinge erleuchtet zu werden. Durch alle Dinge erleuchtet zu sein bedeutet, die Schranken zwischen sich selbst und anderen zu beseitigen.«[3]

Gelebter Buddhismus ist also nichts anderes als ein Weg, ein Mittel, eine Methode der Selbst-Entdeckung, eine Entdeckungsreise, die uns ermöglicht, die Illusion eines unabhängig und getrennt existierenden Selbst zu durchschauen. Solch befreiende Einsicht entspricht der Erkenntnis der wahren Natur aller Dinge und bringt uns in Einklang mit dem Leben. Deshalb sagte Kalu Rinpoche:»Wenn du das heilige Dharma praktizierst, werden die Wolken des Leidens langsam wegziehen, und die Sonne der Erkenntnis und der großen Freude wird am klaren Himmel deines Geistes scheinen.« Um dahin zu gelangen, braucht es aber großes Engagement und ernsthafte Praxis.

Seriöse Meditation, das heißt Methoden aus buddhistischen oder anderen Traditionen, die sich in Jahrhunderten bewährt haben, können in Form und Zugang sehr verschieden sein,

haben aber eine Anzahl von Grundzügen gemeinsam, die sie
als vertrauenswürdig ausweisen.

Meditation und Dharmapraxis bedeuten Entdecken, Erforschen und Ergründen, erfordern ein Leben lang viel Einsatz,
Hingabe und Anstrengung. Sie verlangen ein leidenschaftliches
Interesse, das Geheimnis, ein fühlendes Lebewesen zu sein, zu
erforschen und sich dem Mysterium des Bewusstseins vorbe-
haltlos zu öffnen. Über das Interesse dieser Art erzählt Martin
Buber aus der Chassidim: Ein Knabe versteckte sich und war-
tete, dass sein Freund ihn suche. Als dieser aber lange nicht
kam, merkte der Knabe, dass der Freund ihn von Anbeginn
nicht gesucht hatte. Vor Enttäuschung weinend kam er zum
Großvater, Rabbi Baruch, gerannt und beklagte sich. Da flos-
sen auch des Rabbis Tränen, und er sagte: So spricht auch Gott:
›Ich verberge mich, aber keiner will mich suchen.‹[4]

Unerschütterliches Interesse und Ausdauer sind notwendig,
um auf einem spirituellen Weg tatsächliche Verwirklichungen
zu erreichen. Leicht gewonnene, anstrengungslose Erleuchtung
steht für die allermeisten von uns nicht auf dem Programm,
auch wenn diese auf dem spirituellen Markt immer wieder
versprochen wird.

Ein positives und erwünschtes Merkmal der Meditation ist
ihre therapeutische Wirkung. Auf längeren, intensiven Retreats
werden häufig eindrückliche Einsichten in das Wirken psychi-
scher Muster und zuweilen gar tiefe Auflösungen hemmender
Auswirkungen alter, unerledigter Traumen gewonnen. Dennoch ist psychisches Wohlbefinden nicht das hauptsächliche
Ziel der Meditation, noch ist diese eine sehr effiziente Form
der Psychotherapie; denn es kann schwierig sein, durch die
Meditation die eigenen destruktiven Muster, mit denen man
sich seit langem identifiziert, zu erkennen. Gerade dies ist aber
eine wichtige Aufgabe der Psychotherapie.

Meditation soll uns zwar helfen unser Befinden zu verbessern, ihre tiefste Bedeutung liegt jedoch im Erkennen und
Durchdringen der wahren Natur unseres Geistes und aller

Dinge, also der letztendlichen Wirklichkeit, und in der inneren Freiheit, die dadurch entdeckt wird. Diese Befreiung ist aber letztlich nicht eine Frage des »Aufarbeitens« von inneren Schwierigkeiten, Konflikten und Traumen, sondern eine Erfahrung grundlegender »Desidentifikation« mit den Erscheinungen des Daseins, seien sie gut oder schlecht, und damit einer tiefen »Erlösung des Herzens«.

Im Allgemeinen findet innere Wandlung »fließend« statt – gerade so, wie der Winter zum Frühling, der Frühling zum Sommer wird, obwohl es natürlich auch immer wieder Momente gibt, in denen Transformation plötzlich, auffällig und direkt spürbar ist. Oft kommen aber transformierende Erfahrungen leise, fast unmerklich. Mehr Intensität kann auch einfach mehr »Selbst« bedeuten, mehr von denselben alten Verhaftungen und Gewohnheiten in neuer Verkleidung. Das entscheidende Merkmal bedeutungsvoller Praxis ist die Erkenntnis des ständigen Wandels und der unerfassbaren Natur aller Dinge und die daraus entstehende, spürbare innere Freiheit.

Andererseits beschränkt sich Dharma aber auch nicht auf diese Erkenntnis der wahren Natur. Vielmehr geht es auch um die Entwicklung innerer Qualitäten und Eigenschaften wie Ausdauer, Geduld, Großzügigkeit, Liebe, Mitgefühl und Gelassenheit. Solche und andere Qualitäten zu entwickeln ist von größter Bedeutung, da es in einem spirituellen Leben nicht nur darum geht, den »großen Durchblick« zu erleben, sein Koan zu lösen oder sonst eine tiefe Erkenntnis zu erlangen, sondern auch darum, in diesem Leben heiter und segensreich zu leben und zu wirken – zu helfen, zu dienen und für andere da zu sein, wenn sie uns brauchen.

Meditation und spirituelle Praxis sind eine Übung, die unser ganzes Leben durchdringen muss – jeden Tag und jede Handlung von Körper, Rede und Geist. Auch all die verschiedenen Bereiche unseres Lebens wie Arbeit, Beziehungen, Geld, der Körper oder unser Verhältnis zur Umwelt müssen in die Praxis mit eingeschlossen werden. Erkenntnis in die dynamische, vergängliche Natur kleinster Partikel unserer körperlichen Existenz wird nicht unsere Finanzprobleme lösen. Tiefe Konzentrationsfähigkeit bedeutet nicht, dass wir nun beziehungsfähiger sind und unsere Schwierigkeiten im Umgang mit den Mitmenschen gelöst haben. Die Begabung, weise und brillant über Dharma reden zu können, heißt noch lange nicht, dass wir unsere Unzulänglichkeiten und Schwächen endgültig überwunden haben. Deshalb ist es notwendig, alle Aspekte unseres Menschseins zu Bereichen der Praxis, der Erforschung und Klärung zu machen. Dabei mag es manchmal notwendig sein, sich in Bezug auf den jeweiligen Bereich besonders dafür geeigneter Mittel und Methoden zu bedienen oder den Rat und die Unterstützung von Spezialisten zu suchen, seien es nun Paartherapeuten, Umweltschützerinnen, Yogalehrer oder Beraterinnen im Umgang mit Sucht und Missbrauch von Alkohol, Drogen, Essen oder Geld.

Wenn echte Praxis volle Hingabe verlangt, so darf sie aber niemals eng und ausschließlich werden. Doktrinäre Intoleranz und Fundamentalismus sind nicht Anzeichen weiser Hingabe, sondern die eines tiefen Mangels an Erkenntnis und Vertrauen. Wenn religiöse Engstirnigkeit den Menschen und der Erde zu schaden beginnt, dann wird diese Engstirnigkeit und Intoleranz zu einer Gefahr, ja zu einem zerstörerischen Dämon. Das gilt zum Beispiel für das durch religiöses Dogma begründete Verbot von Verhütungsmitteln, das Millionen von unterprivilegierten, in extremer Armut lebenden Menschen dazu nötigt, Kinder auf die Welt zu bringen, die dem sicheren Hungertod geweiht sind, und das andere daran hindert, ein erhöhtes Risiko der Aids-Ansteckung zu vermeiden.

Authentische spirituelle Verwirklichung zeichnet sich durch Toleranz und Weisheit aus, sieht und schätzt das Gute überall und macht dessen Wert nicht abhängig von äußerer Zugehörigkeit und Meinungsgleichheit.

Als mein tibetischer Lehrer in den frühen siebziger Jahren zum ersten Mal den Westen besuchte, weilte er auch für einen Monat in Paris. Um möglichst viel Zeit mit ihm und seinen Belehrungen verbringen zu können, beschlossen zwei Freunde und ich, während dieser Wochen auch dort zu sein. Da wir wenig Geld hatten, waren wir froh, im Haus eines entfernten Verwandten meines Freundes, eines christlichen Priesters, in einer Pariser Arbeiter-Vorortgemeinde wohnen zu können. Der Priester überließ uns jungen, begeisterten Anhängern des Buddhismus das größte Zimmer des Hauses und wir staunten, als wir erfuhren, dass ein mohammedanischer Student aus Ägypten ebenfalls in diesem Haus wohnte. Nicht nur war der Priester sehr um unser Wohl besorgt, sondern er erkundigte sich auch nach den Belehrungen unseres Lamas. Als wir ihm über die Methoden der Entwicklung von Mitgefühl und Bodhichitta berichteten, weckte dies bei ihm so viel Interesse, dass er beschloss, gleich am nächsten Abend mitzukommen, obgleich er zumeist zwölf Stunden am Tag mit seiner Seelsorge beschäftigt war. Ohne je für einen Moment zu missionieren, war er an unserer geistigen Entwicklung aufrichtig interessiert und freute sich über unseren Enthusiasmus über die Dharmapraxis. Er ist für mich noch immer ein leuchtendes Beispiel für einen spirituell Praktizierenden ohne jede Spur von religiöser oder doktrinärer Intoleranz.

Wir sollten allerdings auch wissen, dass es viele asiatische Praktizierende und Lehrende gibt, die kaum etwas von anderen Schulen und Traditionen gehört haben und sich deshalb nur schwer vorstellen können, dass so verschiedene Methoden wie japanisches Koan-Zen, tantrische Übungen des tibetischen Vajrayana oder die Vipassana-Praxis der Theravadas gleichermaßen zur Befreiung des Geistes von Täuschung und quälenden Emotionen *(kilesa/klesha)* führen können. So sollten wir zumeist vielseitiger informierte Westler zu enge Aussagen über andere Schulen und Traditionen zu relativieren wissen. Unverständlich ist Sektierertum allerdings bei denen, die reichlich Gelegenheit hätten, sich über andere Methoden und Wege zu informieren, es aber aus Ignoranz oder Arroganz vorziehen, ihre falschen Vorstellungen über andere weiter zu verbreiten.

Interessant ist schließlich auch die Frage der optimalen »äußeren Form«. Muss man Mönch oder Nonne werden, wenn man Dharma wirksam üben will? Können auch Laien oder Eltern mit beruflichen und familiären Pflichten »richtig« praktizieren? In den vergangenen Jahrhunderten war effiziente Praxis fast ausschließlich den ordinierten, im Zölibat lebenden Mönchen und Nonnen vorbehalten. Nur sie waren so frei von weltlichen Verpflichtungen, dass sie Zeit und Muße hatten sich ganz dem Studium und der Umsetzung der Lehre zu widmen. Allenfalls konnten sich noch Einzelne aus der adligen, besitzenden Klasse den Luxus intensiver Dharmapraxis leisten.

Als Westler kann man heute nun aber auch ohne Ordination sehr intensiv praktizieren, weil wir über nie gekannte äußere Freiheiten verfügen. Partnerschaft muss nicht automatisch bedeuten, dass man Kinder bekommt. Kinder haben heißt nicht unbedingt, dass man sein ganzes Dasein ausschließlich dem materiellen Überleben und den Kindern widmen muss.

Wer ernsthaft an Dharmapraxis interessiert ist, kann sich heute in den unterschiedlichsten Lebensumständen einen Freiraum schaffen, um wirkungsvoll zu üben, ohne dass daraus für die Angehörigen ein Mangel an Materiellem oder an Zuwendung erwachsen muss. Allerdings braucht es ganz besonders viel Konsequenz und Hingabe an die Praxis, denn als Laien müssen wir noch öfter gegen Tendenzen von Bequemlichkeit, alter Gewohnheit und Konditionierung ankämpfen.

Schließlich wird man aber doch einräumen müssen, dass die Ordination in den meisten Fällen besonders günstige Bedingungen für die Transformationspraxis bietet. Sicher aber ist: Hier im Westen ist echte Dharmapraxis mit entsprechenden

Resultaten nicht mehr nur den Mönchen und Nonnen vorbehalten. Sie ist für alle da, die innere Bereitschaft, Hingabe und Ausdauer aufbringen.

Im Westen scheint der Buddhismus sich so zu entwickeln, dass die von den meisten gewählte »äußere Form« die der Laienpraktizierenden ist, ob sie nun in intensiven Praxis- und Meditationssituationen oder im Berufs- und Familienleben gelebt wird. Es ist aber zu hoffen, dass auch die ordinierte Sangha sich im Westen breit gefächert und dauerhaft wird etablieren können – laut Buddha eine Bedingung, um Dharma langfristig und rein am Leben zu erhalten. Es ist die Sangha der Mönche und Nonnen, die auf einen großen Teil der Beschäftigungen und Vergnügungen dieser Welt bewusst verzichtet, um sich völlig der Praxis und dem Kultivieren spiritueller Werte widmen zu können. Ihre völlige Hingabe kann sehr inspirierend wirken und als Empfänger von Gaben stellen sie für uns »ein unvergleichliches Feld zur Schaffung von spirituellen Verdiensten dar«, wie es in den alten Texten heißt.

Wie auch immer die »äußere Form« aussehen mag, die uns entspricht und die wir wählen, die Umsetzung der Lehre ist dann – aber nur dann – wirkungsvoll, wenn sie als persönliche, engagierte spirituelle Praxis gelebt wird. Dabei geht es keinesfalls um Buddhismus oder Religion, sondern um ein Training, das zur Verminderung und letztlich zur Befreiung von Täuschung und quälenden Emotionen führt – zur Befreiung vom Leiden. Weisheit, Liebe und Mitgefühl für alles Lebendige sind sowohl die befreienden Mittel wie auch der Ausdruck dieser Praxis. Wenn diese Qualitäten authentisch sind, bewirken sie ein tiefes Gefühl von Verantwortung und rufen den Wunsch wach, so viel wie möglich zum Wohlergehen aller lebenden Wesen und unserer Erde beizutragen. Gleichzeitig bedeutet dies immer auch ein Leben in Fülle, Verbundenheit und heiterer Gelassenheit. Wie Thich Nhat Hanh es ausdrückte: »Buddhismus zu praktizieren ist ein geschickter Weg, sich am Leben zu erfreuen. Glücklichsein ist erhältlich! Bitte bedient euch!«

SPIRITUELLES TRAINING

Erkenntnis lässt uns sehen, dass alles substanzlos ist wie ein Traum, und wir sind frei. Wir begreifen aber auch, dass negatives, destruktives Verhalten schmerzhafte Alpträume, heilsames, positives Verhalten dagegen glückliche und schöne Träume entstehen lässt. Wir haben die Wahl.

Wenn wir schauen, was uns bewegt im Leben, was Grund und Ursache, Motiv für all unser Tun ist, so sehen wir, dass sich ein Prinzip, eine grundlegende Dynamik, wie ein roter Faden durch unser Dasein zieht: *Wir alle wollen glücklich sein und nicht leiden.* Diesen Sachverhalt stellte der Buddha als die vier grundlegenden Aspekte oder Tatsachen des Daseins dar:
— Erstens: die Tatsache des Leidens.
— Zweitens: dessen Ursache.
— Drittens: die Befreiung vom Leiden.
— Viertens: der Weg oder das spirituelle Training, welches diese Befreiung möglich macht.

Diese vier Punkte lassen sich auch als Heilungsweg veranschaulichen:
— Erstens: Es liegt ein schmerzhafter, leidvoller Zustand vor.
— Zweitens: Es gibt eine Diagnose, die Ursachen dieses Leidens werden richtig erkannt.
— Drittens: Die Befreiung vom schmerzhaften Zustand — und damit innere Freiheit — wird möglich.
— Viertens: Dies geschieht, wenn die vom Arzt verschriebene Behandlung vorgenommen wird.

Das bedeutet:
- Schmerz, Konflikt, Probleme und Leiden müssen wir erkennen und uns damit konfrontieren.
- Die Ursachen müssen wir erforschen, verstehen und letztlich beseitigen.
- Auf diese Weise ist Heilung und Befreiung möglich.
- Um die Ursachen zu beseitigen und Heilung zu ermöglichen, brauchen wir einen Weg, ein Training des Geistes und des Herzens.

Was immer auch der Weg oder das Training sein wird, für das wir uns entscheiden, es muss sich in irgendeiner Form auf diese vier grundlegenden Tatsachen des Daseins beziehen.

Als Erstes müssen wir ein Training des Geistes und des Herzens *auswählen*. Ein Schamane empfiehlt seinem Schüler: »Prüfe jeden Weg bedachtsam und sorgfältig. Probiere ihn so oft, wie du es für nötig hältst. Dann frage dich, und dich allein: ›Ist dies für mich ein Weg mit Herz?‹ Wenn ja, ist der Weg gut, wenn nicht, ist er für dich nutzlos.«

Diese Botschaft ist klar: Wir müssen die vorhandenen Möglichkeiten spiritueller Praxis selbst prüfen und vor allem selbst ausprobieren. Wir dürfen uns nicht von esoterischer Aufmachung, exotischen, orientalischen Titeln und Erscheinungen oder gar von ausgefallenem Benehmen, das besonders tiefe Weisheit bezeugen soll, beeindrucken lassen. Vielmehr ist es notwendig, sich die Lehren gut anzuhören, Fragen zu stellen, vielleicht zwei oder drei Kurse bzw. Retreats zu besuchen, sich zwei bis drei Jahre lang in dieser Praxis zu üben und dann zu fragen: Stimmt das für mich? Ist dies für mich ein Weg des Herzens?

Wir sollten uns auch darüber klar werden, was wir überhaupt wollen im Leben. Ein grundsätzliches Anliegen ist sicher das oben erwähnte: Wir alle möchten glücklich sein und nicht leiden; wir möchten frei sein. All unser Streben nach Liebe, Anerkennung, Vergnügen und Erfolg drückt dies aus. Um Konflikt- und Leidensfreiheit anzustreben, brauchen wir eine Lehre, eine Praxis, ein geistiges Training, das uns die Ursachen aller Probleme, Konflikte und allen Leidens erkennen lässt und uns aufzeigt, wie wir damit umgehen, wie wir die Ursachen überwinden und frei werden können.

Das hier beschriebene Training des Geistes und des Herzens wird in vielen buddhistischen Traditionen geübt. Es bezieht sich auf drei Bereiche, mit denen wir arbeiten: Weisheit, Verhalten, Meditation.

Der erste Trainingsbereich, Weisheit, umfasst rechtes Erkennen oder Verstehen und rechte innere Haltung, oft auch rechtes Denken genannt. Verhalten oder ethische Integrität umfasst rechtes Reden, rechtes Handeln und rechten Lebenserwerb. Ein Training in Meditation bezieht sich auf rechtes Bemühen, rechtes Gewahrsein und rechte Sammlung.

Die drei Trainingsbereiche ergänzen einander und sind so abhängig voneinander, dass ihre jeweilige Entwicklung nicht isoliert möglich ist. Durch Weisheit und Erkenntnis beginnen wir die Tatsache des Leidens und seiner Ursachen zu erkennen. Dies bewegt uns dazu, mit Sensibilität und Weisheit zu handeln. Dadurch wird eine innere Grundlage geschaffen, ohne die es gar nicht möglich wäre, die Meditation zu vertiefen. Meditation wiederum ist die ideale Voraussetzung für transformierende Erkenntnis und Weisheit.

Die spirituelle Reise fängt meist damit an, dass wir feststellen: In unserem Leben fehlt etwas, etwas stimmt noch nicht ganz. Wir erkennen, dass wir nicht wirklich frei sind, sondern voller Sorgen, Stress und Ängste, Konflikte und Leiden.

Vielleicht sehen wir auch die Konflikte und das Leid in der Welt: Die endlosen Kriege, Gewalt und Terror, Hunger und die Zerstörung unseres Lebensraums, der zubetoniert, vergiftet und verstrahlt wird. Und wir erkennen – und anerkennen – Leid und Schmerz als eine Tatsache. Vielleicht verstehen wir auch, dass wir dem Leid und Schmerz ins Gesicht blicken müssen, wenn wir etwas daran ändern wollen, sei es unser eigener Knie- oder Nackenschmerz, sei es Krieg und Hunger, der Schmerz der anderen.

Wenn wir dahin gelangen, dies zu erkennen und uns dieser Tatsache zu stellen, haben wir bereits einen ersten Schritt getan, einen Schritt des Verstehens und Erkennens.

Diese Situation ist vergleichbar mit der Erkenntnis, dass wir krank sind, und dem daraus resultierenden Entschluss zum Arzt oder zur Heilerin zu gehen, um uns untersuchen und heilen zu lassen. Wir erkennen das Leiden und fangen an, uns im Prozess der Erforschung, der Bewusstwerdung zu engagieren. Das ist der Beginn der spirituellen Reise. Diese Erkenntnis ist auch die bereits erwähnte erste Übung des dreifachen Trainings, nämlich die Übung des Verstehens, des Erkennens.

Wir bemühen uns nun bewusst und aktiv darum, einen spirituellen Weg, eine Methode zu finden und zu praktizieren. Wir brauchen eine klare Sicht der Wirklichkeit und des Weges zur Befreiung und eine daraus erwachsende innere Haltung, die unser Tun bestimmt. Für uns westliche Menschen sind Tun und Handeln ein besonders wichtiger Bereich der Praxis, scheinen sie uns doch oft – entsprechend unserer Konditionierung – der wichtigste Teil des Lebens zu sein.

So beginnen wir damit, das Verhalten und seine Wirkungen bei uns und anderen zu erforschen. Gewahrsein ist die Basis dieses Erforschens. Wir erkennen, dass Leid und Konflikt in uns und in der Welt um uns sehr viel mit unserem Denken und Handeln zu tun haben. Wir sehen, dass es nicht unwichtig ist, was wir tun und wie wir es tun; denn jede Handlung hat ihre Wirkung auf uns, auf andere, auf den Lebensraum, den ganzen Planeten. Alle Dinge, Geschehnisse und Wirkungen sind voneinander abhängig, stehen in Wechselwirkung zueinander.

Dies wird einem Zen-Schüler vom Vorsteher eines Zen-Klosters auf sehr drastische Weise begreiflich gemacht: Die Übung des Zen, sagte der Klostervorsteher, »führt zum Verständnis des Zusammenhangs aller Dinge. Alle Wesen sind mit unsichtbaren Fäden miteinander verbunden. Jeder, der diese Wahrheit erkannt hat, wird aufpassen, wird sich bewußt sein, was er tut. Du bist es nicht.«»Nein?« fragte ich höflich. »Nein«, sagte der Vorsteher und sah mich unzufrieden an. »Ich habe dich neulich gesehen, wie du (mit dem Motorroller) um eine Ecke gefahren bist und den Arm nicht herausgestreckt hast. Wegen deiner Unvorsichtigkeit ist ein Lastwagenfahrer, der zufällig hinter dir fuhr, in Schwierigkeiten geraten und mußte auf den Bürgersteig ausweichen, und eine Dame mit einem Kinderwagen ist daraufhin mit dem Direktor einer großen Handelsgesellschaft zusammengestoßen. Der war sowieso in schlechter Stimmung und entließ an diesem Tag einen Angestellten, der sonst vielleicht geblieben wäre. Am selben Abend betrank sich der Angestellte und brachte einen jungen Mann um, der Zen-Meister hätte werden können.« »Hören Sie auf«, sagte ich. »Vielleicht ist es besser«, sagte der Vorsteher, »wenn du in Zukunft den Arm herausstreckst, wenn du um die Ecke fährst.«[1]

In einer Zeitung war kürzlich zu lesen:»Die schleswig-holsteinische Landesregierung wird von einer Altlast aus dem vergangenen Sommer befreit: Sie hat nach langem Suchen in Hamburg eine Firma gefunden, die ihr 450 Robbenkadaver zur endgültigen Beseitigung abnimmt. Die Tiere sind so hoch mit Quecksilber, Cadmium und anderen Umweltgiften belastet, dass sie nicht vergraben oder zu Tierfutter verarbeitet werden dürfen, sondern als Sondermüll beseitigt werden müssen. Über 5 000 der possierlichen Meeressäuger waren im vergangenen Jahr vor der schleswig-holsteinischen Westküste verendet aufgefunden worden.«
Wie viele Gifte in ähnlichen Fällen nun aber doch immer wieder ins Tierfutter oder sogar in die Nahrung der Menschen gelangen und wie sich das auf uns auswirkt, kann man nur vermuten. Hier wird sichtbar, wie im geschlossenen Kreislauf

des Lebens die Auswirkungen destruktiven Verhaltens letztlich
immer wieder auf die Verursacher zurückfallen.

Was uns klar werden muss, ist aber nicht nur, dass unser Tun,
wie in diesen Beispielen, nach außen wirkt, sondern dass es vor
allem auch immer direkt auf uns selbst zurückwirkt. Die Geisteshaltung und Absicht, die uns jeweils in unserem Tun motiviert, wirkt auch in uns und unterstützt und verstärkt diese
spezifische innere Haltung oder Tendenz.

Wir entdecken, dass Handeln aus Ehrlichkeit und Interesse
am Leben, gepaart mit Intelligenz und Sensibilität, eine positive, heilsame Wirkung auf uns selbst hat. Handeln aus Unehrlichkeit, Egoismus, Aggression, gepaart mit Verwirrung, wirkt
dagegen negativ, destruktiv auf uns. Hier ist eine Gesetzmäßigkeit am Werk, ganz ähnlich jener der biologischen Realitäten
des Lebens: Aus Mangokernen entstehen süße Mangos – und
nicht saure Gurken. Aus dem Samen der Tollkirsche entwickeln sich hochgiftige Beeren. Es kommt also darauf an, wie
und was wir tun, auch in Bezug auf unser verbales Tun, auf
unser Sprechen. Wir wählen Ehrlichkeit statt Verdrehung der
Wirklichkeit. Wir wollen mit Worten helfen und Harmonie
schaffen, statt zu verletzen und zu zerstören.

Wir sehen auch die Wirkung unserer Handlungen: Es ist
besser, zu helfen und zu heilen, statt zu töten und zu verletzen;
zu geben, statt zu nehmen, was uns nicht gehört. Wir üben uns
in Sensibilität, statt uns in unseren zwischenmenschlichen Beziehungen oder in unseren intimen Beziehungen gegenseitig
zu verletzen. Wir spüren, wo wir Freude schaffen und wo wir
Konflikt oder Verletzung bewirken. So entwickelt sich die Neigung zu rechtem Reden und rechtem Tun.

Im Bereich des rechten Lebenserwerbs betrachten wir die
Auswirkungen unserer beruflichen Tätigkeit. Gleich ob als
Therapeutin, Journalist, Automechanikerin, Hausmann oder
was auch immer, stets wollen wir helfen und dienen, statt zu
schaden und zu zerstören. Entscheidend ist, wie überall, die

Motivation: Handeln wir vorwiegend oder ausschließlich aus Eigeninteresse, wenn nötig auch auf Kosten anderer, oder aus Interesse am Leben, am Wohlergehen aller?

Es ist nicht möglich, sich destruktiv, negativ und lebensfeindlich zu verhalten und dabei echten Frieden, Freude und innere Freiheit zu erfahren, schlichtweg unmöglich. Ehrlichkeit, Gewaltlosigkeit, Sensibilität und Respekt vor dem Leben sind die Grundlage jeglichen geistigen Wachstums. Deshalb ist das Sich-Üben in ethischer Integrität, ein Üben, das die Bereiche unseres Denkens, Redens und Handelns umfasst, von grundlegender Wichtigkeit. Integrität entspricht den Wurzeln des Baumes unserer Praxis.

Bodhin Kjolhede Sensei, Abt des Rochester Zen Centers, sagt:»Wir müssen davon wegkommen, Ethik von Erleuchtung zu trennen. Dass ethisches Verhalten an und für sich kein Ersatz ist für Verwirklichung, ist klar: Die Blätter und Äste sind nicht die Wurzel. Sie sind aber auch nicht getrennt davon. Shila (Ethik), genau wie Prajna (Erkenntnis), ist eine der drei Grundlagen buddhistischer Praxis. (...) Um es anders zu sagen: Zen steht über der Ethik, aber Ethik ist nicht unter dem Zen.«[2]

Auf dieser Grundlage üben und trainieren wir uns im dritten Bereich, jenem der Meditation. Er besteht aus rechtem Bemühen, rechtem Gewahrsein oder Achtsamkeit und rechter Sammlung oder Konzentration.

Was bedeutet rechtes Bemühen? Es ist der Aufwand, den es braucht, um gegenwärtig und gewahr zu sein. Bemühen ist ein wichtiger Schlüssel zur Praxis und ihn soll der Buddha von allen Aspekten des Trainings am häufigsten erwähnt haben. Es ist das Bemühen, sich von bestehenden unheilsamen Geisteszuständen zu befreien, noch nicht entstandene unheilsame Geisteszustände zu vermeiden, schon vorhandene heilsame Geisteszustände zu fördern und noch nicht entstandene heilsame Geisteszustände hervorzubringen. Das Ziel dieser vierfachen Bemühung kann durch Gewahrsein erreicht werden.

Denn immer wenn rechtes Gewahrsein da ist, entstehen innere
Klarheit und Gleichgewicht und den negativen Emotionen
wird der Boden entzogen. Aber wir bemühen uns nicht, um
etwas zu verändern, sondern um mit dem, was bereits da ist,
Kontakt aufzunehmen. Rechtes Bemühen bedeutet: genau so
viel Aufwand, wie es braucht, um der gegenwärtigen Erfahrung gewahr zu werden. Dabei ist es von grundlegender Wichtigkeit, dass wir uns nicht bemühen, etwas erreichen zu wollen,
das nicht da ist, sondern dass wir uns darum bemühen, hier und
jetzt gegenwärtig zu sein.

Bemühen bedeutet auch Ausdauer und Kontinuität in der
Praxis von Moment zu Moment. Niemand kann für uns praktizieren, so wie es uns auch nicht helfen würde, wenn jemand
an unserer Stelle einen Sprachkurs absolvieren würde. Wir
müssen es selbst tun.

Ausgewogenheit im Bemühen ist die Kunst der Meditation:
wie ein Surfer sein – sehr präsent und nicht abgelenkt, völlig
entspannt und nicht verkrampft. Wir versuchen den Punkt des
Gleichgewichts zu finden. Da das Ganze ein dynamischer Prozess ist, müssen wir diese Balance von Moment zu Moment
immer wieder neu finden. Dies ist eine Kunst und doch ganz
einfach: Wir benötigen dazu so viel oder so wenig Bemühen,
wie nötig ist, um die rechte Hand zu fühlen; die Hand, die dieses Buch hält.

Rechtes Bemühen schließt auch den Mut ein alles in Frage
zu stellen, unsere Grenzen auszuloten, unsere Gewohnheiten
zu hinterfragen und sie auch immer wieder zu überschreiten,
zu durchbrechen, zu verändern. Rechtes Bemühen verlangt
den Mut sich zu konfrontieren, zu fühlen, was da ist, auch
wenn es unangenehm ist. Dazu braucht es viel Ernsthaftigkeit,
ja rückhaltlose Hingabe. Dies wiederum bedeutet nicht, dass
wir uns diesbezüglich an hohen Idealen messen sollen – eine
Gefahr, die westliche Menschen mit ihren oft überhöhten An-
sprüchen häufig dazu treibt, Dharma-Praxis und Meditation in
einen aussichtslosen Kampf um Perfektion zu verwandeln.

Ohne Gewaltsamkeit oder Härte wollen wir Widerstände wirklich anschauen, wirklich spüren. Wir sind gegenwärtig, aber ohne Sturheit, nicht grimmig, sondern eher wie beim Tanzen: im Rhythmus bleibend, präzis, aber entspannt. Ein Meditationslehrer aus Kalifornien beschrieb ein Werbeplakat, das dort zu sehen war: Auf einer riesigen Pazifikwelle, auf einem Surfbrett, steht ein indischer Yogi in der so genannten »Baum-Asana« in aufrechter, eleganter Haltung auf einem Bein. Er ist mandeläugig, schokoladenbraun, hat wehendes, langes, schwarzes Haar. Unter dem Bild steht die Aufschrift: »Man kann die Wellen nicht aufhalten, aber man kann lernen darauf zu reiten. Meditiere mit Swami Sat-Chit-Ananda!« Die Kunst des rechten Bemühens bedeutet lockere Flexibilität mit Präzision zu vereinen.

Rechtes Bemühen ist also der Aufwand, der nötig ist, um gegenwärtig und gewahr zu sein. Rechtes Gewahrsein bedeutet in direktem, unmittelbarem Kontakt mit unserem Körper zu sein. Mit Sorgfalt und Interesse wenden wir uns der direkten Erfahrung des Atems oder anderer Körperempfindungen zu. Mit größtmöglicher Sanftheit versuchen wir zu spüren und zu fühlen, was in diesem Moment an Körpererfahrung da ist, ohne diese zu beurteilen. Es ist ein unvoreingenommenes, aber liebevolles Gegenwärtig-sein, das klar und unverzerrt wahrnimmt, *was ist.*

Rechtes Gewahrsein heißt in direktem Kontakt zu sein mit *Vedana*, der Empfindungsqualität (»wie es sich anfühlt«) aller Erfahrungen, seien es nun Körpererfahrungen, Sinneseindrücke, Emotionen oder Gedanken. Sie sind immer entweder angenehm, unangenehm oder neutral; sie schließen die große Skala aller möglichen Lebenserfahrungen von Schmerz bis Entzücken ein. Auf Vedana reagieren wir im Allgemeinen mit Anhaften, Aversion oder anderen unheilsamen Emotionen. Deshalb ist es so wichtig, Gewahrsein in diesen Bereich zu bringen.

Rechtes Gewahrsein heißt der verschiedenen Geisteszustände, Stimmungen und Emotionen direkt und unmittelbar gewahr zu sein, sei es Freude oder Angst, Zerstreutheit oder Konzentration, Hass oder liebevolle Güte, Verwirrung oder Erkenntnis; das heißt, in Kontakt zu sein mit allem, *was ist.* Auch hier ist das Gewahrsein möglichst nicht-wertend, nicht-kontrollierend. Wir sehen, spüren, wie die Geisteszustände, Gefühle und Erfahrungen kommen und gehen, entsprechend ihrer eigenen Gesetzmäßigkeit. Wir üben uns präsent zu sein, ohne von ihnen überrumpelt und mitgerissen zu werden, ohne uns in ihrem Inhalt oder in der dazugehörigen Geschichte zu verlieren.

Rechtes Gewahrsein bedeutet auch direktes, unmittelbares Wahrnehmen aller übrigen Sinneserfahrungen wie Hören, Sehen, Riechen, Schmecken, Denken und Vorstellen. Auch hier geht es darum, sich nicht einfach im Objekt, im Inhalt, zu verlieren; es geht um gegenwärtiges und direktes Hinschauen.

Gewahrsein beim Denken heißt, sich nicht im Inhalt des Denkens und der dazugehörigen Gefühle zu verlieren, sondern sich der Tatsache, dass jetzt gerade Denken stattfindet, bewusst zu sein. Der Unterschied zwischen Gewahrsein und Im-Denken-verloren-Sein kann durch den vielzitierten Ausspruch des indischen Meditations-Meisters Sri Anagarika Munindra illustriert werden: »Der Gedanke an deine Mutter ist nicht deine Mutter!« Wenn wir in Gedanken an unsere Mutter verloren sind, ist uns im Moment des Denkens nicht bewusst, dass unsere Erfahrung nur einfach die des Denkens ist, auch wenn uns dies vielleicht bereits im nächsten Moment klar wird. Wenn aber bereits während des Denkens meditatives Gewahrsein da ist, sehen wir, dass der gegenwärtige Gedanke einfach ein Gedanke und nicht die Person oder die Sache selbst ist.

Dank dieser Art des Gewahrseins vermögen wir uns in positiven Gedankengängen zu engagieren; sie ermöglicht uns auch, negative, unheilsame Gedankengänge unverzüglich fallen zu lassen oder uns zumindest nicht damit zu identifizieren.

Gewahrsein oder Nicht-Gewahrsein beim Denken lässt sich mit folgendem Beispiel gut illustrieren: Da ist ein Zug, der nachts an uns vorbeifährt. Wir sehen ein Abteil nach dem anderen an uns vorbeiziehen. Wir beobachten alles ganz genau und sehen hier vielleicht ein Liebesdrama, dort eine Komödie, dann eine angeregte Unterhaltung oder eine Schlägerei ... Alle diese Szenen ziehen an uns vorbei, bis uns eine davon plötzlich dermaßen fasziniert, dass wir einsteigen! Und weg sind wir! So viele Kilometer und Minuten lang fahren wir mit, völlig verloren im Inhalt, in der Geschichte. Und genauso plötzlich wachen wir auf, erinnern uns wieder daran, dass wir eigentlich aufmerksam dabei sein und beobachten wollten. Wir springen ab vom Zug und schauen wieder zu, gegenwärtig und wach.

Natürlich ist es in der Meditation wichtig, mit so viel Kontinuität wie möglich präsent zu sein. Dabei ist aber die Qualität des Gewahrseins das wirklich Entscheidende. Es geht also nicht einfach darum, wie lange wir in der Meditation sitzen, sondern mit wie viel Sorgfalt und Aufmerksamkeit. Ajahn Chah sagte: »Es gibt Leute, die glauben, je länger man sitzen könne, desto weiser müsse man sein. Ich habe Hühner tagelang auf ihren Nestern sitzen sehen. Weisheit kommt durch Gewahrsein in allen Körperhaltungen. Deine Praxis sollte beginnen, sobald du am Morgen aufwachst. Sie sollte bis Nachts zum Einschlafen fortgeführt werden. Sorge dich nicht darum, wie lange du sitzen kannst. Wichtig ist nur, dass du wachsam bist, ob du gehst, sitzt oder die Toilette benutzt.«[3]

Die erforderliche Qualität des Gewahrseins ist jener des interessierten Zuhörens nicht unähnlich: Sie verlangt Sensibilität, Sorgfalt und Unvoreingenommenheit. Hermann Hesse beschreibt das Zuhören am Beispiel Siddharthas, der viele Jahre beim Fährmann Vasudeva am Fluss verbrachte: »Mehr aber als Vasudeva ihn lehren konnte, lehrte ihn der Fluß. Von ihm lernte er unaufhörlich. Vor allem lernte er von ihm das Zuhören, das Lauschen mit stillem Herzen, mit wartender, geöffneter

Seele, ohne Leidenschaft, ohne Wunsch, ohne Urteil, ohne Meinung.«[4] Zuhören, lauschen, ohne Leidenschaft, Wunsch oder Urteil – und wenn es nicht ohne geht, dann eben mit Leidenschaft, Wunsch oder Urteil. Entscheidend ist, dass wir voll und ganz bei der Sache sind.

Rechtes Gewahrsein ist der Kern der Meditation. Ihr ist das ganze folgende Kapitel gewidmet.

Der dritte Aspekt des Meditationstrainings ist Stetigkeit, Sammlung, Konzentration. Ein durch entsprechendes Bemühen erzeugtes kontinuierliches Gewahrsein bewirkt Stetigkeit und Sammlung. Die übliche Unstetigkeit unseres Geistes ist vergleichbar mit einem Windsack, der flattert, sich dreht oder schlaff herunterhängt, je nachdem, wie der Wind weht. Flexible Stetigkeit und Konzentration gleichen einem starken Baum, dessen Stamm und Äste dem Wind und dem Sturm nachgeben, der aber dabei unverrückbar fest verwurzelt bleibt.

Wir alle haben die Fähigkeit zur Konzentration. Wenn wir ein fesselndes Buch lesen oder einen spannenden Film sehen, ist es durchaus möglich, dass wir mehrere Stunden mit höchster Aufmerksamkeit dabei sind, kaum wahrnehmen, wie die Zeit verfliegt, und sogar das Essen vergessen. Genau diese Fähigkeit zur Sammlung fördern wir in der Meditation.

Der konzentrierte Geist kann auf ein bestimmtes Objekt oder auf den dynamischen Prozess der Moment-zu-Moment-Erfahrung ausgerichtet sein. Ersteres wird *Samatha*, die Meditation des ruhevollen Verweilens, genannt, die zweite Form wird vor allem in der *Vipassana*- oder Erkenntnis-Meditation angewendet.

Zum Zweck der Sammlung, des ruhevollen Verweilens, kann aus einer Vielzahl von Meditationsobjekten ausgewählt werden. Es kann der Atem sein, auf den eine möglichst ausschließliche Aufmerksamkeit gerichtet wird. In der Meditation der liebevollen Güte *(metta)* sind es bestimmte Sätze des Wohlwollens und des Beglückwünschens, die kontinuierlich und bewusst wiederholt werden. Auch Stadien des Todes und des Zerfalls wie auch positive, wunderbare Eigenschaften des Geistes und Herzens können zu Objekten gemacht werden. Formlose Objekte wie »unendlicher Raum« bis zu »weder Wahrnehmung noch Nicht-Wahrnehmung« werden in gewissen Stufen meditativer Versenkung verwendet.

Die Übung der Sammlung kann mit dem Wetzen einer Klinge verglichen werden. Geschärft kann sie Dinge mühelos durchschneiden. Konzentration, richtig angewendet, kann wie das gebündelte Licht eines Laserstrahls wirken. Wie ein Vergrößerungsglas oder ein Mikroskop ermöglicht sie, das, was in der Meditation gesehen wird, klarer und deutlicher zu beobachten. Auch Geistes- und Herzensqualitäten wie Liebe oder Mitgefühl können dadurch wirkungsvoll verstärkt werden.

Samatha-Meditation kann bis zu tiefen Versenkungsstufen entwickelt werden. Sie hat die Eigenschaft, Hemmnisse wie Verlangen, Aversion, Schläfrigkeit, Ruhelosigkeit und Zweifel, die immer wieder unseren Fortschritt in der Meditation behindern, zeitweilig zu unterdrücken, und wird so zu einem hilfreichen Instrument.

Durch Sammlung und Konzentration werden gleichzeitig auch die fünf so genannten Versenkungsfaktoren (Jhanafaktoren) kultiviert, die dem Geist letztlich ermöglichen, in tiefe Versenkungsstufen, so genannte Jhanas, einzutreten. Diese fünf Geistesqualitäten sind: die Fähigkeit, mit dem Objekt »in Kontakt zu treten«, und jene, diesen »Kontakt zu halten«. Die nächste ist »Entzücken«, gefolgt von »Glückseligkeit« und schließlich »Einsgerichtetheit«.

Die starke Entwicklung dieser fünf Komponenten kann Meditation zur eindrücklichen Erfahrung machen. Deshalb werden diese intensiv erlebten Geisteszustände oft für Jhana-Versenkungsstufen gehalten. Dabei wird in gewissen alten Traditionen aber bereits die so genannte Zugangs-Konzentration,

die notwendige Stufe, um in die erste dieser Jhanas eintreten zu
können, als die Fähigkeit beschrieben, den Geist drei Tage und
Nächte lang ununterbrochen und unbewegt auf das Objekt der
Meditation gerichtet zu halten. Andere Traditionen beschreiben Jhanas als weniger schwer zugänglich. Trotzdem sollte man
nicht annehmen, Versenkungsstufen seien in einem Retreat
von ein bis zwei Wochen erreichbar, von seltenen Ausnahmen
abgesehen.

    In Jhana-Erfahrungen und auch in etwas weniger tiefen
Stufen der Konzentration kann höchstes Wohlergehen, Entzücken und unglaubliche Leichtigkeit erlebt werden. Der Geist
ist funkelnd und strahlend, in völlig entspannter Ruhe und un-
ermesslicher Stille. Man weiß sich in unmittelbarer Nähe des
Göttlichen, geborgen im unerschütterlichen Vertrauen darin,
dass alles, aber auch wirklich alles zutiefst vollkommen ist.

    Weil tiefe Konzentration so außergewöhnlich angenehm
und beglückend sein kann und weil die eindrücklichen Erfahrungen manche Meditierenden glauben machen, sie seien erleuchtet, ist man in einigen Traditionen eher zurückhaltend
diese tieferen Konzentrationsstufen zu lehren. Erst wer in
Bezug auf Anhaften und Loslassen große Klarheit entwickelt
hat und eindeutig weiß, welches der Pfad zur Befreiung ist und
welches nicht, wird zur Praxis der Versenkungsstufen ermutigt.

Wie tief unsere Konzentration auch immer sein mag, sie ist ein
hervorragendes Hilfsmittel in der Meditation. Um aber die
wahre Natur aller Dinge, die Vergänglichkeit und die Nicht-
Selbstexistenz des Daseins, zu erkennen und damit die Hemmnisse des Geistes, die täuschenden und quälenden Emotionen
(*kilesas/kleshas*), ernsthaft zu schwächen und letztlich zu entwurzeln, genügen Sammlung und Versenkung niemals. Dazu ist
Erkenntnis-Meditation notwendig. Als Prinz Siddhartha, der
zukünftige Buddha, seinen Palast verließ, um den Pfad der Befreiung zu finden, praktizierte er zuerst unter der Leitung der
größten Meister seiner Zeit, Alara Kalama und Uddaka Rama-

putta. Sie waren dafür berühmt, die Jhanas zu beherrschen. In
kurzer Zeit gelang es dem Prinzen, diese Übungen zu meistern, woraufhin er aufgefordert wurde, selbst zu lehren. Obgleich es sich um außerordentlich tiefe Verwirklichungen
handelte, fand er, dass die wahre Befreiung von allem Leiden
damit noch nicht erreicht war. Viele Jahre lang fuhr er deshalb mit seiner intensiven Praxis fort, bis er schließlich, unter
dem Baum in Bodhgaya, die vollkommene Erleuchtung durch
tiefste Erkenntnis verwirklichte.

Erkenntnis- oder Vipassana-Meditation erfordert eine flinke
und bewegliche Konzentration oder Stetigkeit des Gewahrseins. Diese fokussierte Achtsamkeit wird auf den dynamischen
Prozess der Moment-zu-Moment-Erfahrung gerichtet. Die
Stetigkeit und Kontinuität des Gewahrseins verleiht der Meditation Kraft und Tiefe.

Dabei wird die Kontinuität des Gewahrseins im Retreat
wahrscheinlich qualitativ anders sein als die im Alltag. Retreats
sind ideale Gelegenheiten diese Kontinuität zu entwickeln und
auszubauen, sei es während der Sitz- oder der Gehmeditation
oder während der anderen Aktivitäten des Tages, wie aufstehen, sich waschen, sich anziehen, in der Küche helfen, essen,
auf die Toilette gehen, sich ausziehen und sich hinlegen. Dabei
ist nicht Willenskraft, sondern Stetigkeit am hilfreichsten.

Kontinuierliches Gewahrsein ermöglicht Erkenntnis, klare
Sicht und Verstehen. Kontinuierliches, stetiges Gewahrsein
dringt in die Dinge ein. Nicht wie ein Korken, der auf der
Oberfläche des Wassers schwimmt, sondern ähnlich einem
Stein, der sogleich die Oberfläche durchdringt und in die Tiefe
sinkt. Dieses konzentrierte Gewahrsein kann das Wesen der
Dinge, die es betrachtet, also das Wesen seines Objektes, klarer
und genauer sehen und tiefer verstehen.

Gewahrsein kann man vergleichen mit der Helligkeit einer
Flamme, die uns erlaubt, die Dinge, die vorher im Dunkeln
lagen, zu erkennen. Sammlung und Konzentration kann man

vergleichen mit der Stetigkeit dieser Flamme, wenn sie, ohne zu flackern, an einem windfreien Ort brennt. Dies ermöglicht uns, kontinuierlicher, klarer und genauer zu sehen.

Auf der Grundlage des Trainings ethischer Integrität, durch kontinuierliches Bemühen, Gewahrsein und Sammlung wird Erkenntnis möglich. Dies nicht nur als intellektuelles Verstehen, sondern als direktes Erfahren. Damit berühren wir den dritten Aspekt dieses Trainings, die Weisheit.

Wenn wir die Dinge des Daseins näher betrachten, beginnen wir ihre Natur des ständigen Wechsels, der Vergänglichkeit wahrzunehmen. Zunächst ist dies für uns in der äußeren Welt vielleicht am leichtesten erkennbar: Im Wechsel der Jahreszeiten, Tag und Nacht, Sonne und Regen, Jugend und Alter, eigentlich wo immer wir hinschauen. Die Gedichte des wandernden Zen-Mönchs und Poeten Ryokan sind oft wie Momentaufnahmen flüchtiger Augenblicke dieses vergänglichen Lebens:

»Tage zählen ist wie Finger schnippen –
    selbst der Mai vergeht wie ein Traum.«[5]

Santoka Taneda sagt:

»Ein wunderschöner Frühling ist da –
    neben dem Friedhof.«[6]

In der Meditation beginnen wir den ständigen Wechsel, die Vergänglichkeit im Innern zu erkennen. Im Körper: Der Atem strömt in uns hinein und fließt wieder hinaus, in ständigem Wechsel. Angenehme und unangenehme Empfindungen kommen und gehen, genau wie Gefühle, Bilder, Geräusche, Gedanken, Stimmungen. Ist irgendetwas davon unveränderlich geblieben seit gestern Abend?

Was ständig wechselt, kann uns keine dauernde Befriedigung verschaffen, keine Sättigung, die bleibt. Unter den erschaffenen, entstandenen Dingen und Wesen dieses Universums gibt es nichts, was auf die Dauer hält, gar nichts. Befriedigung ist sicherlich möglich – für einen Moment. Sie muss aber ständig neu geschehen, immer und immer wieder. Haben wir Hunger, werden wir essen, bis wir genug haben. Dann müssen wir etwas trinken; danach fühlen wir uns befriedigt. Wie lange hält das an? Zwei Stunden? Drei? Vier …? Wir werden müde, legen uns schlafen, dann ist uns kalt und wir müssen uns wärmen; schließlich wird es zu heiß und wir versuchen uns abzukühlen. Wir freuen uns das ganze Jahr über auf die Ferien am Meer. Endlich sind wir dort und stürzen uns in das herrliche, erfrischende Wasser. Geschafft! Nun werden wir für immer in diesem herrlichen Wasser bleiben können. Oder zumindest während der ganzen Dauer unserer Ferien. Oder vielleicht doch nicht?

Wir brauchen Liebe, Zärtlichkeit, Kontakt. Wir finden uns, lieben uns. Aber kann es so bleiben? Das »Guiness Buch der Rekorde« berichtet vom längsten Kuss: rund 130 Stunden am Stück! Schon die Vorstellung davon fühlt sich nicht sehr verlockend an. Befriedigung, die bleibt, ist ein leerer, unrealistischer Wunschtraum – sie ist schlichtweg unmöglich.

Leben heißt Rhythmus, ist nur im Rhythmus möglich: Licht bringt auch Schatten, auf den Tag folgt die Nacht, nach dem Füllen kommt das Leeren. Da ist Getrenntsein, dem folgt das Verschmelzen, dann wieder die Trennung. Es gibt den Anfang und das Ende, die Geburt, das Sterben und den Neuanfang.

Wir sehen, dass etwas, das sich ständig bewegt, wandelt, entsteht und vergeht, unmöglich »substantiell« sein kann. Es ist vielmehr wie eine Erscheinung, eine Spiegelung, eine substanzlose, leere Show. Sie enthält die ganze Fülle und Tiefe, die gesamte Skala unserer Erlebnismöglichkeiten und ist doch nicht fassbar. Das Leben und wir selbst sind wie Seifenblasen:

Die ganze Welt spiegelt sich darin in schillernden Farben und
doch völlig ohne Essenz. Der Buddha bestärkt uns darin, diese
Grundwahrheit des Daseins klar zu erkennen:

»Betrachte so diese vergängliche Welt:
Wie einen Stern in der Morgendämmerung.
Wie eine Blase in einem Fluss.
Wie ein Wetterleuchten in einer Sommerwolke.
Wie ein flackerndes Licht, ein Phantom, einen Traum.«

Die Vergänglichkeit, die Unmöglichkeit bleibender Befriedigung und die Substanzlosigkeit klar zu sehen und direkt zu
erfahren ist Erkenntnis. Erkenntnis unserer wahren Natur, der
wahren Natur aller Dinge.

Wenn wir Wechsel und Vergänglichkeit direkt wahrnehmen, erkennen wir auch, dass die Dinge nicht festgehalten
werden können, und beginnen unseren Griff zu lockern, loszulassen, mitzufließen. Wir leben mehr und mehr im Rhythmus des Seins statt im Widerstand.

Wenn wir die Unmöglichkeit einer bleibenden Befriedigung erkennen, wird unser ständiger Kampf darum etwas
weniger dringlich. So werden wir entspannter und unbe-
schwerter.

Wenn wir die Substanzlosigkeit aller Dinge und aller Erfahrungen sehen, brauchen wir alles nicht so dramatisch und
tragisch zu nehmen – und unsere Ängste und Erwartungen
werden relativiert. Es entstehen Offenheit, Durchlässigkeit,
Unbeschwertheit und damit mehr Freude.

Damit sind wir beim zweiten Teil des Weisheitstrainings: der
inneren Haltung, die aus der Erkenntnis resultiert. Wir verstehen, dass Anhaften und Festklammern an Vergänglichem, an
Wechselhaftem, Leid und Konflikt bringen *müssen* und dass
Mitfließen im Rhythmus des Wechsels von Konflikt befreit.

Statt immer mehr zu verlangen, anzuhaften und festzuhalten, üben wir uns in der inneren Haltung des Loslassens, des Verzichts und damit der Unbeschwertheit. Statt in Aversion, Hass und Widerstand üben wir uns in der Haltung des Annehmens und der Liebe. Loslassen und Großzügigkeit sowie Liebe und Mitgefühl – also Nicht-Anhaften und Nicht-Hassen – sind die zwei Hauptaspekte der »rechten Haltung«. Diese wird offener, geräumiger, freier. Wir empfinden Wertschätzung und Freude, wenn die Dinge laufen wie erhofft, und Toleranz, wenn sie sich anders entwickeln als erwünscht; und wir empfinden Wertschätzung dafür, dass wir in schwierigen Situationen lernen und wachsen können.

Die Haltung der inneren Freiheit, der Wertschätzung und der Liebe ist nun zur Quelle unserer ethischen Integrität geworden, des zweiten Aspekts dieses dreifachen Trainings. Aus ihr fließt jetzt, natürlich und spontan, unser Verhalten der Gewaltlosigkeit, Ehrlichkeit und Verantwortlichkeit in all unserem Tun.

Erkenntnis lässt uns sehen, dass alles substanzlos ist wie ein Traum, und wir sind frei. Wir begreifen aber auch, dass negatives, destruktives Verhalten schmerzhafte Alpträume, heilsames, positives Verhalten dagegen glückliche und schöne Träume entstehen lässt. Wir haben die Wahl.

VIPASSANA-MEDITATION: DIREKTES GEWAHRSEIN – BEFREIENDE ERKENNTNIS

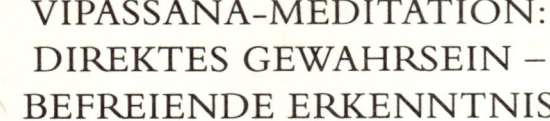

Wir sitzen da wie Buddha, der »Erwachte«, würdevoll und unerschütterlich, die Augen leicht geschlossen, die Hände unbeschwert ruhend. Diese Haltung hilft uns achtsam, wach, aber auch entspannt zu sein. Im offenen Spiegel dieses Gewahrseins erscheinen und verschwinden Empfindungen, Geräusche, Gefühle und Gedanken ganz von selbst.

Vipassana-Meditation ist seit Jahrtausenden erprobt und sie gilt – unter verschiedenen Namen – in den meisten Traditionen des Buddhismus als zentrale Übung, die auf die innere Befreiung zielt. Sie wird in allen vier Körperhaltungen des Sitzens, Gehens, Stehens und Liegens geübt, in der formellen Praxis wie auch im Alltag. Dieses Kapitel soll eine praktische Einführung bieten. Dabei zählt natürlich nicht das Lesen der Anleitungen, sondern die persönliche Übung. Der indische Bodhisattva Shantideva sagte:

»Ich muss diese Lehre in die Praxis umsetzen, denn was kann man erreichen, wenn man nur darüber spricht? Wird ein Kranker davon profitieren, wenn er nur medizinische Texte liest?«[1]

Um ein realistisches Verhältnis zu uns selbst, zu anderen, zum Leben überhaupt zu erlangen, ist ein klares, korrektes Verständnis der Natur des Daseins notwendig. Genau dies ist Sinn und Zweck der Vipassana- oder Erkenntnis-Meditation. Ihre Charakteristika sind ruhevolles Zentriertsein, Gewahrsein, Erkenntnis und mitfühlende Gelassenheit im Umgang mit dem Leben. Die grundlegende Meditationsanweisung ist ganz einfach: »Sei achtsam, wach und liebevoll in Berührung mit jedem Moment des Seins.« Da wir aber unter der jahrzehnte- oder

jahrtausendealten Gewohnheit der Unachtsamkeit, Zerstreutheit und ungeschickten Reaktionsweisen leiden, ist diese
Übung alles andere als leicht. Darum brauchen wir ausführliche Erklärungen und verschiedenartige Praxisformen. Nun ist
es aber nicht unbedingt sinnvoll, die nachfolgenden Anleitungen einfach durchzulesen. Dies könnte uns sogar entmutigen,
statt uns zu inspirieren. Viel hilfreicher wäre es, die Anweisungen abschnittweise zu üben. Sie sind aber auch zur Unterstützung für jene gedacht, die sich bereits unter kompetenter
Leitung in der Meditation geübt haben.

Das zentrale Element der Vipassana-Meditation ist das Gewahrsein, das achtsame, wache Gegenwärtigsein. Gewahrsein
ist Voraussetzung zu klarem Sehen und Erkennen, zum Aufwachen aus der Täuschung – zur Erfahrung der wahren Natur, zur
inneren Befreiung. Gewahrsein ist eine unmittelbare, direkte
und lebendige Art der Wahrnehmung, ohne Überlagerung
durch Vorstellungen oder Gedanken; ein Verhältnis zur Wirklichkeit, das die Meditationslehrerin Sylvia Wetzel als »Leben
aus erster Hand« beschreibt.

Die Begriffe Gewahrsein, Achtsamkeit, Gegenwärtigsein
werden hier als Synonyme gebraucht. In anderen Traditionen
werden diese Begriffe, je nach Übersetzung und Konventionen, oft unterschiedlich verwendet und manchmal sehr spezifisch definiert. Hier geht es um ein interessiertes, unvoreingenommenes Wahrnehmen, Spüren und Sehen der Dinge so, wie
sie wirklich sind. Es ist die Haltung des neugierigen »Anfänger-Geistes«, wie Suzuki Roshi ihn nannte, des Geistes, der
allen Dingen und Erfahrungen frisch und neu begegnet. Diese
Qualität des Geistes und des Herzens kann – und soll – in jeder
Situation geübt und gelebt werden.

Am Anfang jeder Meditationssitzung werden wir uns über unsere Zuflucht und Motivation klar. »Zufluchtnahme zu Buddha« bedeutet, sich dem eigenen Potential zur Befreiung, zu
tiefer Weisheit und großem Mitgefühl – dem Erwachen zur

innewohnenden Buddhanatur – anzuvertrauen. »Zuflucht zum
Dharma« heißt, sich den Gesetzmäßigkeiten des Daseins, die
eine innere Entfaltung ermöglichen, zu überantworten. »Zuflucht zur Sangha« besagt, dass wir uns auf diesem Weg auf die
Hilfe von Verwirklichten und Gleichgesinnten verlassen.
Danach klären wir unsere Motivation: Wir praktizieren
nicht nur zu unserem eigenen Nutzen, sondern zum Wohl aller
Lebewesen. Dies schafft ein Gefühl der Verbundenheit mit dem
Leben und eine weite, offene Perspektive für die Praxis.

Für die Übung der Sitzmeditation lassen wir uns natürlich und
locker auf unserem Kissen, auf einem Sitzschemel oder einem
Stuhl nieder. Wir setzen uns so, dass der Rücken aufrecht, aber
nicht verspannt oder steif ist. Wir sitzen da wie Buddha, der
»Erwachte«, würdevoll und unerschütterlich, die Augen leicht
geschlossen, die Hände unbeschwert ruhend. Diese Haltung
hilft uns Gewahrsein, Wachheit mit Entspannung zu verbinden.

Gewahrsein in Bezug auf den Atem I :
Wir beginnen mit offenem Gewahrsein, um uns selbst, unseren
Körper im Hier und Jetzt wahrzunehmen: vielleicht den
Druck aufs Gesäß, der durch das Gewicht des Körpers verursacht wird, das Aufgerichtetsein der Wirbelsäule oder das
Ruhen des Kopfes auf Hals und Schultern. Wir nehmen wahr,
ob die Schultern entspannt oder hochgezogen sind. Dann erfühlen wir den gesamten Bereich der körperlichen Empfindungen, während wir dasitzen. Und schließlich nehmen wir
mit jenen Körperempfindungen Kontakt auf, die durch die
Bewegung des Atems hervorgerufen werden. Wir sind aufmerksam beim Einatmen, wir sind aufmerksam beim Ausatmen. Dabei suchen wir keine *bestimmte* Art von Empfindung.
Es gibt keine spezielle Erfahrung, die wir haben sollten. Vielmehr nehmen wir auf direkte und natürliche Art wahr, wie
sich jeder Atemzug anfühlt, während er kommt und geht – sei
er nun flach oder tief, entspannt oder verspannt, kurz oder

lang. Und genau wie der Atem ohne unser Dazutun von allein kommt und geht, so kann auch die Wahrnehmung, das bewusste Spüren eines jeden Atemzuges, natürlich und entspannt sein. Der Atem entsteht – die Empfindung entsteht in unserem Gewahrsein – und wir nehmen wahr, wie sie sich anfühlt. So einfach ist das. Es kann sein, dass wir den Atem klarer als Heben und Senken der Bauchdecke wahrnehmen, oder wir spüren ihn besser als Ausdehnen und Zusammenziehen des Brustkorbes oder wir können ihn eher in der Nase und über der Oberlippe erfühlen. Vielleicht nehmen wir Kribbeln oder Prickeln wahr, vielleicht Wärme oder Kälte oder andere Körperempfindungen. Wir fühlen einfach, wie wir diesen Atem empfinden und wo er am klarsten und deutlichsten spürbar ist. In diesem Körperbereich bleiben wir dann auch achtsam und sorgfältig dabei.

Wenn wir merken, dass die Aufmerksamkeit vom Atem weggewandert ist – »in Gedanken verloren« –, und wir plötzlich daraus aufwachen, ist dies ganz normal. Dieser Prozess des Aufwachens *ist* das Kultivieren der Achtsamkeit. In dem Moment, in dem wir feststellen, dass wir denken, sind wir bereits wieder gegenwärtig und wach. Ohne zu werten oder zu urteilen erkennen wir, dass wir denken, und wenden uns in sanfter, aber eindeutiger Weise zurück zur Erfahrung des Atems. Dieser Prozess des Aufwachens und Sich-wieder-dem-Atem-Zuwendens mag sich tausendmal wiederholen. Dies ist kein Fehler und kein Grund zur Frustration, sondern ist einfach die Art und Weise, in der Gewahrsein, Sammlung und Stetigkeit des Geistes aufgebaut werden. Was wir dazu brauchen, ist »ein Becher voller Weisheit, ein Eimer voll Zuwendung und ein Meer von Geduld«.

Gewahrsein in Bezug auf den Atem II:
Wir beginnen diese wie auch alle anderen Meditationsperioden mit der Klärung der Zuflucht und der Motivation. Auch in dieser Sitzperiode werden wir wieder die Empfindungen,

die durch das Atmen entstehen, zum Hauptobjekt des Gewahrseins machen, um Achtsamkeit und Stetigkeit zu entwickeln.
Wiederum lassen wir uns entspannt, wach und aufrecht nieder.
Nicht nach vorne gebeugt, da diese Körperhaltung zu Schläfrigkeit und Dumpfheit führen kann. Vielmehr sitzen wir so
aufrecht, dass der Atem einigermaßen frei fließen kann, ohne
dass wir uns dabei verspannen, abmühen oder verkrampfen.
Ohne nach *bestimmten* Empfindungen Ausschau zu halten, ge-
statten wir diesen, im Raum des Gewahrseins zu erscheinen
und zu verschwinden, so dass Körper und Geist langsam zur
Ruhe kommen. Wir achten darauf, dass die Aufmerksamkeit
mit dem Atem in direktem Kontakt ist, und zwar bereits dann,
wenn das Einatmen beginnt. Dabei halten wir eine Qualität
des liebevollen Interesses während der ganzen Dauer des Ein-
atmens aufrecht und bleiben bis zu dessen Ende dabei. Wir sind
genau dann wieder dabei, wenn das Ausatmen beginnt; mit
sorgfältiger Aufmerksamkeit nehmen wir alle Nuancen des
Ausatmens wahr, bis es endet. Falls nach dem Ausatmen eine
kurze Pause, ein Zwischenraum, entsteht, sind wir uns dessen
bewusst. Sollten wir uns an diesem Punkt oft in Gedanken verlieren, kann es hilfreich sein, die Aufmerksamkeit zu einer
Druckstelle zu bringen, wie zum Beispiel zur Berührung der
Lippen oder zum Gesäß, welches das Kissen berührt, oder aber
zu den Händen, die ineinander liegen oder auf den Schenkeln
ruhen. Dabei nehmen wir die direkte Empfindung wahr, sei es
Druck, Schwere, Härte oder was auch immer. Sobald der nächste Atemzug von selbst beginnt, nehmen wir erneut Kontakt
mit dieser Erfahrung auf.

Sehr wichtig ist der Moment, in dem wir merken, dass unsere Aufmerksamkeit nicht mehr beim Atem ist, sondern beim
Erinnern der Vergangenheit, beim Planen der Zukunft, beim
Kommentieren der Gegenwart, beim Werten und Urteilen
oder beim Tagträumen. Denn dieser Moment bedeutet ein er-
neutes Erwachen zur Erfahrung des Augenblicks. Durch die
Art und Weise, in der wir uns wieder dem Atem zuwenden,

können wir erkennen, ob wir uns zu sehr anstrengen und verkrampfen und zu hart mit uns sind. Wenn wir voller Härte zu uns sagen: »Schon wieder Gedanken!«, und so das Gewahrsein gewaltsam auf den Atem zurückzwingen, mit dem Gefühl: »Jetzt hab' ich's schon wieder verpatzt!«, dann kämpfen wir und mühen uns zu sehr ab, was oft zu Frustration führt. Andererseits mag es sein, dass wir uns in Gedanken verlieren, uns aber sagen: »Diese Gedanken sind so wichtig (oder so angenehm), dass ich sie weiterverfolgen will. Ich werde später zum Atem zurückkehren.« Auch diese Haltung ist nicht hilfreich zur Entwicklung von Sammlung und Stetigkeit des Gewahrseins. Wir brauchen keine Härte, dafür aber die Klarheit der Hingabe. Dies bedeutet, dass wir mit sorgfältigem Interesse und mit Sanftheit feststellen, was jetzt gerade geschieht, ohne Wertung oder Schuldzuweisung. Dann kehren wir unverzüglich zum Atem zurück mit einer ausgeglichenen Qualität der Aufmerksamkeit statt mit Kritik und Befürchtungen. Denken *wird* stattfinden. Das ist kein Fehler unsererseits, sondern einfach die Art, wie der Geist funktioniert. So konsolidieren wir immer wieder von neuem das Gewahrsein in Bezug auf die Atemerfahrung. Gewahrsein bedeutet tiefes, interessiertes Hinhören, Lauschen.

Gewahrsein in Bezug auf den Körper:
Wenn wir achtsam und stetig beim Atem weilen, nun aber eine andere Körpererfahrung in den Vordergrund tritt und unsere Aufmerksamkeit auf sich zieht, dann lassen wir den Atem sein und bringen unsere vollständige Aufmerksamkeit zu dieser Körpererfahrung. Die Empfindung mag angenehm oder unangenehm sein, kann Kribbeln, Spannung, Vibration, Kälte, Wärme, Stechen, Jucken, Fließen, Kitzeln, Druck oder Ähnliches sein. Wir spüren und nehmen direkt wahr, wie sich diese Empfindung anfühlt. Angenommen wir fühlen ein »Brennen«. Vielleicht denken wir: »Oh, ein Brennen im Knie! Was mag es wohl sein? Ob es gefährlich ist?« Dabei besteht unsere Aufgabe

einfach darin, auf sanfte, annehmende Weise in diese Empfindung hineinzufühlen, wissend, wie »Brennen« sich anfühlt. Dann beobachten wir auf unvoreingenommene Art, was weiter damit geschieht. Dabei sind wir nicht achtsam, um die Empfindung möglichst zu verändern oder zum Vergehen zu bringen, um sie »aufzubrechen« oder »aufzulösen«. Echtes Gewahrsein hat kein festgelegtes Programm. Dadurch, dass wir nicht Erwartungen oder Widerständen anheim fallen, entwickeln wir inneres Gleichgewicht. Wir sind so vollkommen wie möglich gegenwärtig mit der lebendigen Erfahrung, so wie sie sich gerade präsentiert, in der Form *dieser* Empfindung, gerade jetzt.

Wir nehmen wahr, was mit der Empfindung geschieht: Wird sie stärker? Verschiebt sie sich von hier nach dort? Oder wird sie von »Brennen« zu »Pulsieren« oder zu einem dumpfen Schmerz? Vergeht sie oder scheint sie unveränderlich zu sein? Was immer auch der Fall ist, genau das nehmen wir wahr. Gewahrsein bedeutet einfach in Kontakt zu sein ohne den Versuch, etwas loszuwerden, zu verändern oder festzuhalten. Sobald die Empfindung vergangen ist oder wenn es zu schwierig wird, dabei zu bleiben, bringen wir das Gewahrsein erneut zurück zum Atem.

Wenn eine andere oder die gleiche Körperempfindung stark wird, bringen wir erneut ein frisches Gewahrsein zu dieser Erfahrung und halten mit ihr in einer interessierten, sanft akzeptierenden Haltung Kontakt. Und wir fühlen und beobachten, wie *diese* Empfindung nun geartet ist.

Hier beginnen wir den Unterschied zwischen der eigentlichen, direkten Erfahrung einer Körperempfindung und unseren Vorstellungen und Interpretationen darüber klarer zu sehen. Wir können unsere Erwartungen oder Ängste, Begierden oder Aversionen in Bezug auf diese Erfahrung deutlicher erkennen. Es wird uns auch möglich zu sehen, wie oft wir durch ungeschickten Umgang mit dieser Erfahrung und »Reaktivität« Leiden in uns schaffen. Das Gewahrsein in Bezug auf die Körperempfindungen ist also sehr wertvoll.

Besonders bei unangenehmen oder schmerzhaften Empfindungen ist es sinnvoll, diese mit Aufmerksamkeit zu erforschen, anstatt gleich etwas dagegen tun zu wollen: Sind wir überzeugt, dass Schmerz grundsätzlich eine Fehlentwicklung der Natur ist? Oder sind wir bereit, mit sanfter Aufmerksamkeit in dieses Phänomen einzudringen? Ist der Schmerz solide – oder verändert er sich? Ist er scharf umrissen oder diffus oder strahlt er aus? Was würde es bedeuten, ihn für einen Moment lang *wirklich* zu akzeptieren? Nicht um ihn loszuwerden, sondern um unsere Beziehung zu ihm zu studieren, vielleicht neu zu gestalten; für einige Augenblicke vollkommen mit ihm in Kontakt sein, ohne Widerstand, ohne Absicht, völlig gelassen. Und dann sehen wir vielleicht, wie erneut Widerstand aufkommt und wie wir – für den Moment – die Grenze unserer Fähigkeit des Annehmens erreicht haben und wir uns einer anderen Erfahrung zuwenden. Falls wir an diesem Punkt fühlen, dass wir die Körperhaltung verändern müssen, tun wir dies mit größter Achtsamkeit und Sorgfalt, ohne die Kontinuität des Gegenwärtigseins zu unterbrechen. Und wieder wenden wir uns der nächsten Erfahrung des Augenblicks zu. Gleichgewicht und Freiheit wachsen in uns in dem Maße, wie wir fähig sind, mit Unangenehmem, ja Schmerzhaftem in Frieden zu sein.

Gewahrsein in Bezug auf die Körperempfindungen kann in jeder Haltung geübt werden: Nicht nur beim Sitzen, sondern auch beim Gehen, Stehen oder Liegen. Es ist in jeder Situation angebracht; sei es beim Aufstehen oder Sich-Hinlegen, beim An- oder Ausziehen, beim Türenöffnen, Treppengehen oder Teetrinken. Körpergewahrsein kann bei allen Tätigkeiten geübt werden: bei der Arbeit, beim Kochen, beim Essen, beim Waschen, beim Gang auf die Toilette oder beim Spielen. Die Fenster unserer Sinne sind möglichst offen und wach.

Angenehm – unangenehm – neutral:
Was immer unsere Erfahrung dieses Moments gerade sein mag, sei es eine Körperempfindung, ein Gefühl, ein Gedanke oder ein Sinneseindruck, sie ist immer entweder angenehm, unangenehm oder liegt irgendwo dazwischen. Auf diese Erfahrungsqualität (*vedana*) reagiert unser Geist immer wieder mit Anhaften, Aversion oder Gleichgültigkeit. Und es ist diese Reaktivität, die uns ständig aus dem inneren Gleichgewicht wirft und Leiden schafft. Deshalb ist es unerlässlich, diesem Umstand immer wieder unsere volle Aufmerksamkeit zuzuwenden. Nur so wird es uns gelingen, gegenwärtig bei den mannigfachen Erfahrungen zu bleiben, ohne nach ihnen zu greifen, sie wegzuschieben oder zu ignorieren. Dadurch wachsen inneres Gleichgewicht und heitere Gelassenheit.

Gehmeditation:
Ebenso grundlegend wie die Meditation im Sitzen ist die Meditation im Gehen. In der formalen Gehmeditation wählen wir eine Strecke von fünf bis zehn Metern, die wir auf und ab gehen. Die Achtsamkeit ist nun bei den Empfindungen, die in den Beinen, Füßen oder an anderen Stellen durch die Bewegung des Gehens entstehen. Diese Art der unmittelbaren Wahrnehmung kann sehr sorgfältig und präzise sein. Auch hier bringen wir das Gewahrsein immer wieder sanft, aber eindeutig zurück, sobald wir merken, dass es, in Gedanken verloren, weggewandert ist. Gehmeditation kann die Energie wieder steigern, wenn sie beim Sitzen abgesunken ist. Sie ist eine sehr alltagsnahe Praxisform. Von Zeit zu Zeit können wir auch für eine Weile still stehen und Achtsamkeit des Stehens üben.

Natürlich wollen wir diese Übungen der Achtsamkeit nicht nur auf die formelle Praxissituation beschränken. Jedes Mal, wenn wir gehen oder stehen, ist dies eine ausgezeichnete Gelegenheit Gewahrsein zu üben und Erkenntnis zu erlangen. Dasselbe gilt auch für jede andere Tätigkeit, in jeder Körperhaltung, zu jeder Zeit.

Gewahrsein in Bezug auf das Hören:

Wenn Klang, Geräusch, Lärm oder Stimmen so vordergründig laut werden, dass sie unsere Aufmerksamkeit auf sich ziehen, lassen wir Atem oder Körperempfindungen beiseite und wenden uns voll und ganz der Erfahrung des Hörens zu. Wir sind unmittelbar in Kontakt damit; nicht mit unseren Kommentaren oder Gedanken über das Gehörte und auch nicht bei seinem Inhalt oder Ursprung. Wir halten uns nicht damit auf, ob wir das Geräusch mögen oder nicht, und fragen uns nicht, wie lange es wohl andauern wird. Vielmehr ist unser Gewahrsein einfach präsent bei der unmittelbaren Erfahrung des Hörens. Wenn diese ausklingt, kehren wir zurück zum Atem oder zu den Körperempfindungen und dort verweilen wir mit neuem Interesse.

Sehmeditation:

Besondere Aufmerksamkeit gebührt auch dem Sehen. Am Ende der Sitzmeditation oder während des achtsamen Stehens können wir auch das Sehen mit in den Raum des Gewahrseins einschließen. Dabei ist es zu Beginn hilfreich, die Dinge nicht wie üblich anzuschauen, sondern den Blick zu entspannen und den Formen, Farben und Kontrasten zu erlauben, im Gewahrsein präsent zu sein. Mit dieser Sinneserfahrung sind wir wach und gegenwärtig, möglichst ohne uns im Benennen, Kommentieren und Assoziieren zu verlieren. Wie Hören, Riechen und Schmecken entsteht und wandelt sich auch diese Sinneserfahrung ganz von selbst im offenen Raum des Gewahrseins. In dem Maße, wie wir gegenwärtig sind, wird es gelingen, uns nicht in der Reaktivität des Wertens und Urteilens, des Anhaftens und der Aversion zu verlieren. Wir erkennen die Nicht-Fassbarkeit aller Sinneserfahrungen und die damit verbundene innere Freiheit.

Es ist empfehlenswert, sich zuerst für eine Weile in der Gewahrseinsmeditation des Atems und der Körperempfindungen zu üben, sei es im Sitzen, Gehen oder Stehen. Auch Hören und

Sehen können wir immer wieder mit einbeziehen. Aber erst dann, wenn wir eine gewisse Stetigkeit und Sammlung erreicht haben, wird es sinnvoll, das Gewahrsein auch für die Gefühle und Gedanken zu öffnen.

Gewahrsein in Bezug auf Gefühle, Emotionen und
Geistesfaktoren:
Während wir mit unserer Aufmerksamkeit beim Atem oder anderen Körperempfindungen verweilen, mag es sein, dass Geistesfaktoren oder Emotionen auftreten: Freude oder Angst, Verlangen oder Großzügigkeit, Stolz, Vertrauen oder Zweifel oder auch Zerstreutheit oder Sammlung, Schläfrigkeit oder Klarheit, Verwirrung oder Erkenntnis. Wann immer Gefühle oder Eigenschaften des Geistes die Aufmerksamkeit auf sich ziehen, lassen wir den Atem beiseite und wenden unser volles Gewahrsein dieser Erfahrung zu. Dabei wollen wir uns nicht der Geschichte, dem Inhalt dieser Gefühle und Geisteszustände zuwenden oder uns gar darin verlieren, sondern wir sind bestrebt, sie unmittelbar wahrzunehmen: das bittersüße Gefühl der Trauer, die Offenheit der Zuwendung, die Energielosigkeit der Mattheit – was immer es sein mag. Hierzu ist eine klare, nicht-wertende Achtsamkeit unabdingbar. Wir sind gegenwärtig, um zu sehen und zu fühlen, was da ist, und nicht, um das, was da ist, zu bewerten oder zu verurteilen. Dabei kann es sehr nützlich sein, das jeweilige Gefühl kurz zu benennen, um sich über den momentanen Geisteszustand – zum Beispiel »Wut«, »Freude«, »Zweifel« oder »Verlangen« – ganz im Klaren zu sein.

Gefühle und Emotionen sind amorphe, nicht klar begrenzte Erfahrungen. Sie können ineinander übergehen wie die Jahreszeiten oder wie die Farbstimmungen am Himmel und ihr Anfang oder Ende ist oft nicht sogleich klar erkennbar. Deshalb ist es zumeist hilfreich, die Aufmerksamkeit auf die Körperempfindungen zu lenken, die von diesen Gefühlen ausgelöst werden: Verkrampftheit im Magen, angenehmes Kribbeln in der Herzgegend, aufsteigende Hitze im Oberkörper, flache, gepresste Atmung, Verspannung des Kiefers, behagliches Fließen in den Gliedern ...

Sobald wir mit diesen Erfahrungen gegenwärtig und in Kontakt sind, gibt es nichts weiter zu tun. Wir nehmen direkt wahr, was da ist, sehen, wie sich diese Gefühle weiter entwickeln, verändern und schließlich verklingen. Es mag sein, dass sie zuerst intensiver werden oder dass sie für eine ganze Weile gleich bleiben, dass sie sich in ein anderes Gefühl verwandeln oder dass sie gleich verschwinden. Was es auch immer sei: Es ist in Ordnung, so, wie es ist.

Es mag sein, dass die Gedanken, Bilder, Inhalte oder Geschichten, welche die Emotion ursprünglich ausgelöst haben, wieder auftauchen und stark werden. Sogleich wird auch diese Emotion unser Erleben von neuem erfüllen. Wieder müssen wir dies erkennen und die Aufmerksamkeit erneut in der oben beschriebenen Weise der direkten Erfahrung zuwenden, so dass wir unmittelbar spüren und wahrnehmen, was da ist, und so dem Inhalt, der Geschichte die Energie entziehen. Bald wird das abhängige Zusammenwirken von Gedanken und Gefühlen offensichtlich und wir gewinnen mehr Freiheit im Umgang mit Emotionen.

Sollte die Vielfalt der Anleitungen uns verwirren, so dass wir nicht mehr wissen, welches der richtige Umgang damit sein könnte, bringen wir unsere Achtsamkeit einfach wieder zurück zum Atem.

Wir sind aufgerufen, immer wieder zu sehen, wie und was unsere Erfahrung ist, anstatt zu glauben oder uns zu wünschen, wie sie sein sollte. Was immer an Gefühlen und Geistesfaktoren kommt und geht, sie folgen ihren eigenen Gesetzmäßigkeiten, sie entstehen und vergehen entsprechend ihren Ursachen und Umständen und nicht gemäß unseren Wünschen. Wir erkennen dies mit zunehmender Klarheit und bleiben dabei mit Interesse, mit sanfter Gelassenheit und möglichst anhaltender Kontinuität.

Gewahrsein in Bezug auf Gedanken, Vorstellungen
und Bilder:
Immer wieder werden auch Gedanken, Vorstellungen, Worte oder Bilder im Geist erscheinen. Wie Empfindungen, Geräusche oder Gefühle entstehen und vergehen auch jene ganz von selbst. Gedanken, die nur kurz im Hintergrund erscheinen und verschwinden – kurze Kommentare, Sätze oder Bilder –, können wir einfach vorbeiziehen lassen, ohne ihnen Beachtung zu schenken. Dabei verweilen wir mit unserem Gewahrsein weiterhin so gut wie möglich bei unserem Meditationsobjekt – sei es der Atem oder etwas anderes.

Sind die Gedanken aber dichter, aufdringlicher, so dass sie unsere Aufmerksamkeit auf sich ziehen, machen wir sie zum Objekt der Meditation. Wir wenden unsere volle Aufmerksamkeit dieser Erfahrung des Denkens zu und nehmen wahr, dass jetzt, in diesem Moment, Denken stattfindet. Falls dieses andauert, prüfen wir genauer, welcher Art die Gedanken sind; vielleicht ist es Planen, Erinnern, Werten, Analysieren, Kommentieren oder Tagträumen oder es sind Selbstbilder, Ansichten oder Meinungen. Wir bewerten oder verurteilen diese Gedanken nicht. Vielmehr bringen wir die Achtsamkeit klarer und unmittelbarer in Beziehung zu ihnen, denn es geht darum, uns nicht mit ihnen zu identifizieren, uns nicht in ihrem Inhalt zu verlieren. Uns ist zum Beispiel klar, dass im Moment ein *Gedanke* an einen Freund präsent ist und nicht der Freund selbst. Wir sehen Gedanken als Gedanken und verwechseln sie nicht mit ihrem Inhalt. Wir sehen Gedanken auch nicht als unerwünschte Gegner, sondern als eine weitere Sinneserfahrung, die von selbst entsteht und großenteils außerhalb unserer Kontrolle liegt, gleich jener des Hörens, Riechens oder Fühlens. Im Fokus eines wachen und klaren Gewahrseins werden die Gedanken meistens nicht sehr lange währen. Wenn wir uns aber in ihnen verlieren, kann es natürlich eine Weile dauern, bis wir wieder daraus erwachen. Sobald die Erfahrung des Denkens aufgehört hat, wenden wir uns wieder dem Atem zu.

Es mag auch vorkommen, dass dieselben Gedankengänge immer wiederkehren und uns beschäftigen, obwohl wir uns ihrer jedes Mal wieder klar bewusst waren. Dies kann bedeuten, dass hinter den Gedanken unbewusste Gefühle und Emotionen verborgen sind, die unserer Aufmerksamkeit bedürfen. In diesem Fall wenden wir uns mit verstärkter Achtsamkeit und Sensibilität diesen bisher unbeachteten Gefühlen zu. Es mögen unerkannte Ängste sein, die uns veranlassen, ständig wieder an dasselbe Zukunftsszenario zu denken. Oder unterschwellige Wut und Frustration lassen immer und immer wieder dieselbe Erinnerung in uns aufkommen. Erst wenn wir solche Emotionen erkannt, zugelassen und wirklich bewusst und unmittelbar gefühlt haben, kann ihre Macht über unser Denken nachlassen.

Manchmal erscheinen Gedanken in der Form innerer Bilder, manchmal als undeutliche Formen, zuweilen als lebendig-klare Erinnerungen oder als Bildfetzen aus dem Unbewussten. Auch hier geht es darum, achtsam und wach zu erkennen, dass jetzt das *Sehen* dieser Bilder auf der »Leinwand unseres Geistes« stattfindet. Ohne uns darin zu verlieren, ohne Einmischung und auch ohne Interpretationen sind wir damit gegenwärtig und sehen, dass diese Bilder, wie alle anderen Erfahrungen auch, von selbst kommen und gehen, entsprechend ihren Ursachen und Bedingungen. Sie sind wie Wolken, die dahinziehen am weiten Himmel; sie erscheinen und sind doch nicht fassbar, ohne Wurzeln, ohne Zuhause; es gibt keinen Grund, sie zu bekämpfen, es ist unnötig, sich darin zu verlieren.

Gedanken haben gewaltige Macht, können Krieg oder Frieden verursachen und sind die Schöpfer sowohl von Kernwaffen und Kriegsgeräten als auch der technischen, medizinischen oder architektonischen Wunder dieser Welt. Solange wir der Gedanken nicht gewahr sind, sind wir deren Sklaven. Sobald wir Gedanken aber als Gedanken erkennen, haben wir die Wahl ihnen zu glauben und auf sie einzugehen oder es sein zu lassen. Damit gewinnen wir große Freiheit.

Offenes Gewahrsein:
Wenn der Geist ruhig und geschmeidig ist, können wir sorgfältig und nahe an der momentanen Erfahrung verweilen und
ihr Wesen mit Präzision erforschen. Wenn wir uns für eine
beträchtliche Zeitspanne in dieser Meditation geübt haben
und der Geist – zumindest periodenweise – fähig ist, Achtsamkeit mit Stetigkeit, Klarheit und Balance zu verbinden,
können wir das Gewahrsein erweitern und alle Körpererfahrungen, Sinneserfahrungen, Gefühle und Gedanken mit in den
Raum der Achtsamkeit einschließen. Das erfordert ein »auf
Empfang gestelltes«, waches Gegenwärtigsein, ein weites,
nicht-auswählendes Gewahrsein. In diesem »offenen Spiegel«
erscheinen und verschwinden Empfindungen und Geräusche,
Gefühle und Gedanken ganz von selbst. Ohne Erwartungen
und ohne Befürchtungen ruhen wir in diesem weiten Raum
des Gewahrseins, in welchem nichts zu viel ist und nichts fehlt.
Lama Gendün Rinpoche schreibt:

»Glück findet sich nicht mit dem Willen
oder durch große Anstrengung.
Es ist immer schon da, vollkommen und fertig,
im Entspannen und Loslassen.

Beunruhige dich nicht. Es gibt nichts zu tun.
Alles, was im Geist erscheint, hat keinerlei Bedeutung,
weil es keinerlei Wirklichkeit besitzt.
Halte an nichts fest. Bewerte nicht.

Lass das Spiel von selbst ablaufen,
entstehen und vergehen,
ohne irgendetwas zu ändern.
Alles löst sich auf und beginnt wieder von neuem,
unaufhörlich.

Allein dein Suchen nach Glück hindert dich daran,
   es zu sehen,
wie bei einem Regenbogen, den man verfolgt,
   ohne ihn je zu erreichen
– weil das Glück nicht existiert
und doch immer schon da war
und dich jeden Moment begleitet.

Glaube nicht, die guten und schlechten Erfahrungen
   seien wirklich.
Sie sind wie Regenbögen.
Im Erlangenwollen des Nichtzufassenden
erschöpfst du dich vergeblich.

Sobald du dieses Verlangen loslässt,
ist Raum da – offen, einladend und wohltuend.
Also nutze ihn.
Alles ist bereits da für dich.

Suche nicht weiter.
Gehe nicht im undurchdringlichen Dschungel
den grossen Elefanten suchen,
der schon ruhig zu Hause ist.
Nichts tun,
nichts forcieren,
nichts wollen
– und alles geschieht von selbst.«[2]

Meditation im Alltag und im Retreat:
Meditation und spirituelle Übung wären ziemlich bedeutungslos, wenn sie sich ausschließlich auf die Perioden der formellen Sitz- oder Gehpraxis beziehen würden. Da es darum
geht, unser ganzes Dasein zu transformieren, ist es essentiell,
Meditation und Praxis in unseren Alltag zu tragen; in die
Arbeit oder Freizeit, allein oder mit anderen, bei Tag oder

Nacht. Spirituelle Praxis bedeutet nicht nur Meditation, sondern umfasst auch die Übung der Großzügigkeit, der ethischen Integrität, der liebevollen Güte und des Mitgefühls. Um diese Qualitäten aber wirklich umsetzen und leben zu können, brauchen wir wiederum Gewahrsein; wir müssen wach und gegenwärtig sein. Tägliches Üben hilft uns dabei. Zur Unterstützung der Meditationspraxis im Alltag können wir uns einen »geweihten« Raum schaffen, vielleicht einen Sitzplatz in einem ruhigen Zimmer; einen Ort, an dem wir regelmäßig innehalten und uns dem wachen Gegenwärtigsein widmen. Wenn möglich, verbringen wir täglich mindestens zwanzig bis fünfundvierzig Minuten in der Meditation. Das mag uns am Anfang Mühe bereiten. Es bedeutet nämlich, der Meditation eine gewisse Priorität in unserem Tagesablauf einzuräumen. Am besten machen wir sie zu einer täglichen Praxis wie Essen oder Zähneputzen. Durch Übung wird uns das mit der Zeit leichter fallen.

Es ist schwierig, ohne Anleitung und Führung durch kompetente Lehrerinnen oder Lehrer korrekt und wirkungsvoll meditieren und praktizieren zu lernen. Allzu leicht verfangen wir uns in Missverständnissen und Fehlhaltungen, die in Kurssituationen und Gesprächen mit Lehrenden leicht und einfach geklärt werden könnten. Deshalb ist es auch sinnvoll, zu Beginn – und auch später – an geleiteten Kursen teilzunehmen. In der Tradition der Vipassana-Meditation werden Klausuren oder Rückzugsgelegenheiten (so genannte »Retreats«) von einem Tag bis zur Dauer von mehreren Wochen oder Monaten angeboten. Sie schaffen optimale Bedingungen zum Erlernen und Vertiefen einer systematischen und konsequenten Meditationspraxis – von morgens früh bis abends spät. Mit Ausnahme von Praxisanleitungen, Lehrvorträgen sowie Gruppen- oder Einzelgesprächen mit den Lehrenden finden sie in vollständigem Schweigen statt. Diese innere und äußere Stille erlaubt uns klarer zu sehen, tiefer in die Natur unseres Wesens einzudringen und dadurch zu befreiender Erkenntnis zu gelangen.

Hakuin sagt, dass die fühlenden Wesen in ihrer wahren Natur Buddhas sind, so wie die eigentliche Natur des Eises Wasser ist, zu dem das Eis wieder wird, wenn es schmilzt. Wenn wir also in der Meditation zu unserem eigentlichen Wesen, zu unserer wahren Natur zurückkehren – und wäre es auch nur ein einziges Mal –, löscht dies eine unendliche Zahl von unheilsamen Taten. Herz und Geist finden zurück zu ihrem wahren Zuhause. Ob wir Gewahrsein im Retreat, in der täglichen Meditation oder im Alltag üben, immer geht es um Erwachen und innere Befreiung.

Befreiung:

Drei Tore führen zur Befreiung: Die Erkenntnis der Vergänglichkeit und des Wandels, die Einsicht in die unbefriedigende Natur aller Dinge und die Erkenntnis der Nicht-Selbstexistenz. Vipassana bedeutet so viel wie »klar sehen«. Diese drei Charakteristika des Daseins werden in der Meditation klar erkannt und erfahren. Dies kann zu einer vollständigen Öffnung, einem zutiefst befreienden Loslassen führen; zur wahren Erlösung des Herzens.

Erkenntnis, die Einsicht in das Wesen der letztendlichen Wirklichkeit, wird entsprechend den Schulen und Methoden der Vipassana-Meditation auf verschiedene Art und Weise beschrieben, wie zum Beispiel als »Nibbana«, »das Ungeborene«, »das Un-Bedingte«. Oder es wird berichtet: »Die Objekte und deren Gewahrsein fallen ab, als ob man von einer schweren Last befreit worden sei, oder sie verschwinden, als ob Finsternis plötzlich durch Licht ersetzt worden sei.«[3] Andere beschreiben: »Eine außergewöhnliche und erstaunliche Natur erscheint in ihrer ganzen Fülle. Alle Probleme sind gelöst (...).«[4] Für wieder andere ist es die Erkenntnis, »dass alle Dinge und Wesen des Daseins letztlich ungeboren, unerschaffen und un-bedingt sind.«

Diese Erfahrung der letztendlichen Wirklichkeit ermöglicht die Entwurzelung der unheilsamen, täuschenden und quälenden Emotionen *(kilesas /kleshas)*. Entsprechend der Stufe dieser Erkenntnis werden zuerst die weniger tief sitzenden getilgt. Außergewöhnlichen Individuen mit einer außerordentlich tiefen Praxis kann es gelingen, letztlich sämtliche täuschenden und quälenden Emotionen endgültig zu entwurzeln und somit vollständige Erleuchtung zu verwirklichen. Es sind diese Menschen, die das Leben mit Buddhas Augen sehen.

Was immer die Traditionen über Erkenntnis, Befreiung oder Erleuchtung zu sagen haben, was immer die Erfahrung der letztendlichen Wirklichkeit auch sein mag: Sie muss transformieren und befreien. Das Maß aller Verwirklichung ist die unumstößliche Befreiung von den täuschenden und quälenden Emotionen wie Zweifel, Verlangen, Aversion und selbst den subtilsten Formen von Stolz und Unwissenheit. Das endgültige Maß ist die Befreiung vom Leiden; Herz und Geist, die ungehindert strahlen durch die ihnen innewohnenden Qualitäten von tiefer Weisheit und großem Mitgefühl. Daraus entspringt auch ihr Wirken in der Welt zum Wohle allen Lebens.

DIE DREI GRUNDLAGEN DES PFADES

» Wie lange füllen wir unsere Taschen
wie Kinder mit Dreck und Steinen?
Lasst diese Welt los. Sie festhaltend
werden wir nie uns selbst erkennen, nie flügge sein.«
(Rumi)[1]

Es gibt unzählige Möglichkeiten, den Weg der geistigen Entwicklung zu beschreiben: Zum Beispiel durch das »dreifache
Training« von Integrität des Verhaltens, der Meditation und
Erkenntnis. Oder als achtfacher Pfad. Eine weitere Möglichkeit ist, diesen Weg durch »die drei Grundlagen des Pfades«
zu beschreiben. Damit werden die drei wichtigsten und umfas-
sendsten Elemente für unsere spirituelle Entfaltung bezeichnet: Loslassen und Entsagung, Liebe und Mitgefühl, Erkenntnis
der leeren Natur aller Dinge.
  Von Lehrenden und in Texten werden diese drei oft als die
Grundlagen der Praxis bezeichnet.

Sobald wir einmal verstanden haben, wie unser Geist und
unser Herz funktionieren, wird uns auch klar, welches der
eigentliche Grund dafür ist, Dharma zu praktizieren:
- Wir sind oft nicht sehr glückliche Menschen, sind voller
  Konflikte, Ängste, Stress, Sorgen, Leid und Enttäuschungen.
- Wir leiden, wenn wir nicht haben, nicht bekommen, was
  wir möchten.
- Wir leiden, wenn wir haben, was wir nicht möchten.
- Es fehlt uns oft an Heiterkeit, Ausgeglichenheit und Freude
  im Leben.

Falls uns das innere Leiden nicht offensichtlich erscheint, muss es uns umso mehr auffallen im Äußeren, in der Welt: Zehntausende sterben täglich an Unterernährung, während wir im Westen durchschnittlich 20 Prozent der Nahrungsmittel wegwerfen. In etwa 70 Ländern der Erde werden Menschen gefoltert. In diesem Moment, genau jetzt, warten Tausende von Menschen darauf, »legal« hingerichtet zu werden, von denen manche seit Jahren dem Hinrichtungstermin entgegenbangen. Es gibt Armut, Obdachlosigkeit und Gewalt in unseren Städten, in unserer Gesellschaft, oft sogar in unseren Familien.

Dieses Leiden geschieht nicht zufällig und wahllos, ist nicht einfach vom Himmel gefallen, sondern es ist Ausdruck des menschlichen Geistes.

Wie kommt das? Drei Elemente oder Kräfte sind in unserem Geist, in unserem Herzen am Werk, die sämtliche Schwierigkeiten verursachen.

An erster Stelle steht Unverstand – das heißt, wir sind unfähig die Wirklichkeit zu verstehen. Dies ist die Wurzel des Leidens. Zweitens ist da Verlangen und Haften an Vergänglichem. Und drittens Aversion oder Widerstand gegen Dinge, die ihrer eigenen Gesetzmäßigkeit folgen und außerhalb unserer Kontrolle sind. Diese drei Elemente verursachen die problematische Dynamik des verblendeten Geistes.

Wenn Unverstand, Anhaften und Aversion alle Schwierigkeiten verursachen, erscheint es sehr sinnvoll, Kontakt aufzunehmen mit jenen Qualitäten des Geistes, die frei davon sind, also sozusagen mit ihrem Gegenteil – also mit Loslassen und Entsagung, Liebe und Mitgefühl sowie Einsicht in die leere Natur aller Dinge: die drei Grundlagen des Pfades. Der Geist ohne Verlangen und Haften ist nämlich entkrampft, lässt los und offenbart somit auch Großzügigkeit und Offenherzigkeit. Der Geist ohne Aversion, ohne Hass, ohne Widerstand zeigt sich in Annehmen, Liebe und Mitgefühl. Der Geist, frei von Unverstand, von Dunkelheit und Verwirrung, ist klar und verstehend; er erkennt die leere Natur, die Unfassbarkeit aller Dinge. Das ist die Weisheit und die Freiheit des Geistes.

Sprechen wir zunächst vom Loslassen; wir könnten auch Entsagung oder Abkehr sagen. Loslassen bedeutet, sich nicht in Besitztümern und Objekten aller Art zu verlieren. Es hat mit Einfachheit zu tun und damit, uns nicht durch all die vielen Dinge, die wir nicht wirklich brauchen, zu belasten und zu behindern. Diese Art von Verzicht oder Loslassen entsteht aus dem Verständnis, aus der direkten Erfahrung, dass nichts, kein Objekt, kein Besitz uns wirklich, echt und dauerhaft glücklich machen kann. Über diese Tatsache sind wir uns zumeist im Unklaren. Das scheint vor allem daher zu rühren, dass wir immer wieder vergessen weit genug vorauszublicken, um klar zu erkennen, was uns wirklich etwas bringt und was nicht.

Ein großer Lama aus dem Süden Tibets wurde einst von einem jungen Schüler besucht. Dieser erzählte dem Lama, dass er studieren wolle, um ein großer Gelehrter zu werden. Der Lama war großen Worten abhold. Er hörte aber aufmerksam zu und fragte schließlich den jungen Mann: »Und dann?« »Dann werde ich Abhandlungen und Bücher schreiben und werde berühmt und reich.« »Und dann?« »Dann werde ich ein schönes Haus besitzen, eine große Familie und ein schönes Leben haben.« Ganz ruhig fragte der Lama weiter: »Und dann?« »Dann«, sagte der junge Mann zögernd, »werde ich wohl irgendwann einmal sterben.« Noch einmal erhob der Lama die Stimme: »Und dann?«

Wie oft stellen wir uns diese Frage, bevor wir uns in irgendeine Anschaffung, irgendeine Unternehmung stürzen?

Loslassen wird selbstverständlicher, wenn wir erfahren haben, dass wirklicher Friede und echte Freiheit gerade hierin liegt und nicht im Haben und Besitzen oder im Anhaften und Verlangen.

Rumi, der große Sufi-Mystiker schrieb:

»Wie lange füllen wir unsere Taschen
wie Kinder mit Dreck und Steinen?
Lasst diese Welt los. Sie festhaltend
werden wir nie uns selbst erkennen, nie flügge sein.«[1]

Dabei muss uns klar sein: Obwohl es sich um das Nicht-Haften an Dingen, an Menschen, an Situationen handelt, ist Loslassen eine Qualität des Geistes, eine innere Haltung. Eine Königin, ein Industrieller oder eine Millionärin mit echter Entsagung ist ebenso vorstellbar wie ein Mönch, eine Nonne oder ein Asket ohne diese Eigenschaft.

Der wandernde Asket Nahutta erschien am Hof des Maharaja und bat um Speise, die ihm reichlich gegeben wurde. Nach der Mahlzeit spazierte er mit dem Maharaja im Park, nachdem er seine Bettelschale und seine Habseligkeiten in einer Ecke des Palastes abgestellt hatte. Der Asket belehrte den Maharaja über die Belanglosigkeit weltlicher Güter und lobte den Segen des Loslassens und der Entsagung. Der Maharaja war beeindruckt und sprach nach langem Überlegen: »Was du sagst, Nahutta, macht für mich zutiefst Sinn. Ich will den Dingen der Welt von nun an entsagen.« Dann blickte er auf und fuhr fort: »Und schau nur, wie die Götter mir in meiner Entscheidung beistehen; mein Palast steht in Flammen!« Daraufhin rannte der Asket in Panik auf den Palast zu und schrie: »Meine Bettelschale, meine Bettelschale!«

Loslassen, Abkehr, ist eine innere Haltung. Dabei kann allerdings die Aussage, es komme nur auf die innere Haltung an, natürlich auch zur Ausrede werden, um immer noch mehr besitzen zu können.

Loslassen entsteht auf natürliche Weise, wann immer wir in Berührung sind mit der Einzigartigkeit und dem Wert unserer Situation als Menschen: Wir sind intelligent und gesund, haben Interesse am Dharma, der Lehre, die für uns zugänglich ist, und wir verfügen über die nötige Zeit zum Praktizieren. Ab und zu hören wir aus isolierten Ländern, dass es dort keine Lehrerinnen oder Lehrer und keine Kurse, ja nicht einmal Bücher oder Informationen gibt. Wir dagegen haben die bestmöglichen Bedingungen und dürfen uns glücklich schätzen!

Loslassen ist also eine Geisteshaltung. Nicht selten ist es auch eine Frage der inneren Bereitschaft. Oft sagen wir: »Hier kann ich nun einfach nicht loslassen!« Das mag stimmen. Trotzdem wollen wir aber genauer hinschauen: Wie weit will ich einfach nicht loslassen? Loslassen bedeutet häufig, gewillt zu sein sogar die Gedanken zu entlassen, anstatt uns weiter darin zu verstricken oder Tagträume endlos weiterzuspinnen. Zwar riskieren wir dann, dass es sich innerlich etwas leer anfühlt, so als seien wir niemand, ohne Definition, und das mag uns sehr verunsichern. Und doch lohnt es sich!

Loslassen können wir üben. Der Mönch und Dharma-Lehrer Ajahn Sumedho sagt es so:

»Die Praxis des Loslassens ist sehr wirkungsvoll für jene, deren Geist von zwanghaftem Denken besessen ist: Man vereinfacht seine Meditationspraxis auf zwei Worte – ›Lass los‹ –, anstatt zu versuchen, diese oder jene Praxis zu entwickeln, dies oder jenes zu erreichen oder zu verstehen, Sutras zu lesen, Abhidhamma zu studieren, Pali und Sanskrit zu lernen, ins Kloster einzutreten, Bücher zu schreiben und eine Autorität in Buddhismus zu werden. Statt dich als weltbekannter Experte auf internationale buddhistische Konferenzen einladen zu lassen – lass einfach los, lass los, lass los. Ich tat zwei Jahre lang nichts anderes. Immer wenn ich etwas verstehen oder ergründen wollte, sagte ich: ›Lass los, lass los‹, bis das Verlangen danach versiegte. Ich mache es euch also leicht, um euch davor zu bewahren, in vielfaches Leiden verwickelt zu werden. Es gibt nichts Mühsameres, als an internationalen buddhistischen Konferenzen teilnehmen zu müssen! (...) Statt dessen schlage ich vor: Seid ein Erdwurm, der nur zwei Worte kennt: Lass los.«[2]

So üben wir Loslassen – immer und immer wieder. In der Meditation – und auch sonst den ganzen Tag lang. In dem Maße, wie wir loslassen, erfahren wir inneren Frieden, sind wir frei vom Feuer des Verlangens und des Anhaftens; in dem Maße wird sich unser Herz öffnen, in Großzügigkeit und Fülle. Loslassen steht immer auch in direktem Bezug zu Verpflichtung und Hingabe, zum Stellenwert unserer Praxis in unserem Leben. Ist Dharmapraxis nur ein weiteres Hobby für mich? Neben Tennis und Wandern? Oder ist sie das zentrale Anliegen meines Lebens? Und wenn dies der Fall ist: Was bin ich willens, dafür zu tun, wie viel will ich in die Praxis investieren? Bin ich bereit, alles zu geben, mich selbst ganz zu geben? So ist Loslassen auch die Voraussetzung für Hingabe; Hingabe an das Dharma, die Praxis, an Liebe und Mitgefühl, an die Möglichkeit der Befreiung.

Tibet ist ein Land voller Geschichten. So wird erzählt: Ein großer Yogi weilte am Ufer des Tsang-po-Flusses. Eines Tages besuchte ihn ein Mönchsnovize, warf sich vor ihm nieder und bat: »Oh großer Lama, ich möchte von Euch die Lehren des Buddha erhalten.« »Warum möchtest du das?«, fragte der Yogi. »Weil ich die Erleuchtung erlangen will!« Der Yogi fasste den jungen Mönch am Arm, schleifte ihn zum Fluss und drückte seinen Kopf unter Wasser. Schließlich ließ er den Jungen wieder auftauchen und als dieser das Wasser ausgespuckt und sich erholt hatte, fragte ihn der Lama: »Was wolltest du am meisten, als ich dich unter Wasser hielt?« »Luft«, antwortete der Novize. Darauf schickte ihn der Yogi mit dem folgenden Ratschlag fort: »Kehre zurück in dein Dorf und komm erst wieder zu mir zurück, wenn du Erleuchtung genauso dringend willst, wie du vorhin Luft wolltest.«

Natürlich ist der Wunsch in uns zumeist nicht ganz so dringend und das ist auch nicht unbedingt notwendig. Trotzdem bedarf es aber großer Hingabe und Begeisterung für diesen Weg, für diese Praxis der Erkenntnis, der Liebe und des Mitgefühls. Diese Hingabe kann auch den Bezug schaffen zur zweiten Grundlage des Pfades, der von Liebe und Mitgefühl.

Liebe und Mitgefühl bedeutet: Der Geist ist frei von Aversion, Hass und Grausamkeit. Krishnamurti lehrte, dass unter allen Erfordernissen Liebe das Wichtigste sei. Denn wenn sie stark genug sei in einem Menschen, zwinge sie ihn, sich auch alles andere anzueignen. Hingegen würde alles andere, ohne die Liebe, niemals genügen.

Loslassen erwächst aus der Erkenntnis des Leidens, das aus Anhaften und Verlangen entsteht − indem wir sehen, dass nichts uns wirklich *dauerhaftes* Glück und Heiterkeit verschaffen kann, und indem wir erkennen, dass Loslassen Frieden bringt.

Ganz ähnlich können Annehmen, Liebe und Mitgefühl entstehen, wenn wir verstehen, wie mühsam es ist, ständig das bekämpfen und kontrollieren zu müssen, was uns nicht passt; aber auch, weil wir wissen, wie viel Freude aus dem Gefühl des Annehmens und der Liebe entsteht.

Wenn wir anfangen uns für andere zu öffnen, beginnen wir auch die Verbundenheit allen Lebens wahrzunehmen. Vertieft sich unsere Erkenntnis, sehen wir, dass die Unterteilung des Lebens in gesonderte, voneinander unabhängige »Einheiten« einzig und allein durch unsere Vorstellung geschaffen wird. Es ist dies eine Täuschung, die in keinster Weise der Wirklichkeit entspricht.

Das Folgende mag zur Illustration dienen: Um essen zu können, sind wir abhängig von einer langen, praktisch anfangslosen Kette aus Menschen, Tieren, Arbeit und Aktivitäten, wie zum Beispiel Bauern, Herstellern von Landmaschinen, Lastwagenführern, Schiffsmannschaften, Arbeitern in Nahrungsmittelfabriken, Verkaufspersonal in Läden und so weiter. Vom Moment unserer Geburt an und auch schon davor sind wir abhängig von Eltern, Familienangehörigen, Lehrern, Ärztinnen und vielen anderen Menschen. Diese Abhängigkeit bezieht sich auf unser Entstehen, Überleben und Wohlergehen – auf unsere Gesundheit und Erziehung, auf das Gehen-, Sprechen-, Lesen- und Schreibenlernen wie auch auf all die anderen Dinge, die wir in dieser Welt beherrschen sollten.

Der Zürcher Astronomieprofessor Jan O. Stenflo beschreibt die Verbundenheit und wechselseitige Abhängigkeit allen Seins so: »Wir sind alle Teil dieses wunderbaren kosmischen Netzes. Der Kohlenstoff in unseren Zellen entstand im Zentrum roter Riesensterne, das Eisen in unserem Blut hat die Explosionen von Supernovas erlebt. Die gemeinsame Geschichte, die wir mit den Felsen, Bäumen und Sternen teilen, kann bis zum so genannten Big Bang zurückverfolgt werden, einem kompakten, heißen Zustand, aus welchem unser Universum entstand.«[3]

Wir sind abhängig von, ja, wir sind zusammengesetzt aus Erde, Luft, Wasser, Sonne, Licht und Wärme, Energie. Sämtliche Atome, aus denen unser Körper besteht, werden mindestens alle zehn Jahre durch völlig andere ersetzt. Wir sind abhängig von Pflanzen, von Rohstoffen und Bodenschätzen aller Art. Das ganze Leben, einschließlich wir selbst, ist eine Kettenreaktion von Abhängigkeiten. Ein komplex gewobenes, dynamisches Netzwerk aus Dingen, Lebewesen und Geschehnissen.

In der Physik ist seit langem klar: Das ganze Universum befindet sich in ständiger Bewegung. Und alles, was sich bewegt, berührt und verursacht eine unbestimmte Anzahl anderer Geschehnisse und Bewegungen, nicht nur als Ursache, sondern auch synchron. Selbst die Resultate der Experimente im subatomaren Bereich scheinen von der Anordnung der Experimente abhängig zu sein und von der Absicht bei der jeweiligen Anordnung. Eine unabhängige, objektive Position ist also gar nicht möglich.

So müssen wir zwei Tatsachen klar sehen. Erstens: Alle Lebewesen und Dinge sind eng miteinander verbunden und verwoben.

Zweitens: Deshalb ist es auch absurd zu glauben, dass es irgendwo eine getrennt existierende, unabhängige »Einheit«, ein »Selbst«, geben könnte. Alles ist leer von dieser Art der Selbstexistenz.

Wenn wir andere hassen, verletzen oder zerstören, dann sind wir nicht nur wie Mitglieder derselben Familie, die einander Schaden zufügen, sondern es ist noch viel schlimmer: Es ist wie unsere eigene Hand, die unsere Beine und Füße hasst und zerstört, und dies, nur weil sie nicht das tun, was wir wollen, weil sie vielleicht schmerzen, müde sind oder altern. Es ist völlig absurd. Liebe ist also nicht nur eine Frage der Religiosität, der Ethik oder des Herzens, sie ist auch die logischste, sinnvollste, ja sogar effizienteste Lebenshaltung. Tatsächlich ist das Leben am schwierigsten und schlimmsten, wenn wir ohne Liebe sind. »Die Hölle ist das Leiden derer, die unfähig sind zu lieben«, schrieb Dostojewski in »Die Brüder Karamasow«.

Wir wollten schon immer eine Praxis, die Spaß macht. Hier ist sie. Je mehr wir fähig sind, andere gern zu haben, desto mehr Freude entsteht und desto leichter wird diese Haltung für uns zugänglich. Liebevolle Güte ist also eine Verhaltens- und Seinsweise: Gegenüber Dingen, Situationen und Erfahrungen üben wir Akzeptieren, Geduld und Zulassen. Gegenüber Lebewesen, einschließlich uns selbst, üben wir Metta-Meditation, die formale Meditation der liebevollen Güte. Wir kultivieren unsere innere Haltung gegenüber anderen, indem wir uns über ihre guten Eigenschaften freuen, anstatt sie zu werten und zu beurteilen. Und wir üben, indem wir großzügig und offenherzig sind. Dabei können wir jeden Moment, jede Situation, jede Person als Gelegenheit wahrnehmen und versuchen uns nicht einzugrenzen und unsere Liebe nicht zu beschränken, wie wir das oft tun.

Whitney Houston singt in einem Song: »I'm saving all my love for you!« – »Ich hebe alle meine Liebe für dich auf!« Manchmal betrachten wir Liebe als eine Quantität, die wir durch Sparen meinen vergrößern zu können. Das ist völlig verkehrt! Liebe nimmt durch Verschenken zu.

Thomas Merton soll sinngemäß gesagt haben: »Liebe lässt sich nur bewahren, indem man sie verschenkt: Ein Glück, das wir für uns allein suchen, ist nirgends zu finden; denn ein Glück, das sich verringert, wenn wir es mit anderen teilen, ist nicht groß genug, um uns glücklich zu machen.«

Mit der Liebe steht uns eine gewaltige Kraft zur Verfügung. Sie hat eine nachhaltige Wirkung auf uns selbst und auf andere. Nagarjuna schreibt im Ratnavali: »Selbst wenn wir Nahrung weggeben, dreimal täglich dreihundert Töpfe, kommt das nicht der Wirkung eines einzigen Augenblicks der Liebe gleich.«

Ganz ähnlich ist es mit dem Mitgefühl: Es fließt, wenn wir anfangen, uns unserem eigenen Leiden gegenüber zu öffnen, ohne uns selbst zu bedauern, mit Mut und Sanftheit. Wenn wir unser eigenes Wesen zutiefst verstehen, entstehen Verbundenheit und Mitgefühl mit anderen.

»Wer wirklich das Leiden anderer zerstreuen will, ist ein vortrefflicher Mensch, denn er hat in seinem eigenen Wesen die Natur des Leidens erkannt«, schrieb der indische Meister Atisha.

Das gilt auch umgekehrt: In Momenten, in denen wir zutiefst füreinander da sind, erfahren wir manchmal den Augenblick einer essentiellen Eigenschaft unseres Wesens, unserer grundlegenden Verbundenheit. Nicht »ich und du«, nicht »wir und sie«. Alles ist »wir«. Von diesem Standpunkt aus brauchen wir uns gar nicht so sehr anzustrengen oder zu überwinden, anderen zu helfen, ihnen zu dienen und uns um sie zu kümmern. Nicht aus Schuldgefühl, aus Verpflichtung und weil wir es doch »sollten« sind wir für andere da. In unserer Familie, bei unseren Freundinnen und Freunden oder der Gesellschaft und Politik tun wir, was wir können, als natürliche Antwort auf das, was benötigt wird.

Und vielleicht verstehen wir dann auch, was die holländische Jüdin Etty Hillesum meinte, als sie in ihren letzten Tagen

im Konzentrationslager schrieb:»Man möchte ein Pflaster sein
auf vielen Wunden.«[4] Auch Mitgefühl ist eine gewaltige Kraft, eine starke Praxis,
die auf andere wie auf uns selbst wirkt. Ein Text beschreibt
es so:»Alle guten Eigenschaften der Buddhas liegen in unserer Hand, wenn eine Tugend verwirklicht ist: großes Mitgefühl!«
Verbundenheit mit anderen zu erkennen und zu leben, die
Einheit des Seins zu spüren, das ist auch befreiend. Es ist ein
Schlüssel und eine Quelle für unser Verständnis der leeren
Natur allen Seins, des Nicht-Vorhandenseins unabhängiger
Selbstexistenz. Wie Rumi es ausdrückt:

»Anstatt so verstrickt zu sein *mit* jedermann,
sei jedermann.
Wenn du so viele wirst, bist du nichts, leer.«[5]

So ist also die dritte Grundlage des Pfades, die Erkenntnis der
Leerheit, nicht weit entfernt von den anderen beiden. Tatsächlich ist sie die andere Seite der gleichen Münze. Was heißt das?
Wenn wir die Verbundenheit und gegenseitige Abhängigkeit
aller Dinge sehen, wird deren Leerheit oder nicht erfassbare
Natur offensichtlicher. Genau genommen ist das allseitige Zusammenwirken aller Dinge und aller Wesen durch Ursache
und Wirkung, durch gegenseitige Abhängigkeit, gerade der Be-
weis ihrer Leerheit. Wie könnte etwas substantiell und solide
sein, wenn es sich ständig verändert?
Betrachten wir die Tatsache, dass das Kind, das wir waren,
völlig verschwunden ist; dass das Gestern unauffindbar, für
immer vergangen ist; dass der Satz, den ich gerade vorher ge-
sprochen habe, genauso irgendwo »da hinten« verschwunden
ist, wo auch Julius Cäsar und Mahatma Gandhi verschwunden
sind. Die Tatsache, dass ein Samen sich in eine Blume verwandeln kann und dabei vollständig verschwindet, zeigt doch
offensichtlich, wie wenig Substanzialität eigentlich da ist, selbst

in der Materie. Die Erkenntnis der Substanzlosigkeit und Leerheit aller Dinge drängt sich uns förmlich auf.

Mein tibetischer Lehrer Geshe Rabten sagte einmal:»Wenn ihr draußen spazieren geht, ruft jeder Baum, jeder Ast, jedes Blatt euch zu: ›Leer, leer!‹« Für jene mit entsprechend geübter Wahrnehmung ist beides, abhängiges Entstehen und Leerheit, gleichermaßen offensichtlich.

Paul Valéry schrieb:»Gott hat alles aus dem Nichts erschaffen. Das Nichts schimmert immer noch etwas durch.«

Longchenpa drückte es so aus:

»So wie bei der Spiegelung der Sterne,
die auf dem klaren Wasser glitzert,
nichts wirklich da ist und doch etwas erscheint,
so ist es mit den täuschenden Bildern,
die auf den Wassern des Geistes entstehen;
sie erscheinen, aber sind nicht wirklich da.«[6]

Nichts Erfassbares, nichts, das festgehalten werden kann, nichts zu bekämpfen, keine Erwartung, keine Angst. In dem Maße, wie unser Geist diese Wahrheit erkennt, lässt er los. In dem Maße, in dem er loslässt, ist er frei. Dies ist die letztliche Ebene des Loslassens. Hierin liegt der Sinn der Meditation, der Praxis. Es geht nicht um»etwas innere Stille« oder um»eine schöne Meditation«, sondern um wirkliche innere Freiheit und um Mitgefühl. Um diese zu erlangen, müssen wir uns in der Praxis der drei Grundlagen üben: Loslassen, Mitgefühl und Erkenntnis, hier und jetzt.

SCHWIERIGE EMOTIONEN: GIFT – UND FUTTER FÜR DIE WEISHEIT

Im offenen Raum des Gewahrseins mögen schwierige Emotionen einen Moment lang verweilen, um sich dann aufzulösen wie der Nebel, wenn er von der Sonne beschienen wird. Oder sie mögen gar gleichzeitig mit ihrem Entstehen wieder verschwinden, etwa so wie eine Linie, die man mit dem Finger ins Wasser zeichnet. Dabei wird offensichtlich, dass ihre Natur vergänglich, leer und unerfassbar ist – und so werden schwierige Emotionen zu Futter für die Weisheit.

In der Meditation und in der Praxis gibt es zwei zentrale Aspekte, die sehr eng zusammenhängen, nämlich schwierige Emotionen und Weisheit. Dabei ist es oft so, dass in unserer Praxis der eine Aspekt überwiegt, während der andere in der Hitze des Gefechts allzu leicht vergessen wird. Der Umgang mit schwierigen Emotionen überwiegt oft, während der Aspekt der Erkenntnis oder Weisheit etwas verloren geht. Dabei ist es durchaus möglich, die beiden Aspekte zusammenzubringen. In diesem Sinne werden wir hier verschiedene Arten des Umgangs mit schwierigen Emotionen betrachten, Umgangsarten, die schützend wirken, solche, die positive Gegenkräfte mobilisieren, und solche, die transformieren, weil ihnen die Emotion als Futter für die Weisheit dient.

Unser Hauptziel, weswegen wir meditieren und praktizieren, ist innere Freiheit, Freiheit vom Leiden. Das ist es, was wir wirklich suchen: Glück, Heiterkeit und Frieden. Dies meinen wir, wenn wir von Erleuchtung sprechen: Herz und Geist sind in tiefem Frieden und gleichzeitig mitfühlend und weise in ihrer Zuwendung zur Welt. Was uns daran hindert, so zu sein, ist nicht die äußere Welt oder die Umstände. Vielmehr ist es unser eigener Geist, unser eigenes Herz. Oder, um noch genauer zu sein: Es sind die uns plagenden, drangsalierenden, störenden Emotionen und Geisteszustände, die im Buddhismus Kilesas/Kleshas heißen, was so viel bedeutet wie »das, was Geist und Herz trübt und quält«.

Anders ausgedrückt: Wenn wir unseren Geist einfach befreien könnten von Unverstand und Täuschung, von Verlangen und Anhaften, Aversionen und Angst, Eifersucht und Dünkel und all den andern Giften oder quälenden Emotionen, wären wir glückliche und friedliche Menschen. Da es aber ganz so aussieht, als könnten wir diese Eigenschaften unseres Geistes nicht so leicht loswerden, ist es wohl lohnend, sich Zeit zu nehmen, diese genau zu betrachten und zu lernen geschickt mit ihnen umzugehen.

Es gibt eine ganze Anzahl von Möglichkeiten, schwierigen Emotionen zu begegnen:

Gewöhnlich werden sie entweder ausgedrückt oder verdrängt. Im Sinne der Praxis dagegen gibt es grundsätzlich vier Umgangsarten:

- Wir können mit ethischen Richtlinien, Vorsätzen und Gelübden arbeiten.
- Wir können uns in der Anwendung und Entwicklung von positiven Qualitäten und Gegenkräften üben.
- In einzelnen Traditionen arbeitet man mit speziellen Methoden zur Transformation des Denkens und der Wahrnehmung.
- Direktes, unmittelbares Anwenden von Gewahrsein und Weisheit.

Am besten aber ist es, wenn wir Negativitäten gar nicht erst entstehen lassen, indem wir die inneren Bedingungen für ihr Entstehen nicht mehr schaffen.

Zunächst betrachten wir unsere übliche Art des Umgangs mit schwierigen, unheilsamen Gefühlen. Wenn uns zum Beispiel eine Person oder eine Situation ärgert, erscheint der Ärger als ein intensives Gefühl zusammen mit einer Anzahl »ärgerlicher« Gedanken und Bilder. Wenn diese stark genug sind, werden sie sich vielleicht als wütendes Sprechen oder Schimpfen äußern. Hält die Intensität des Ärgers an oder steigert sie sich noch, wird er sich schließlich in physischem Handeln ausdrücken. Sei es also in Gefühlen und Gedanken, in Worten oder in Taten, die Emotion »Ärger« wird ausgedrückt, wird manifest. Wie wir alle wissen, ist dieses Verhalten meistens nicht sehr nützlich und bringt selten das gewünschte Resultat, sondern eher noch mehr Schwierigkeiten. Dazu schafft es auch noch Mühe und Leiden für uns selbst in Form von negativem Karma und somit leidhaften Resultaten und Erfahrungen in der Zukunft.

Aus diesen und anderen Gründen haben wir schon früh in unserem Leben gelernt zu verdrängen. Wir schweigen, wir verkrampfen uns, beißen die Zähne zusammen und schlucken etwas hinunter oder wir versuchen auf andere Weise solche Gefühle zu vermeiden. Wir beschäftigen uns mit etwas anderem oder noch schlimmer: Wir lächeln, als sei nichts geschehen. Die meisten von uns haben herausgefunden, dass Verdrängen, Vermeiden und Ignorieren fast noch mehr Schwierigkeiten und Leiden in uns schaffen als das Ausdrücken von Gefühlen und dass diese unbewältigten Gefühle wie schleichendes Gift wirken können.

Das heißt nun aber nicht, dass wir solche schwierigen Emotionen nie mehr ausdrücken oder verdrängen sollten. Tatsächlich werden wir manche von ihnen immer wieder einmal ausleben wollen und müssen, solange wir noch nicht völlig davon befreit sind. Das ist auch nicht sehr problematisch, wenn wir uns damit nicht außerhalb des Rahmens der weiter unten beschriebenen fünf Verhaltensrichtlinien bewegen.

Auch Verdrängen kann gelegentlich sinnvoll sein. Wenn wir zum Beispiel heute aus irgendwelchen Gründen voller Wut sind, uns aber ein Anstellungsgespräch bevorsteht, mag es angebracht sein, die momentane Stimmung bewusst beiseite zu schieben und zu versuchen, gut gelaunt und mit Elan aufzutreten.

Da beides, Ausdrücken und Verdrängen von starken negativen Emotionen, letztlich aber nicht heilsam ist, müssen wir uns nach anderen Arten des Umgangs mit diesen mächtigen, schwierigen Gemütsbewegungen umschauen. Ein Schutz vor unliebsamen Konsequenzen für uns und andere ist es, mit Leitlinien, Vorsätzen oder Gelübden zu arbeiten, uns Grenzen zu setzen. Wir schützen uns und andere vor unserer Wut, unserem übermäßigen Verlangen und unseren Bedürfnissen und Wünschen nach Kontrolle und Manipulation. Als Laien, die wir nicht ordiniert sind, können wir uns an den folgenden Richtlinien orientieren oder diese gar als Vorsätze fassen:

– Die erste Richtlinie ist das Nicht-Töten und möglichst Nicht-Verletzen jeglicher Art von Lebewesen. Wir nehmen Abstand von *absichtlichem* Töten oder Verletzen. So wie dieses Dasein nun einmal ist, leben wir ständig auf Kosten anderer Lebewesen, selbst bei vegetarischer Ernährung. Wir können kaum einen Schritt – oder einen Spatenstich – machen, ohne zumindest Insekten zu verletzen oder zu töten. Wichtig ist hier der Entschluss und die Absicht, aus Wertschätzung und Respekt für das Leben nicht zu töten. Die Skala der Möglichkeiten für Praktizierende ist weit: Das Mindeste ist das Vermeiden absichtlichen Tötens von Lebewesen, einschließlich der kleinen, scheinbar unbedeutenden. Aber je nach Empfinden kann sich der Respekt für das Leben bis hin zur Wahl von vegetarischer oder gar milchproduktfreier Nahrung ausdrücken, um auch keine Nachfrage nach Fleisch oder Produkten aus Batteriehaltung und Ähnlichem zu schaffen. Wie immer unsere persönliche Entscheidung auch aussehen mag: Gewaltlosigkeit bietet uns selbst und anderen Schutz vor den möglichen Auswirkungen unseres Hasses und unserer Gier.

– Die zweite Richtlinie bezieht sich auf den Entschluss,
nichts zu nehmen, was uns nicht gegeben wurde, was uns nicht
gehört. Hier reicht die Skala der Möglichkeiten vom Nicht-
Stehlen bis hin zum Respektieren von Urheberrechten bei
Musikkassetten, Computerprogrammen oder anderem geisti-
gem Eigentum. Aufmerksamkeit verdient auch Verhalten wie
zum Beispiel Unehrlichkeit bei Steuererklärungen, fragwürdi-
ge Zahlungsmoral oder »Vergesslichkeit« beim Zurückgeben
von Ausgeliehenem. In diesem Zusammenhang muss auch die Ausbeutung der
Umwelt und die bedenken- bis skrupellose »Nutzung« der
Natur- und Bodenschätze genannt werden. Die ökonomische
Ausbeutung der »Dritten Welt« durch extrem unfaire Handels-
bedingungen und horrende Kapitalzinsen, aufgezwungen
durch die Handels- und Geldinstitutionen und Regierungen
der reichen Staaten, verletzt ebenfalls diese Richtlinie. Nicht-
Stehlen schützt uns und andere vor den schädlichen Konsequenzen unserer Begehrlichkeit und Unersättlichkeit.

– Die dritte Verhaltensrichtlinie bezieht sich auf liebevollen
und verantwortungsvollen Umgang mit der Sexualität und auf
das Unterlassen von sexuellen Beziehungen, die direkt oder in-
direkt verletzen. Die Sexualität ist ein sehr sensibler Bereich, in
dem nicht nur Lust und Freude, sondern auch viel Verletzung
und Leiden geschaffen werden kann, zum Beispiel durch egois-
tisches Ausnützen, Eifersucht, Belästigung oder gar Vergewalti-
gung innerhalb der Beziehung, ganz abgesehen von ungewoll-
ten Schwangerschaften oder Übertragung von Krankheiten.

Als Übung zur Loslösung oder Befreiung von Verlangen
kann während bestimmter Zeiten, zum Beispiel auf Meditationsretreats, völlige Abstinenz von allen sexuellen Aktivitäten
gewählt werden. Oftmals ist dies bei solchen Kursen ohnehin
eine Regel für alle Teilnehmenden. Für Mönche und Nonnen
gehört dies zu den wichtigsten Verhaltensregeln.

Es muss klar sein, dass es hierbei nicht um Moralisieren oder
um Puritanismus geht, sondern einerseits um das Lernen und

Üben des Umgangs mit schwierigen, oft sehr mächtigen Emotionen, und andererseits darum, uns und andere vor Leiden zu schützen. Höchstes Verantwortungsgefühl benötigen wir ganz besonders in Bezug auf Menschen, die in der einen oder anderen Weise von uns abhängig sind oder zu uns in einem Vertrauensverhältnis stehen, wie Minderjährige, Patienten, Klienten in der Therapie oder – im Falle von Dharma-Lehrenden – ihre Schülerinnen und Schüler. Zurückhaltung und Sensibilität im Umgang mit Sexualität schützen uns und andere vor nachteiligen Auswirkungen unseres Verlangens.

– Als Viertes können wir den Vorsatz des Nicht-Lügens und der Ehrlichkeit fassen. Wir verzichten bewusst darauf, durch Lügen Situationen zu beschönigen, Tatsachen zu vertuschen, durch Über- oder Untertreibung unser Image aufzubessern oder uns selbst etwas vorzumachen. Selbst so genannte Notlügen, die wir zum eigenen Vorteil oder zum Vorteil anderer gebrauchen, können in den meisten Fällen vermieden werden. Wenn wir dem wahren Wesen der Wirklichkeit, der Wahrheit tatsächlich auf den Grund gehen wollen, ist es von größter Wichtigkeit, dass wir die Wahrheit zutiefst respektieren. Konsequente Ehrlichkeit schützt uns vor den Auswirkungen vielerlei unheilsamer Emotionen.

– Die letzte Verhaltensrichtlinie bezieht sich auf den Umgang mit süchtigmachenden und den Geist trübenden Substanzen. Wir entscheiden uns keinen Alkohol und keine Drogen zu nehmen, die unsere Achtsamkeit schwächen, unser Bewusstsein verändern oder unsere Gesundheit schädigen. Wir können uns für völlige Abstinenz entscheiden oder uns allenfalls jene geringen Quantitäten erlauben, die unser Gewahrsein und die Klarheit der Wahrnehmung nicht beeinträchtigen. Dabei kann man annehmen, dass Buddha Ersteres im Sinn hatte, als er diese Richtlinie empfahl. Auch diese Vorsätze fassen und halten wir während der Meditationsretreats oder während bestimmter Perioden in unserem Leben. Jene, die dies als sehr wichtig empfinden, tun es für ihre ganze Lebenszeit. Bewusstes und verantwortliches Umgehen mit Alkohol, Drogen, Medikamenten, ja auch mit Essen, schützt uns vor Abhängigkeit, Unklarheit und Erkrankung.

Diese Verhaltensrichtlinien sind keine in Stein gemeißelten Gebote. Da ist niemand, der uns strafen oder belohnen wird, sondern es geht um unsere Eigenverantwortung und das Wissen um die karmische Wirkung allen Tuns. Verhaltensregeln sind einfach äußerst hilfreich – für uns selbst und für unsere Mitlebewesen; sie befähigen uns, auf eine geschickte Art zu leben. Bei wichtigen Entscheidungen, die wir im Leben zu treffen haben, wirken sie oft sehr klärend. Situationen und Umstände können uns dazu verführen oder gar dazu drängen, negative Emotionen auf eine Art auszudrücken, die wir später bereuen werden. Leitlinien, Vorsätze und Gelübde sind in solchen Situationen eine große Hilfe.

Shantideva schreibt dazu: »Es ist mir nicht möglich, den Lauf der Welt zu bestimmen. Aber wenn ich meinen Geist beherrschen kann, ist es nicht nötig, alles andere lenken zu wollen.«[1]

Diese ethischen Richtlinien sind auch die Grundlage für jegliches spirituelle Wachstum und für jedwede Erkenntnis. Der Buddha sagte: »Wie ein blinder Mensch keine Formen sieht, so sieht jemand ohne Ethik die Dharmalehre nicht.«[2]

Im Leben von Mönchen und Nonnen spielen Regeln und Gelübde eine zentrale Rolle. Sie vereinfachen die komplexen Bedürfnisse dieses Lebens, sind aber als Praxis sehr anspruchsvoll in Bezug auf Achtsamkeit, Selbstbeherrschung, Loslassen und Hingabe. Sie können wie ein »tragbares Retreat« wirken – hilfreich und fördernd für viele positive Qualitäten, und überdies als starker Schutz.

Dennoch muss man auch vorsichtig oder sensibel mit solchen Vorsätzen und Gelübden umgehen, denn ein ungeschickter Umgang damit kann auch zu ungesunden Verdrängungen und Frustrationen führen. Wer nicht ohnehin eine natürliche

Neigung hat zu Einfachheit und Wunschlosigkeit, braucht Unterstützung und Inspiration von Gleichgesinnten sowie Hingabe an die Praxis. Ansonsten läuft man Gefahr, durch innere Konflikte, Frustration, zu hohe Ansprüche an sich selbst oder Schuldgefühle zerrissen zu werden. Dies dürfte jedoch nicht der Fall sein, wenn wir einfach nach den fünf Richtlinien leben. In jedem Fall aber verlangt das Leben mit Gelübden Klarheit, Sensibilität und Geschick – und achtsames Gewahrsein. Dieser Weg ist lohnend.

Eine weitere Methode mit störenden Emotionen umzugehen, ist das Entwickeln von entgegenwirkenden, positiven Qualitäten. Die Lehre spricht von den hauptsächlichen schwierigen Emotionen als den »fünf Giften«, nämlich Verlangen, Aversion, Täuschung, Eifersucht und Arroganz.

Der große Dzogchen-Meister Longchenpa schrieb: »In dem Moment, in dem eines der fünf Gifte in uns entsteht, muss man es anpacken, indem man durch untersuchendes Gewahrsein das Gegenmittel anwendet.«[3] Das Wirkungsprinzip ist offensichtlich: Schnee und Eis schmelzen in der Wärme der Frühlingssonne. Das Dunkel weicht vor dem Licht. Bitteres wird durch Zucker gesüßt.

– Indem wir die Meditation und die Praxis von Liebe und Güte vertiefen, schwächen wir unsere Tendenzen zu Hass und Aversion. In Texas lebt eine Nonne, die Mörder, die in den Todeszellen auf ihre Hinrichtung warten, betreut. Sie kümmert sich aber oft auch um Angehörige von Ermordeten. Sie berichtete, dass diese Angehörigen manchmal ein starkes Verlangen, ja einen Durst nach Bestrafung der Täter und nach Sühne empfänden. Trotzdem wirke der Vollzug der Todesstrafe auf die Angehörigen oft eher umgekehrt, nämlich wie der Versuch, diesen großen Durst durch Salzwasser zu löschen. Buddhas Aussage dazu ist klar: »Hass wird nie durch Hass besiegt, Hass versiegt nur durch Liebe.«[4]

– Wenn unser Mitgefühl wächst, werden Wut und Gewalt-
tätigkeit in uns abnehmen. Ein Text sagt über die altruistische
Haltung des Mitgefühls und Bodhichitta:»So wie das große
Feuer am Ende der Zeit vernichtet sie selbst das größte Übel in
einem einzigen Moment.«

– Die Meditation über Mitfreude hilft bei negativen Emotionen wie Eifersucht und Neid. Wenn wir uns darin üben, uns
am Glück, Wohlergehen und Erfolg anderer zu erfreuen, werden Eifersucht, Neid, Konkurrenzdenken und Schadenfreude
ihre Grundlage verlieren.

– Wenn wir oft über die Tatsache meditieren, dass wir im
Moment die außerordentlich wertvolle menschliche Wiedergeburt besitzen und dadurch eine einzigartige Gelegenheit
haben, Dharma zu üben, wird dies unsere Praxisfaulheit ver-
mindern und Energie, Verzicht und Loslassen können wachsen.
Der große tibetische Lama Dilgo Khyentse Rinpoche gab den
folgenden Rat:»Wenn man ein starkes Gefühl der Abwendung
von samsarischen Interessen und Belangen entwickelt, der Vergänglichkeit ständig gewahr ist, Verdienste schafft und Weisheit
hervorbringt, wird es recht leicht sein, echte und direkte Verwirklichung zu erlangen. Ansonsten wird man weder wirkli-
ches Interesse noch Eifer hervorbringen und echte meditative
Erfahrungen werden nicht entstehen.«

– Wenn wir achtsam und in Kontakt sind mit der ständig
wechselnden, vergänglichen, nicht greifbaren Natur aller
Dinge und Lebewesen, werden wir viel weniger festhalten und
mehr loslassen. Auch werden wir stärker motiviert, unser
Leben wirklich der Dharmapraxis zu widmen. Durch das Setzen von klaren Prioritäten werden sinn- und bedeutungslose
Beschäftigungen mehr und mehr wegfallen und wir werden
den Weg zu spiritueller Freiheit und Freude gehen. Unser
Leben fließt sehr rasch dahin. Deshalb wollen wir jene Geistes-
und Herzensqualitäten entwickeln, die von größtem Wert sind.

Sonst wird es uns ergehen wie jenem Menschen, den mein
tibetischer Lehrer zu zitieren pflegte:»Zwanzig Jahre meines

Lebens fühlte ich mich zu jung, um Dharma zu praktizieren. Während der nächsten zwanzig Jahren dachte ich, dass ich es später tun würde. Dann war ich weitere zwanzig Jahre anderweitig beschäftigt und bedauerte nicht praktizieren zu können. So habe ich dieses wertvolle Leben sinnlos vertan.«

– Wenn wir in der Meditation über die Tatsache der unfehlbaren Wirkung all unseres Tuns, also über Karma nachdenken, wird dies die negativen Emotionen der Gewissen- und der Verantwortungslosigkeit schwächen oder zum Verschwinden bringen. Ein bekannter Ausspruch des indischen Gurus und Tantrikers Padmasambhava lautet: »Meine Sichtweise ist weit wie der offene Raum, aber mein Respekt für Ursache und Wirkung des Handelns ist so fein wie Mehl.« Und der indische Vipassanalehrer Anagarika Munindra meinte dazu: »Du kannst tun, was du willst, aber den Preis dafür wirst du immer bezahlen müssen.«

– In manchen buddhistischen Traditionen kontemplieren Mönche und Nonnen über abstoßende Aspekte der Natur des Körpers, indem sie beobachten und darüber reflektieren, was unter- oder innerhalb der Haut ist, und schauen, was mit dem Körper geschieht, wenn er krank ist und wenn er stirbt. Sinnliches Verlangen und Haften am Körper kann so vermindert werden.

– Eine weitere Möglichkeit ist die Kontemplation über die wunderbaren Qualitäten der Buddhas, des Dharma oder der Sangha, wie Weisheit, Liebe und Mitgefühl. Dadurch weitet sich Engstirnigkeit, Widerwille wird aufgelöst und Befreiung von ständigem Kritisieren und Urteilen, Sorgen und Zweifeln wird möglich. Es entstehen Inspiration, Freude und Enthusiasmus.

– Meditation über abhängiges Entstehen und Leerheit von Selbstexistenz untergräbt nicht nur Einbildung und Arroganz, sondern führt letztlich zur Erkenntnis, die unrealistische Wahrnehmung beseitigt und Freiheit möglich macht. Nyoshul Khenpo Rinpoche ermutigt uns zur folgenden Meditation:

»Die Natur aller Dinge ist illusorisch und flüchtig.
Diejenigen mit dualistischer Wahrnehmung sehen das,
    was Leiden ist, als Glück,
Wie jene, die Honig von einer Rasierklinge lecken.
Bedauernswert ist, wer stark an der konkreten Wirklichkeit
haftet.
Wendet eure Aufmerksamkeit nach innen, meine
Herzensfreunde.«[5]

Praxis, sei es im Alltag oder im Retreat, bedeutet, diese heilsamen und befreienden Methoden anzuwenden. Dies geschieht
bei den gerade erwähnten Meditationen auf eher offensichtliche Art, während andere Qualitäten wie Interesse, Geduld,
Ausdauer, Loslassen, Annehmen einfach mitgefördert werden.
Das Aufbauen und Entwickeln von entgegenwirkenden positiven Qualitäten des Geistes sind völlig unproblematisch, außer
bei negativen Emotionen, die wir nicht fühlen wollen und
deren Existenz wir nicht akzeptieren.
    Wenn wir zum Beispiel Metta als eine Art Waffe gegen die
Wut gebrauchen, während wir wütend sind, und dadurch die
Wut nicht fühlen und anerkennen müssen, so ist das weder ge-
schickt noch sinnvoll; denn hinter dieser scheinbar liebevollen
Haltung versteckt sich in diesem Falle in Wahrheit Aversion.
Wahre Güte oder Metta ist willens die Wut zu umfangen, zu
umarmen. So verliert die Wut ihre Kraft und wird geheilt.

Die nächste Art von Umgang mit schwierigen Emotionen ist
die der Transformation. Es handelt sich hier um Methoden der
tibetischen Tradition, die bei konsequenter Anwendung sehr
wirkungsvoll sind. So gibt es die Praxis, die man »Umdenk-
Training« nennen könnte (tib. *Lo-dschong*). Wenn jemand uns
schadet oder verletzt, üben wir uns darin, diese Person als unsere beste Lehrerin zu sehen, weil sie uns Gelegenheit gibt, Geduld zu üben und somit auf dem spirituellen Weg fortzuschrei-
ten. Ärger und Leid werden so zu Geduld. Im Weiteren sehen

wir, dass diese Person sogar schlechtes Karma auf sich nimmt, um uns eine ideale Gelegenheit zu verschaffen, zu praktizieren und dadurch glücklicher zu werden. Und so erkennen wir, dass diese Person sich uns gegenüber tatsächlich wie ein richtiger Bodhisattva verhält. So wird der Ärger, der zur Geduld wurde, sogar zu Dankbarkeit!

Es gibt viele solche Arten und Methoden des »Umdenkens«, die uns dazu bringen können, Haltung und Erfahrung zu transformieren. Aber natürlich nur, wenn man sie konsequent übt und anwendet.

Im Kashyapaparivarta heißt es: »Wir verbringen unser Leben auf der Suche nach Vergnügen. Dabei zittern wir vor Angst beim bloßen Gedanken an Schmerz. Wir Feiglinge, sind wir immer noch am Leiden? Die mutigen Bodhisattvas begegnen dem Leiden dankbar und gewinnen durch ihren Mut bleibende Freude!«

Eine andere Form der Transformationspraxis bezieht sich auf einen bestimmten Aspekt des Vajrayana. Gewöhnliche Wahrnehmung und Erscheinung werden in »reine Wahrnehmung« verwandelt, wobei man sich selbst als völlig erleuchteten Buddha sieht, alle Formen als den Körper Buddhas, alle Klänge, Geräusche und Stimmen als Rede und Mantra dieses Buddha wahrnimmt, alle Gedanken als die erleuchteten Aktivitäten des Buddha-Geistes und alle Formen und Erscheinungen um sich herum als Mandala, das Reine Land dieses Buddha, erkennt. In diesem Prozess werden auch die Emotionen positiv in die Herzensqualitäten der Buddhas verwandelt. Für diese wirkungsvolle, aber auch anspruchsvolle Praxis ist die Realisation der Leerheit aller Dinge Vorbedingung. Um sich in dieser Praktik des Vajrayana zu üben, braucht man die Führung eines qualifizierten Lamas.

Der Zugang zur nächsten Umgangsweise dürfte für uns vertrauter sein. Hier begegnen wir den quälenden Emotionen mit reiner Achtsamkeit – und das genügt bereits. Wenn uns dies voll und ganz gelingt, ist das Problem bereits gelöst und die Schwierigkeit bereits überwunden. Das klingt vermutlich leichter, als es ist. Und doch braucht es gar nicht so viel Übung und Praxis. Wir müssen bloß die Verfahrensweise verstehen und sie dann tatsächlich anwenden. Dabei ist es notwendig, ganz mit dieser Emotion eins zu werden, anstatt sie nur »aus sicherer Distanz« zu beobachten. Auch versuchen wir nicht, sie loszuwerden, zu verändern oder zu vernichten.

Es gibt ein paar Hilfsmittel, die uns dabei unterstützen:
– Als Erstes benötigen wir eine möglichst klare Achtsamkeit. Sie bildet, wie wir bereits gesehen haben, die Grundlage dieser Praxis. Im Moment soll hier nicht mehr darüber gesagt werden, außer dass dies bedeutet, die Emotion klar wahrzunehmen und sich nicht in den sie begleitenden Gedanken und Bildern zu verlieren.

– Zusammen mit der Achtsamkeit ist eine liebevolle, nichtwertende innere Haltung, die man auch als »Sanftheit« bezeichnen könnte, unabdingbar. Wenn wir verstehen, was Achtsamkeit wirklich heißt, ist es klar, dass sie liebevolle, nichtwertende Sanftheit mit einschließt. Dies bedeutet, willens zu sein, die in diesem Moment gegenwärtige Erfahrung zu fühlen und so anzunehmen, wie sie ist, auch dann, wenn es sich um eine unangenehme und schwierige Emotion handelt. Diese Haltung üben wir immer und immer wieder.

– Der dritte Punkt: Wir müssen uns im Klaren sein, um welche Emotion es sich handelt. Weil wir diese oft nicht eindeutig identifizieren können, ist es hilfreich, sie zu benennen. Wenn wir das genaue Wort dafür finden, erkennen wir sie wirklich.

Ist uns bewusst, wie viele unterschiedliche – schwierige wie auch heilsame – Emotionen wir empfinden können? Zu verschiedenen Zeiten, manchmal gar gleichzeitig, fühlen wir uns tolerant, umgänglich, fröhlich, empfänglich, ruhig, geduldig, herzlich, ergeben, zaghaft, furchtsam, schüchtern, bestürzt, entsetzt, versonnen, hilflos, besorgt, beschämt, abgewiesen, enttäuscht, entmutigt, stutzig, verdutzt, unsicher, verwirrt, überrascht, erstaunt, ehrfürchtig, neidisch, angewidert, entrüstet, empört, ungehalten, argwöhnisch, zänkisch, ungeduldig, gekränkt, trotzig, aggressiv, sarkastisch, rebellisch, anspruchsvoll, gierig, staunend, ruhelos, erwartungsvoll, wagemutig, neugierig, leichtsinnig, stolz, wissbegierig, unternehmungslustig, ekstatisch, gesellig, verloren, nervös, einsam, teilnahmslos, fügsam, schuldbewusst, traurig, hoffnungslos, deprimiert, gequält, desinteressiert, unglücklich, verzweifelt, unzufrieden, eigensinnig, eifersüchtig, misstrauisch, verbittert, unfreundlich, starrsinnig, bösartig, kritisch, unwirsch, ärgerlich, aufgebracht, zornig, feindselig, entrüstet, höhnisch, lieblos, hoffnungsvoll, freudig erregt, lebhaft, begeistert, interessiert, entzückt, amüsiert, froh, beherrscht, erfreut, großzügig, entgegenkommend, wohlwollend, zufrieden, kooperativ, vertrauensvoll oder befreit.

Sujata sagt: »Meditation bewirkt nicht notwendigerweise, dass wir uns gut fühlen. Aber sie erweckt uns zur Erfahrung der vielen Dinge, die wir tatsächlich fühlen.«[6]

Das bedeutet aber nicht, dass wir nun bei jedem aufkommenden Gefühl minuten- oder stundenlang versuchen sollten, einen ganz genau passenden Namen dafür zu finden.

Wir brauchen also klare Achtsamkeit, die nicht-wertende Haltung der Sanftheit sowie das eindeutige Erkennen der Emotion.

– Der vierte Punkt ist das Fühlen und Wahrnehmen dieser Emotionen im Körper. Dies ist ein nützliches Hilfsmittel, um vollständig in der Gegenwart bleiben zu können. Am hilfreichsten ist es, für uns selbst kurz und einfach zu beschreiben, wie und wo wir das Gefühl im Körper spüren: »Eine Beengung im Hals«, »eine angenehm schmelzende Empfindung in der Herzgegend«, »ein Zittern im Bereich des Magens«, »aufsteigende Hitze in der Brust«, »Verspannung der Schultern« oder Ähnliches.

All dies erlaubt uns, mit der Emotion in engen Kontakt zu treten, mit ihrem »Geschmack«, ihrem »Gewebe« sozusagen. Das ist etwas anderes, als sich darin zu verlieren. Aber es verlangt einen Grad an Achtsamkeit, in dem wir mit der Emotion völlig gegenwärtig sind. Wenn wir willens sind dies zu tun, dann werden wir sie als das wahrnehmen können, was sie ist: nicht mehr und nicht weniger als ein bestimmtes Gefühl, nicht aber eine Aussage über die Wirklichkeit, wie wir fälschlicherweise oft meinen. Bei dieser Achtsamkeit dürfen wir aber nicht versuchen das Gefühl zu überwinden, zu kontrollieren, davon wegzukommen oder es zu vernichten, aber auch nicht, es durch Gedanken, Tagträume oder Reden auszudrücken oder auszuagieren, noch es zu verdrängen – selbst wenn sein »Geschmack« unangenehm sein sollte. Dann werden wir nicht mehr davon überwältigt, weder von Wut, Verlangen, Angst, Eifersucht, Einbildung noch von Einsamkeit oder anderen Regungen.

Eine aufsteigende Emotion kann in Ausnahmefällen auch einmal so stark werden, dass wir in Angst oder gar Panik geraten. In solch einem Moment ist es geschickter zurückzuweichen, indem wir den unmittelbaren Kontakt zur Emotion unterbrechen. Wir wenden die Aufmerksamkeit davon ab, weichen auf achtsames Hören aus oder wir öffnen sogar die Augen und verlassen die Meditationshaltung. Wenn sich die Intensität etwas gelegt hat, können wir es wagen, erneut hinzufühlen. Beim zweiten oder dritten Mal ist es uns vielleicht möglich, schon ein wenig länger damit gegenwärtig und in Kontakt zu bleiben, bis wir schließlich, nach weiteren Kontaktaufnahmen, genügend Gelassenheit entwickelt haben, um auch diese Emotion ungehindert im Raume des Gewahrseins aufsteigen, andauern und wieder verschwinden zu lassen. Sollten solche Ängste aber unvermindert andauern, ist eine vorsorgliche, sachkundige Beratung angezeigt.

Während also die Gefühle, Emotionen oder Geisteszustände im Raum unseres Gewahrseins erscheinen, wir damit gegenwärtig sind und absolut nichts dafür oder dagegen tun, entdecken wir, dass innerer Raum und Offenheit da sind. Die Emotion oder die Energie wird lebendig und nackt empfunden und gleichzeitig wird ihre Substanzlosigkeit sichtbar. Während wir all dem erlauben zu geschehen, verändert es sich auf die eine oder andere Weise – verstärkt sich vielleicht erst einmal, bleibt ähnlich oder wird schwächer und verschwindet früher oder später ganz von selbst. Manchmal wird das Gefühl einen Moment lang verweilen, um sich dann aufzulösen, wie der Nebel, wenn die Sonne auf ihn scheint. Ein anderes Mal, wenn die Achtsamkeit klar und scharf ist, wird es gleichzeitig mit seinem Entstehen wieder verschwinden, etwa wie eine Linie, die man mit dem Finger ins Wasser zeichnet.

Dabei wird offensichtlich, dass die Natur der Emotionen, genau wie die Natur aller anderen Dinge des Daseins, vergänglich, leer und un-erfassbar ist. So werden schwierige Emotionen zu Futter für die Weisheit. Wir erfahren, dass sie wie Reflexionen in einem Spiegel sind, in ihrer ganzen Fülle und Lebendigkeit erscheinend – und doch unwirklich, bloße Empfindung, bloße Gedanken, bloße Gefühle: »Leeres Gewahrsein, das mit leerer Erscheinung tanzt.« Auf diese Weise vertieft sich die Erkenntnis und damit die Freiheit!

Lama Shabkar schrieb: »Im Schlaf mögen wir von unserem Heimatland, unserem Elternhaus und unseren Verwandten, von Freundinnen und Freunden träumen, so als wären sie wirklich da – und ein entsprechend starkes Gefühl entsteht in uns. Obwohl kein einziges Mitglied unserer Familie wirklich gegenwärtig ist und wir uns keinen Millimeter von unserem Bett fortbewegt haben, erfahren wir vielleicht unsere Begegnung mit ihnen genauso direkt und lebendig, als wären wir wach. Jede sinnliche Erfahrung in unserem Leben gleicht der Erfahrung im Traum der letzten Nacht. So wie wir den Dingen in unseren Träumen Namen geben, sie konkretisieren und verdinglichen, so werden auch die Erscheinungen vom Geist des

Wachzustandes benannt und entsprechend wahrgenommen. Genau wie den Träumen fehlt auch den Erfindungen des Geistes die Substanz. Alle Erscheinungen sind leer.«[7]

Dank dieser Erkenntnis werden wir uns mit den so genannten schwierigen Emotionen nicht identifizieren, sie nicht erfassen; und somit haben sie auch keine Macht mehr über uns. Mit diesem Verständnis wird sich unsere Einsicht in ihre wahre Natur jedes Mal, wenn sie erscheinen, vertiefen.

Emotionen entstehen durch Ursachen und Bedingungen und sind in sich substanzlos und leer. Deshalb brauchen wir nichts für oder gegen sie zu tun. Wir können uns entspannen. Schließlich werden wir entdecken, dass wir sehr oft die inneren Bedingungen, welche die negativen Emotionen möglich machen, gar nicht erst zu schaffen brauchen. Die Dämonen – wie man sie in alten Traditionen oft nannte – werden gar nicht erst gerufen.

In einem der »Hunderttausend Gesänge« Milarepas heißt es:

»Wenn der Gedanke an Dämonen gar nicht entsteht in
    deinem Geist,
Brauchst du die Schar der Dämonen nicht zu fürchten.
Deshalb ist das Wichtigste: Kultiviere deinen Geist.«

Ein Gleichnis illustriert die verschiedenen hier aufgezeigten Möglichkeiten des Umgangs mit schwierigen Emotionen:
– Eine Person geht einen Weg entlang und sieht eine giftige Pflanze. Diese veranschaulicht die quälenden Emotionen. Die Person schützt sich, indem sie die Pflanze meidet, weil sie die schmerzhafte Wirkung des Giftes kennt.
– Eine andere Person sieht dieselbe giftige Pflanze, fürchtet sich aber nicht davor, von ihr berührt zu werden, weil sie das Gegenmittel bei sich trägt.
– Eine weitere Person geht den Weg entlang; sie fürchtet sich nicht und zögert auch nicht die Pflanze zu berühren und zu

pflücken, weil sie weiß, wie man das Gift in ein Heilmittel verwandelt – in die Medizin der Erkenntnis.

– Für die letzte Möglichkeit gibt es keine Illustration: Keine giftigen Pflanzen mehr – unnötig, damit umzugehen.

Natürlich sind wir jede dieser Personen und wir brauchen jede dieser Strategien, entsprechend den inneren Bedingungen und äußeren Situationen des Moments. Dieses Wissen bewahrt uns davor, einseitige oder engstirnige Vorstellungen zu pflegen, indem wir uns mit einer dieser Umgangsweisen identifizieren, die anderen aber verachten.

Jede dieser Strategien hat ihre Vorteile und Gefahren.

– Der Umgang mit Vorsätzen und Gelübden bedarf der Weisheit: In Bezug auf uns selbst muss uns klar sein, dass heilsame und schmerzhafte Erfahrungen von positivem oder negativem Karma, also heilsamem oder unheilsamem Handeln, verursacht werden. In Bezug auf andere halten wir uns aus Mitgefühl an die ethischen Richtlinien des Nichtverletzens.

Nicht sehr hilfreich ist aber diese Art des Umgangs mit Emotionen, wenn sie aus Schuldgefühlen oder Verklemmtheit erwächst. Sie ist sogar schädlich, wenn sie zum Vorwand dafür wird, sich wegen der eigenen Tugendhaftigkeit überlegen zu fühlen, oder wenn Selbstgerechtigkeit oder Frömmelei damit einhergehen.

– Das Anwenden von Gegenmitteln muss aus echtem Interesse am Kultivieren solcher positiven Qualitäten kommen. Die Motivation sollte Güte sein und die innere Haltung Sanftheit. Diese Praxis kann sich nachteilig, ja kontraproduktiv auswirken, wenn sie als eine Art Kampfstrategie gebraucht oder aus Aversion oder Angst vor diesen schwierigen Gefühlen und Emotionen angewendet wird.

– Reines Gewahrsein ist ideal, wann immer klare Achtsamkeit und Weisheit tatsächlich vorhanden sind. Diese Methode ist zwar nicht die leichteste, aber die einfachste und direkteste, und sie kann sehr befreiend wirken.

Sie wird indes zum Problem, wenn wir uns ausschließlich mit ihr identifizieren, uns überlegen fühlen und uns weigern, die anderen Umgangsmöglichkeiten zu gebrauchen. Dabei können wir uns leicht in Negativitäten verstricken und uns selbst und andere verletzen. Am schlimmsten ist es, wenn man die vermeintliche Überlegenheit dieser Methode als Vorwand nimmt, um sich in den unheilsamen Emotionen treiben zu lassen. Damit bringt man sich selbst um alle Vorteile und gibt anderen ein schlechtes Beispiel.

Wesentlich ist die Erkenntnis, dass negative Emotionen schädlich und giftig sind, es sei denn, wir verstehen uns darauf, geschickt mit ihnen umzugehen. In dem Maße, in dem uns das gelingt, sind wir innerlich frei.

VERTRAUEN: BEFREIUNG VON INNEREM AUFRUHR

Vertrauen ist ein Eingangstor für alle guten Eigenschaften des Geistes. Es ist wie guter Nährboden, in dem sie Wurzeln schlagen, wachsen und sich entfalten können. Vertrauen macht den Geist offen und klar; es schafft einen Zustand der Freude, frei von innerem Aufruhr.

Als Ram Dass einmal gefragt wurde, was er beim Lehren des Dharma als das Wichtigste betrachte, antwortete er: »Das Wichtigste ist, dass man sein Vertrauen vermittelt. Sein eigenes Vertrauen ins Dharma.« Es wird also weder der Inhalt der Lehre noch ihre Präsentation, noch Erkenntnis, sondern die innere Beziehung zum Dharma in den Mittelpunkt gerückt.

Was ist Vertrauen? Ein alter Lehrtext sagt: »Vertrauen ist ein positiver und heilsamer Geistesfaktor, eine Qualität, die Herz und Geist klar und offen macht.« Klar und offen bedeutet: nicht verkrampft, sondern entspannt. Vertrauen wirkt erdend. Wenn wir vertrauen, können wir loslassen, sind wir gelassen, fühlen wir uns geborgen.

In einem anderen Text heißt es, dass »eine der hauptsächlichen Wirkungen des Vertrauens die Läuterung des Geistes und seiner Begleitfaktoren« sei.

Vertrauen klärt den Geist, was im folgenden Bild illustriert wird: »Vertrauen ist vergleichbar mit dem reinigenden Edelstein eines legendären Kaisers des Universums. Dieser Edelstein lässt Schmutz, Schlamm und Algen verschwinden, sobald man ihn ins Wasser wirft. Dieses wird dabei geläutert und klar. Auf gleiche Weise reinigt Vertrauen den Geist von Verwirrung und Unruhe.«

Ein weiterer Text sagt:»Vertrauen schafft einen Zustand der Freude, frei von innerem Aufruhr.«Wer inneren Frieden sucht, findet hier eine Kraft, die entscheidend dazu beitragen kann, ihn zu verwirklichen.

Und schließlich heißt es:»Vertrauen ist das Eingangstor, durch welches alle positiven Eigenschaften hervortreten.«

Die alten Texte werden nicht müde den Wert des Vertrauens, dieser wunderbaren und starken Kraft, zu betonen. Sie ist ein notwendiger, ja unabdingbarer Aspekt unserer Praxis. Der Buddha hat in einer Lehrrede gesagt:»So wie ein verbranntes Saatkorn unfähig ist, einen Spross zu produzieren, so kann auch der Geist, der ohne Vertrauen ist, nichts Positives und Heilsames hervorbringen.«

Vertrauen ist wie guter Nährboden: Ohne ihn gibt es kein Wachstum, keine Blüte, keine Ernte. So grundlegend wichtig ist diese Kraft!

Vertrauen ist ein Prozess des Wachstums und der Bewegung: eine dynamische Geistesqualität. Darin unterscheidet sich Vertrauen ganz besonders vom blinden Glauben. Dieser klammert sich an ein festgelegtes System von Annahmen und Dogmen, das nicht in Frage gestellt werden darf. Manchmal hat man dabei Glück: Falls die Lehre oder die Person, an die man glaubt, wirklich weise und gut ist, kann sie sicher helfen.

Mullah Nasrudin streute Brotstücke um sein Haus herum. »Was tust du da?«, fragte sein Freund.»Ich streue Brotstücke aus, um die Tiger fern zu halten«, antwortete der Mullah.»Aber es gibt ja gar keine Tiger im Umkreis von Hunderten von Meilen«, wandte der Freund ein. Darauf der Mullah:»Siehst du wie wirkungsvoll!« Mit blindem Glauben kann man Glück haben … Was aber, wenn dies nicht der Fall ist und man sich getäuscht hat? Oder wenn sich doch einmal Zweifel an der Wahrheit des Geglaubten einschleichen? Wer blind glaubt, stellt keine kritischen Fragen, weil sie die nur scheinbar tragfähige innere Basis untergraben könnten. Blinder Glaube misstraut dem eigenen Urteilsvermögen wie auch dem gesunden Menschenverstand.

Dem blinden Glauben fehlt aber auch die mit dem Vertrauen verbundene Offenheit. Glaube, der nicht direkter Erfahrung entspringt, macht den Geist eher verschlossen. Dieser muss festhalten, was er glaubt, und dabei alle neuen, alternativen Möglichkeiten vermeiden. Blinder Glaube fühlt sich von Offenheit und Dynamik bedroht, während Vertrauen sich Neuem und Unbekanntem gegenüber öffnen kann.

Vertrauen ist auch nötig, um von anfänglichem Glauben zur Gewissheit zu gelangen. Beispielsweise sagen uns Lehrer, das Dasein sei ohne fassbare Substanz und hinter unserer Erfahrung des Körpers, der Gefühle und des Geistes gebe es kein Selbst, kein »Jemand«, kein »Ich«, keine »Rosmarie«, die irgendwie unabhängig von diesen Prozessen existiere. Vorerst ist das für uns im besten Falle etwas, das wir glauben oder für möglich halten. Wenn wir aber in der Meditation achtsam, sorgfältig und genau beobachten, dann erkennen und erfahren wir diese Wirklichkeit schließlich selbst. Darin können wir eine Gewissheit erreichen, die ohne Zweifel ist: wir wissen. Vertrauen ist die Kraft, die uns in Richtung Gewissheit trägt.

Die gleiche Kraft wirkt wie ein Leiter für heilsame, positive Qualitäten, ähnlich einem Draht, der es dem elektrischen Strom erlaubt, ungehindert zu fließen. Asiatische Traditionen kennen die unwahrscheinlichsten Geschichten über das Wirken dieser Kraft. Hier ein Beispiel: Im alten Indien lebte eine Frau, die viele Jahre lang mit tiefem Vertrauen ein Mantra rezitierte und sich in anderen meditativen Praktiken übte. Eines Tages entdeckte sie, dass sie die Kraft hatte, Steine in Nahrung zu verwandeln. In dieser Zeit suchte eine schreckliche Hungersnot das Land heim und viele Menschen verhungerten. Der Sohn der Frau lebte als Novize in einem fernen Kloster, wo er die religiösen Lehren studierte, um ein Gelehrter zu werden. Er hörte von der Hungersnot in seiner Heimat, sorgte sich um seine Mutter und beschloss hinzureisen, um sich um sie zu

kümmern. Zu seinem großen Erstaunen traf er sie wohlauf
und wohlgenährt zu Hause an. Sie erzählte ihm von ihren
Kräften und dem Mantra, das ihr dazu verholfen hatte, Steine
in Nahrung zu verwandeln. Als der noch unerfahrene Gelehrte
ihre Rezitationen hörte, bemerkte er, dass sie das Mantra falsch
aussprach, und korrigierte sie. Von der Gelehrtheit ihres Sohnes
beeindruckt, rezitierte die Frau das Mantra nun korrekt, verlor
aber dabei ihr tiefes Vertrauen in seine Wirkung. Augenblick-
lich kamen ihr dadurch auch ihre magischen Kräfte abhanden.
Sobald ihr Sohn abgereist war, um in sein Kloster zurückzukehren, nahm sie ihre altgewohnte, falsche Rezitationsweise
wieder auf und ihr Vertrauen – und damit auch ihre Kräfte –
kehrten zurück.

In vielen buddhistischen Traditionen drückt sich Vertrauen
auch in Form von Hingabe aus. Es kann die Hingabe an Buddha, Dharma und Sangha sein oder, wie im Vajrayana, Hingabe
an den Meister oder die Meisterin. Diese Haltung kann eine
Öffnung bewirken, dank derer die Praxis besser fließen und
Erkenntnis und Verwirklichung gefördert werden können.
Dabei muss klar sein, dass die Meisterinnen ihren Schülerinnen
nur vermitteln können, was diesen selbst schon innewohnt.
Etwas anderes wäre unmöglich – selbst für einen Buddha. Es
geht also darum, mit Hingabe zu praktizieren, sich empfänglich
zu machen und sich mit Vertrauen und Bewusstheit zu öffnen.
Dadurch wird freigelegt beziehungsweise bewusst gemacht,
was bereits gegenwärtig ist; und das, was wirklich ist, enthüllt
sich.

Vor Jahren hatte ich einmal Gelegenheit die Kraft tiefen
Vertrauens in Lehrer und Dharmapraxis auf eindrückliche Art
mitzuerleben. Einer der Mönche, die Yogis und Lehrer für viele
Westler im Meditationszentrum Kandubodha in Sri Lanka
sind, weilte für ein paar Monate bei uns in einem Meditationszentrum in den USA zu Besuch. Es stellte sich heraus, dass er
schon seit einiger Zeit an einer Herzkrankheit litt. Die Ärzte

hatten ihm Medikamente verschrieben, welche die laufende Verschlechterung seines Zustandes verzögerten. Gleichzeitig beeinträchtigten die Mittel aber auch sein Bewusstsein und damit seine Achtsamkeit und seine Meditation. Er wandte sich mit diesem Problem an seinen Abt und Lehrer. Dieser riet ihm, das Medikament abzusetzen; eine kürzere Lebensspanne in Kauf zu nehmen und diese dafür bewusst und achtsam zu leben; ein Ratschlag, den der Mönch sich zu Herzen nahm. Er lebte, lehrte und praktizierte noch ein halbes Jahr. Bis zum Ende seines Lebens war er völlig gegenwärtig und achtsam und starb schließlich mit klarem Gewahrsein und in Frieden. Damit soll keineswegs gesagt werden, dass wir in einem ähnlichen Fall auch auf solche Medikamente verzichten sollten. Derartige Situationen können nur persönlich und im Zusammenhang mit der Stärke unserer Praxis und der Tiefe unseres Vertrauens beurteilt werden.

Vertrauen hat also mit Sich-Öffnen, Sich-Anvertrauen und Sich-Hingeben zu tun. Aber: Wem dürfen wir Vertrauen schenken? Worauf soll sich unser Vertrauen richten?

Anscheinend werden wir im Westen doch langsam erwachsen in unserer Beziehung zu Autoritäten wie Lehrerinnen und Lehrern, Gurus und anderen spirituellen Leitfiguren. Es ist an der Zeit, dass wir nicht mehr in die Fallen des blinden Glaubens tappen, uns durch Exotik, brillante oder besonders unkonventionelle Auftritte oder durch dramatische Emotionalität beeindrucken lassen. Deshalb müssen wir uns darüber klar werden, was Ziel, Richtung und Objekt unseres Vertrauens sein könnte. Der Buddha betonte, wir sollten keine Lehre annehmen, nur weil sie von ihm oder einer anderen berühmten oder besonders charismatischen Autorität gelehrt worden sei, noch weil sie aus alten Texten stamme oder der Tradition entspreche. Sinnvoller scheint es, eine Lehre mit gesundem Menschenverstand, korrekter Logik und vor allem durch Ausprobieren zu prüfen, bevor man sie sich zu Eigen macht.

Dieser Prozess wird manchmal mit dem Prüfen von Gold durch Reiben, Kratzen und Schmelzen verglichen. Demnach beruht echtes Vertrauen auf klarem Erforschen und auf der eigenen Erfahrung. Für uns im Westen ist es wichtig zu wissen, dass der Prozess des Prüfens und Erforschens nicht im Schnellverfahren durchlaufen werden kann; meistens beansprucht er mehrere Jahre intensiver Auseinandersetzung.

Traditionsgemäß ist eine der grundlegenden Übungen im Buddhismus die Praxis der Zufluchtnahme. So wird kaum eine Meditation gelehrt, keine Lehrrede gehalten und keine Ordination oder Einweihung gegeben, wenn nicht zuerst Zuflucht zu Buddha, Dharma und Sangha genommen wird. In Bezug auf inneren Frieden und Freiheit sind wir wie Ratlose, Heimatlose oder Flüchtlinge auf der Suche nach Sicherheit, Schutz und Zuflucht.

Bei der Zufluchtnahme geht es nun genau darum, sich bewusst auf die Möglichkeit von innerem Frieden, Freiheit und Erwachen auszurichten; einen Schritt zu tun in Richtung dessen, was vertrauenswürdig, was eine echte Zuflucht für uns ist, nämlich das Erwachen zur Realität dieses Lebens, so wie sie tatsächlich und wirklich ist. Es handelt sich also nicht um etwas, das wir glauben sollten, sondern um einen Entschluss. Flüchtlinge gehen zielstrebig in die Richtung des Ortes, der ihnen Sicherheit, Zuflucht und Schutz vor Konflikt, Leid und Schwierigkeiten bietet. Buddha, Dharma und Sangha, richtig verstanden, sind genau ein solcher »Ort« der Zuflucht. Diesem vertrauen wir uns an.

»Zuflucht zu Buddha nehmen« bedeutet, dass wir uns auf das Potential der Befreiung und Ganzheit in uns selbst ausrichten. Wir vertrauen darauf, dass wir – durch Wachheit und Gewahrsein – die Möglichkeit und Fähigkeit haben, frei zu sein. Wir beschließen zu unserer inneren Freiheit zu erwachen. Dies ist eine eindrückliche Selbst-Ermächtigung, die besagt, dass Befreiung möglich ist, dass wir selbst frei sein können und dass wir dazu auch fähig sind.

»Zuflucht zum Dharma« bedeutet, sich dem anzuvertrauen, was »wirklich« ist. Wir vertrauen uns also keinem äußeren Wesen an, auf dessen Wohlwollen wir angewiesen sind. Vielmehr üben wir die Hingabe an den jetzigen Moment, so wie er wirklich ist. Für diese Haltung brauchen wir den Mut und das Vertrauen, dass die Dinge eben tatsächlich richtig sind, so wie sie sind, vorausgesetzt, wir nehmen sie unverfälscht wahr. Wir lassen uns fallen und merken, dass wir nirgendwohin fallen können außer dahin, wo wir schon sind. Diese Erfahrung kann sehr befreiend wirken.

»Zuflucht zum Dharma« heißt auch, sich dem Weg – der Lehre und der Praxis – anzuvertrauen; darauf zu vertrauen, dass unser Bemühen, zu erwachen, zu lernen und zu verstehen, Wachstum und Entfaltung bringt und innere Freiheit ermöglicht.

»Zuflucht zur Sangha« bedeutet, wir vertrauen denen, die vor uns auf dem Weg des Erwachens und der Erkenntnis gegangen sind, und denen, die mit uns zusammen gehen. Wir erkennen die Einheit und Verbundenheit allen Lebens an. Damit schalten wir uns ein in einen Stromkreis gegenseitiger Unterstützung und des Teilhabenlassens aller, die im Prozess des Wachsens und Freiwerdens engagiert sind.

Zufluchtnahme als echtes Anliegen, mit wirklicher Hingabe geübt, kann inneren Auftrieb und einen großen Zuwachs an Vertrauen bewirken. Sie vermag, wie es heißt, »ungestörte, unzerstörbare Freude im Geist« zu schaffen und als »Eingangstor für positive, heilsame Eigenschaften« zu wirken. Dadurch wird die Bewegung unseres Lebens in eine eindeutige Richtung gelenkt: hin zu einer Bewusstwerdung, die in der Wirklichkeit zentriert und mit dem Dasein verbunden ist.

Wenn wir uns wach und aufmerksam dem Moment anvertrauen, ermöglicht dies die Hingabe an die Augenblicke direkter Erfahrung des Sehens, Hörens, Empfindens, Denkens und Spürens. Anstatt aus der sicheren Distanz zu beobachten, geben wir uns völlig in die Erfahrung hinein. Wir üben uns in achtsamem, einfachem und totalem »Sein«. Dazu müssen wir aber willens sein, uns zu öffnen und jegliche Erfahrung zuzulassen. Der tibetische Meister Zong Rinpoche soll gesagt haben: »Ein Bodhisattva ist jemand, der willens ist, jeden möglichen Geisteszustand drei ›große Äonen‹ lang zu ertragen.« Sind wir tatsächlich bereit, auch unangenehme Geisteszustände und Emotionen zuzulassen und zu fühlen, ganz gleich, wie lange sie auch dauern mögen?

In der Meditation bedeutet das, gegen unsere Gewohnheiten zu handeln: Wir unterlassen es, verändern, manipulieren, erreichen oder behalten zu wollen; stattdessen sind wir einfach jetzt und hier mit dem, was ist. Die Wirklichkeit kann sich uns dann enthüllen. Dazu braucht es natürlich auch wieder Vertrauen; Vertrauen ins Leben, in die Wirklichkeit, was letztlich gleichbedeutend ist mit Selbstvertrauen.

Echtes Selbstvertrauen, das heißt sich selbst annehmen können, ist bei fast allen westlichen Menschen ein wunder Punkt. Wir fühlen uns oft »ungenügend«, es fehlt uns an echtem Respekt für uns selbst und damit auch an Vertrauen in uns und in das Leben.

Auch asiatische Lehrer nehmen bei den Menschen des Westens häufig einen Mangel an Vertrauen wahr. Warum haben wir oft Mühe mit dem Vertrauen? Dafür gibt es verschiedene Gründe. Unsere Gesellschaft steckt tatsächlich in einer tiefen Vertrauenskrise. Im Zeitalter der Information und der Medien werden wir fast überall und ununterbrochen mit Anreizen jeder nur denkbaren Art bombardiert. Ein Resultat ist der Verlust unserer Fähigkeit zu empfangen, zu lauschen und zu spüren, was richtig ist und was für uns selbst stimmt. Der andauernde innere und äußere Lärm verursacht einen zunehmenden Mangel an Sensibilität gegenüber dem Leben.

Wenn wir kein Gespür mehr haben für das, was »stimmig« für uns ist und mit den Gesetzmäßigkeiten und dem Wesen des Lebens in Einklang steht, verlieren wir auch den Bezug zu

dem, was »vertrauenswürdig« ist. Wir verlieren unsere Vertrau-
ensgrundlage und damit unser Vertrauen.

Dieser Mangel an Sensibilität bewirkt oft einen blinden
Glauben an Methoden, die schnellen Erfolg und mühelose
Verwirklichung versprechen, sei es in weltlichen Belangen
oder im Bereich der Spiritualität. Derselbe Mangel an Sensibilität hat diese Gesellschaft an den Punkt gebracht, wo Stress,
Depression, Ängste und Neurosen immer mehr zum Normal-
fall werden. Psychologen haben festgestellt, dass ein enger Zusammenhang zwischen dem Mangel an Vertrauen und der
erschreckenden Zunahme von Depressionen und anderen see-
lischen Störungen besteht. Menschen mit echtem innerem
Vertrauen sehen das Positive im Leben, bewegen sich vorwärts
und werden nicht depressiv.

Der österreichische Psychologe Viktor Frankl[1], Überlebender der Konzentrationslager, kam zu dem Schluss, dass nur solche Häftlinge überleben konnten, für die das Leben Sinn hatte.
Jene, denen Hoffnung, Vertrauen und Sinn fehlten, gaben auf
und starben. Ihnen fehlte die Kraft angesichts des Schreckens,
der Folter und der Erniedrigungen durchzuhalten.

So könnte man sagen: Vertrauen macht stark – starke Menschen haben Vertrauen. Das eine bedingt das andere.

Was aber hemmt unser Vertrauen? Zweifeln hat sicher etwas
damit zu tun. Er ist die Unfähigkeit des Geistes sich zwischen
zwei oder mehreren Möglichkeiten zu entscheiden. Oft steckt
hinter dieser Unfähigkeit auch die Angst vor möglichen Fehl-
entscheidungen sowie ein Mangel an Vertrauen darauf, dass wir
mit den daraus folgendenen Situationen umgehen können, wie
auch immer sie sein mögen. So hemmt nicht wirklich Zweifel
das Vertrauen, sondern Angst. Angst vor Unangenehmem, vor
Schmerz, vor Unsicherheit sowie Angst, von den Menschen
nicht geliebt, nicht respektiert und nicht angenommen zu werden. Fritz Perls soll gesagt haben, Angst vor Schmerz sei das
größte Hindernis für inneres Wachstum.

Um mit Angst umgehen zu können, müssen wir ihrer gewahr sein, müssen wir sie zuerst erkennen und anerkennen, müssen wir uns die Angst eingestehen und uns sie fühlen lassen. Das bedeutet verletzbar, nackt und exponiert zu sein. Das wiederum braucht Mut. Es erfordert den Mut, so zu handeln, wie wir es für richtig halten, ungeachtet unserer Ängste. Das ist der springende Punkt. Um es uns etwas leichter zu machen, können wir es in kleinen Schritten tun, immer und immer wieder.

Was mich betrifft, so empfinde ich nachts in großen, dunklen Wäldern Angst. Als ich eines Tages herausfand, dass der Retreat-Ort, an dem ich für längere Zeit zu meditieren gedachte, am Rand eines solchen Waldes lag, wusste ich, dass meine Stunde geschlagen hatte: die Stunde des Arbeitens mit der Angst. Des Nachts ging ich also zum Waldrand, blieb erst einmal dort stehen und erlaubte mir achtsam und aufmerksam die Angst zu spüren. Das Gefühl war intensiv und auch körperlich sehr unangenehm. Meine Muskeln verkrampften sich und das Atmen fiel mir schwer. Ich sah, dass ich diese Angst um keinen Preis spüren wollte, denn sie war unangenehm, ja unausstehlich. Trotzdem versuchte ich nun mit dem Rücken gegen den Wald zu stehen, was die Sache noch schlimmer machte. Als ich mich daran erinnerte, gehört zu haben, dass es dort Indianergräber geben solle, wurde das Gefühl geradezu unerträglich. Trotzdem blieb ich dabei.

Das Schlimmste schien die Angst vor der Angst zu sein. So sehr ich auch versuchte zu sehen, wovor ich denn nun eigentlich Angst hatte – es wollte mir nicht wirklich gelingen. Echte Gefahren gab es dort keine.

Aber ich erkannte, dass es möglich war, dort zu stehen, selbst wenn es sich höchst unangenehm, ja unerträglich anfühlte. Und ich tat es auch. Ich konnte sogar den ganzen Waldrundgang machen, nachts – aber die Angst verging dabei nie. Das war aber auch eigentlich nicht mehr nötig, wenn es auch viel angenehmer gewesen wäre. Es ist durchaus möglich, die Dinge zu tun, die wir für wichtig und notwendig halten, auch wenn wir dabei Angst empfinden. Hier, an dieser Stelle beginnt unsere Freiheit.

Natürlich sollen wir angemessen reagieren, wann immer echte Gefahren drohen. Wenn sich ein Auto auf einer schmalen Straße nähert, treten wir zur Seite; es ist völlig angemessen, dass wir nicht stehen bleiben und die Angst beobachten.

Was wir brauchen, ist also der Mut, »es trotzdem zu tun«. Dazu ist ein Minimum an Vertrauen notwendig. Vertrauen heißt vorwärts gehen und Risiken in Kauf nehmen. Vertrauen lebt und wächst durch das Risiko. Damit es entstehen kann, scheint zuerst eine positive Erfahrung unabdingbar; ein Sehen oder Spüren von etwas, das uns motiviert, die Haltungen und Handlungen, die diese Erfahrung verursachten, weiterzuführen. Ich habe einmal ein kleines Kind beobachtet, das mit seinem Vater in einen Stadtpark ging. Zuerst wich es kaum von der Seite des Vaters, dann wagte es ein paar Schritte, brachte einen Kiesel zurück; wiederum ein paar Meter weiter weg betastete es die Rinde eines Baumes und beschrieb sie dann dem Vater; danach kletterte es auf eine Bank neben eine Frau und schaute sie an, bis sie lachte und etwas fragte, worauf es wieder zum Vater zurücklief. Kleine Kinder müssen immer wieder riskieren zu fallen. Ohne dies könnten sie nie einen einzigen Schritt tun. Vertrauen wächst durch Mut und Offenheit für Neues, Schritt für Schritt.

Also üben wir uns im Vertrauen – und im Mut. Im Vertrauen und im Mut, Risiken einzugehen. Angst veranlasst uns krampfhaft festzuhalten, uns an Menschen oder Dinge zu klammern. Vertrauen erlaubt uns loszulassen und zu entspannen. Das trifft auch auf den Bereich der geistigen Entwicklung zu. Angst lässt uns an Dogmen, äußeren Formen oder Autoritäten haften, während Vertrauen uns zentriert und in der Wirklichkeit verankert. Es macht uns autonom.

Was können wir tun, um Vertrauen weiter zu stärken?
– Achtsamkeit und Meditation üben und dadurch unsere Erkenntnis vertiefen. Wenn wir beginnen, die wahre Natur aller Dinge, unsere eigene wahre Natur, zu erkennen, erfahren wir mehr inneren Raum, mehr Gelassenheit und Ausgeglichenheit und damit auch mehr Vertrauen.

Wir sehen, dass sich alle Dinge, ob angenehm oder unangenehm, ständig wandeln und von selbst kommen und gehen. Wir erkennen, dass da keine unabhängig existierende Wesenheit ist, die der Besitzer dieser Erfahrungen wäre. Und wir sehen, dass die Erfahrungen selbst unfassbar und substanzlos sind. So haben wir weniger Erwartungen, weniger Angst und mehr Vertrauen.

– Positives, harmonisches Verhalten, das Gewaltlosigkeit, Ehrlichkeit, Rücksichtnahme, Respekt und Sensibilität einschließt (*sila*). Wir geben anderen Sicherheit und es gibt keinen Grund mehr, uns zu fürchten. So machen wir uns vertrauenswürdig. Dadurch wächst auch in uns selbst Vertrauen und Selbstvertrauen. Auch diese Art des Verhaltens setzt Achtsamkeit und Sensibilität voraus.

– Vertrauen und unsere tiefere Motivation – die Motivation von Liebe, Mitgefühl und echter Zuwendung zum Leben – verstärken sich gegenseitig. Liebe und Zuwendung sind an sich schon ein echter und tiefer Ausdruck des Vertrauens. Lieben heißt unser Herz öffnen. Dieses Öffnen erfüllt uns mit Freude, macht uns aber auch sehr verletzbar. Um lieben zu können, müssen wir also vertrauen: dem Leben und der innewohnenden Einheit allen Lebens.

In einer seiner letzten Aussagen hat der Buddha auf die Wichtigkeit, aber auch auf die Richtung unseres Vertrauens hingewiesen. In der Zeit vor seinem Hinscheiden fragte ihn Ananda, sein Diener, wer denn sein Nachfolger würde, wenn er einmal gegangen sei. Die Antwort des Buddha weist uns direkt auf uns selbst zurück:

»Seid ein Licht für euch selbst.
Seid eine Zuflucht für euch selbst.
Nehmt keine Zuflucht außerhalb eurer selbst.
Haltet euch an die Wirklichkeit als ein Licht.
Haltet euch an die Wirklichkeit als eure Zuflucht.«

DER WEG DER MITTE

In der Erscheinung der Dinge gefangen zu sein ist das eine Extrem, sich in der Leerheit des Daseins zu verlieren ist das andere. Wir sehen alle Dinge des Seins erscheinen und funkeln – wie Lichtreflexe, die auf einer Wasseroberfläche glitzern und tanzen. Sie machen uns froh oder traurig, glücklich oder leidend. Wenn wir zutiefst verstehen, dass nichts von all dem »wirklich« geschieht, geschah oder je geschehen wird, sind wir frei.

Bedeutet der »Weg der Mitte«, dass wir heiß und kalt vermeiden sollen und deshalb lauwarm erstrebenswert ist? Heißt es, dass wir keiner Lehre ganz folgen, sondern von allen ein bisschen nehmen und dabei glücklich werden? Nicht zu hochfliegend, nicht zu tief schürfend, sondern flach geradeaus? Geht es um eine Haltung, die klares Entscheiden vermeidet, die sich irgendwo in der Mitte durchschlängelt, um möglichst wenig Anstoß zu erregen? Wenn der »Mittlere Weg« so verstanden würde, hätten wir ihn gründlich missverstanden.

Der Gedanke des Gleichgewichts hilft uns hier weiter. Es geht darum, ein dynamisches Gleichgewicht zwischen den Gegensätzen zu finden. Es ist wie beim Radfahren: Verhalten wir uns ungeschickt, zieht uns die Schwerkraft unwiderstehlich links oder rechts hinunter, extrem auf die eine oder andere Seite. In der dynamischen Haltung des Fahrens gelingt es uns nicht nur, die Mitte zu halten, sondern als gute Radfahrer können wir uns letztlich sogar entspannen, während wir uns zielgerichtet bewegen.

Als der Buddha seine erste Lehrrede hielt, sprach er als Erstes über den »Mittleren Weg«. Er sprach vom Vermeiden einer bestimmten Gruppe von Extremen, nämlich solchen, die Verhalten und Formen der Praxis betreffen. Dabei gibt es auf dem spirituellen Weg eine ganze Anzahl von Bereichen, in denen es darum geht, sich nicht in Extremen zu verlieren. Es sind die folgenden Bereiche:

- Extreme des Handelns und Verhaltens
- Extreme innere Haltungen und Geisteszustände
- Extreme Sichtweisen oder Anschauungen

In besagter Lehrrede behandelte der Buddha die Extreme des Verhaltens. In Bezug auf Lebensführung und spirituelle Praxis hielt er die Selbstkasteiung für nutzlos. Sie sei Ausdruck von Körperverachtung, Selbstverneinung, Selbstzerstörung wie auch der Verneinung und Verdrängung von Gefühlen.

Umgekehrt warnte er auch vor Genusssucht, der Sinnesberieselung und – auf die heutige Zeit übersetzt – vor Konsumwut.

Er sprach auch von asketischen Übungen, die zu seiner Zeit in Indien sehr gebräuchlich waren. Viele davon hatte er während der sechs intensiven Übungsjahre vor seiner Erleuchtung persönlich ausprobiert. Er praktizierte extremes Fasten, bis er nur noch ein einziges Sesamkörnchen pro Woche zu sich nahm. Wenn er versuchte seinen Magen anzufassen, berührte er die Wirbelsäule.

Um alles Verlangen zu unterdrücken, versuchte er mit Willensgewalt den Atem zu stoppen, bis dieser schließlich durch Ohren und Augen eindrang. Er fuhr mit dieser Übung fort, bis er ohnmächtig wurde.

Zu unser aller Glück fand er solche Praktiken nutzlos, unbrauchbar und nicht befreiend.

In seiner Lehrrede sprach er auch vom Hang zu Luxus, Bequemlichkeit, Sinnesüberfütterung, zu unbeschränkter Erfüllung endlos wachsender Wünsche und des Verlangens. Auch dieses Extrem ist nutzlos, unbrauchbar und führt nicht zur Freiheit vom Leiden. Dabei ist gerade unsere Gesellschaft davon überzeugt, dass diese Haltung letztlich zum großen Glück führen müsse. Daher rührt die in unserer Zivilisation so übertriebene Beschäftigung mit Sinnesfreuden.

Betrachten wir einmal unser Leben unter diesem Gesichtswinkel: Wo neigen wir zu Extremen? Ich selbst bin während der ersten Jahre meiner Praxis durch etliche Extreme gegangen. Ende der sechziger Jahre kam ich zum ersten Mal nach Indien und fühlte mich sehr verbunden mit der damals vorherrschenden Bewegung für uneingeschränkte Sinnesfreude mit einem Schuss Spiritualität. Etwa in der Art: freie Liebe und gratis Drogen, freier Rock 'n' Roll und gratis Erleuchtung für alle! Ich tat mein Bestes in dieser Richtung, allerdings mit mäßigem Erfolg.

Als ich nun meinen ersten asiatischen Lehrern begegnete, empfahlen sie mir Entsagung, Zurückhaltung und Ausdauer. So entschloss ich mich schweren Herzens zu völliger Entsagung; also kein Sex, keine Drogen, kein Rock 'n' Roll und ich gab mich möglichst heilig. Überflüssig zu sagen, dass ich sehr bald sehr frustriert war. Zumal ich es nämlich schon schrecklich anstrengend fand, auch nur für zehn Minuten still zu sitzen, um zu meditieren.

Zum Glück hörte ich dann von einem der »höchsten« Meister, der bald eine der »höchsten« Initiationen in eines der »höchsten« Tantras geben würde, irgendwo im tiefen Süden Indiens. Ich wusste gleich: Das war etwas für mich. Ich konnte da nicht fehlen. Es erlaubte mir zunächst einmal in meiner »intensiven Praxis« von zweimal zehn Minuten Meditation pro Tag nachzulassen, ohne dabei ein allzu schlechtes Gewissen zu haben. So zog ich los nach Südindien. Auf meinem Weg nach Süden lag aber Goa mit dem berühmten, verlockenden Hippie-Strand. In der Vergangenheit hatte ich dort einige psychedelische Erfahrungen gemacht – und ich hatte dort Freunde mit einem Haus am Strand. Dort angekommen dauerte es auch nicht lange, bis ich mich wieder in einem dieser ungewöhn-

lichen »kosmischen« Geisteszustände wiederfand. Leider war es
auch diesmal nicht gerade Meditation, die mich in diesen Zustand versetzt hatte. Und wenn der Zustand verklungen war,
schien alles noch unbefriedigender als vorher. So musste ich
einmal mehr einsehen, dass dies kein wirklicher Weg war, worauf ich, erneut mit schlechtem Gewissen beladen, weiter nach
Süden zog, um einmal mehr zu versuchen heilig zu werden.
So ging es noch eine Zeit lang weiter. Für eine Weile lebte
ich in völliger Isolation; ich stand lange vor der Dämmerung
auf und versuchte pausenlos, bis in die späte Nacht all die heilsamen Dinge, die ich gelernt hatte, zu praktizieren. Dabei hatte
ich noch kaum eine Ahnung davon, wie dies tatsächlich zu tun
ist. Nur zwei Monate später hatte ich mich verliebt und war
nicht mit der Praxis, sondern völlig mit dieser intimen Beziehung beschäftigt, derweil wir in einem Kloster lebten und die
Lehrer abwesend waren. Das war ein weiteres, besonders unge-
schicktes extremes Verhalten.

Vermutlich wurde mir etwa zu diesem Zeitpunkt klar, dass
da irgendetwas »extrem« schief lief. Wenn wir in ein Extrem
gefallen sind, tendieren wir oft zum Ausgleich, indem wir uns
dem anderen Extrem zuwenden. Um das Bild des Radfahrers
zu benutzen: Wir geraten aus der einen extremen und gefähr-
lichen Schräglage in die entgegengesetzte. Von Fahrkunst ist da
keine Spur.

Betrachten wir uns einmal selbst: Sind wir endlos mit Essen
beschäftigt? Sind wir gebannt von Kleidern und Luxus, von
unserem Aussehen, von Sex? Oder von Besitz, Ansehen oder
Status?

Oder tendieren wir dazu, in schäbigen Situationen zu leben
und uns aus Schuldgefühlen, Geiz und Selbstverneinung ständig zu frustrieren? Verlieren wir uns möglicherweise in beiden
Extremen, abwechselnd oder gar gleichzeitig?

Es gibt nützliche Richtlinien für den Fall, dass wir unser
Gefühl für das Gleichgewicht verlieren: Wir vergegenwärtigen

uns die so genannten vier grundlegenden Notwendigkeiten. Was ein Mensch an materiellen Erfordernissen wirklich braucht, sind Essen, Kleidung, Obdach und Medizin. Das ist eigentlich alles.

Extrem und Gleichgewicht können wir auch in unserer Arbeit betrachten: Verlieren wir uns in hektischer Geschäftigkeit, Stress und Eile? Oder vertrödeln wir unsere Zeit in sinn- und richtungsloser Zerstreutheit oder Müßiggang? Verbringen wir die ersten zwanzig Jahre unseres Erwachsenenlebens mit dem Versuch herauszufinden, was wir eigentlich wirklich wollen, die zweiten zwanzig Jahre mit dem Versuch all das zu beginnen und die letzten zwanzig Jahre damit, uns zu erholen von all der harten Arbeit? Oder handeln wir entschlossen und zielbewusst, fähig, uns zur rechten Zeit zu entspannen und zu erholen? Dabei darf das Vermeiden von Extremen nicht mit Mittelmäßigkeit verwechselt werden, die dazu neigt, lahm und langweilig zu sein.»Im Gleichgewicht der Kräfte« bedeutet vielmehr eine wache, zielbewusste und entspannte Lebensart.

Zur Erfahrung von Extremen während eines Meditationsretreats: Beschäftigen wir uns vorwiegend mit Teetrinken, ab und zu mit etwas zusätzlichem Schlaf und einem kleinen Schwatz hier und dort? Oder verlieren wir uns in Tagträumen über unsere neueste »Vipassana-Romanze« – die interessanteste und bestaussehende Person im Retreat, mit der wir am Kursende bekannt werden, zusammen heimfahren, eine Beziehung beginnen und die wir schließlich heiraten möchten? Oder sind wir beschäftigt mit unserer »Vipassana-Vendetta«, der Person, die alles falsch macht, zu geräuschvoll ist, sich beim Essen immer den Teller vollschlägt und sich bei der Gehmeditation zu schnell oder zu langsam bewegt und der wir es »heimzahlen« wollen?

Auf der anderen Seite können wir uns fragen, ob wir uns das Leben schwer machen, indem wir uns ständig für jedes

kleinste menschliche Bedürfnis kritisieren, wegen jeder über-
flüssigen Brosame, die wir essen; oder indem wir uns selbst
nicht mögen, weil wir glauben, nur wir allein seien unfähig
makellos zu sein? Auch hier mag es sinnvoll sein, sich an ein
paar Richtlinien zu erinnern. In Retreats gibt es klare Grenzen, die durch die Verhaltensrichtlinien und gegenseitigen Ab-
machungen gesteckt sind: zum Beispiel der Stundenplan, das
Schweigen, mit sich selbst allein sein.

Dabei soll all die Selbstbeobachtung natürlich nicht dazu
führen, dass wir uns vermehrt bewerten und beurteilen, vielmehr soll sie uns helfen, extreme Haltungen zu erkennen und
uns davon zu befreien.

Eine weitere Betrachtung gilt dem richtigen Bemühen; dieses
ist die wirkliche Kunst der Meditation. Der Buddha hat ange-
messenes Bemühen mit dem Stimmen eines Instruments verglichen. Werden die Saiten zu stark gespannt, dann klingen sie
nicht gut. Sind sie zu locker, klingen sie überhaupt nicht. Also
müssen wir genau die richtige Spannung oder Intensität finden; und zwar nicht ein für alle Mal, sondern immer wieder
von neuem.

Dabei geht es eigentlich gar nicht so sehr darum, die Mitte
zu finden, sondern um das Aufgeben oder Loslassen der Extreme. Es ist also nicht so sehr die Mitte zwischen Trägheit und
Überanstrengung, die wir anstreben. *Weder* angespannt *noch*
träge sein, so muss der Rat lauten. Das bedeutet, wach *und* entspannt zu sein. Oft ist es unsere Tendenz, grimmig und angespannt zu sein. Gleichzeitig können wir dabei aber ziemlich
bequem sein oder gar erschöpft vor Überanstrengung.

Gleichgewicht, frei von Extremen, bedeutet also: Statt angespannt und grimmig sind wir entspannt, innerlich leicht und
sanft. Das heißt jedoch nicht schwächlich, bequem oder
schlapp, sondern aufgeweckt und geistesgegenwärtig. So wird
Meditation zum sanften und doch präzisen Tanz, lebendig und
dynamisch.

Die folgenden Wortpaare mögen auf den ersten Blick wie Gegensätze aussehen; im Grunde genommen drücken sie jedoch genau dieses Freisein von Extremen aus und damit eine Ganzheitlichkeit:

– Entspannte Sorgfalt
– Sanfte Stetigkeit
– Liebevolle Entschiedenheit
– Flexible Unerschütterlichkeit
– Unbesorgtes Interesse

Eine weitere, besondere Kategorie sind die emotionalen Extreme. Darunter verstehen wir einerseits Verlangen, Anhaften und Festhalten, andererseits Hass, Aversion und Widerstand. Freiheit bedeutet, sich in keinem von beidem zu verlieren. Das heißt nun aber nicht, dass wir diese Emotionen nicht erfahren. Vielmehr geht es darum, ihnen nicht anheim zu fallen. Negative, unheilsame Geisteszustände sind die direkte Ursache von Leiden. Aber sehr oft können wir uns ihrer nicht einfach entledigen. Deshalb müssen wir lernen, uns weder darin zu verlieren noch dagegen zu kämpfen, sondern ihnen mit Achtsamkeit, Offenheit und Güte zu begegnen. Wir sehen diese Gefühle des Anhaftens und des Abstoßens als das, was sie sind, und geben ihnen in unserem Inneren den Raum, den sie brauchen, ohne uns aber in ihren Inhalten, ihrer Dramatik zu verlieren.

Der vietnamesische Meister Thich Nhat Hanh sagte sinngemäß einmal: Unsere Haltung ist es, sich der Wut zuzuwenden. Wir verdrängen sie nicht, wir rennen nicht vor ihr davon. Wir atmen einfach und halten unsere Wut in unseren Armen, mit äußerster Sanftheit. Dann ist die Wut nicht länger allein; sie ist zusammen mit unserer umsorgenden Achtsamkeit. Wenn wir fortfahren, unser Mitgefühl und Verständnis darauf scheinen zu lassen, wird unsere Wut bald aufbrechen und es wird uns möglich, in ihre Tiefe zu schauen und ihre Wurzeln zu sehen.[1]

Diese Haltung ist der mittlere Weg zwischen den emotionalen Extremen von Verstrickung und Verdrängung, von Anhaften und Aversion. Sie ermöglicht inneres Gleichgewicht und heitere Gelassenheit.

Als Letztes können wir sehen, wie auch Anschauungen und Sichtweisen dazu neigen, in Extremen zu verlaufen. Wenn wir die Entwicklung der meisten Religionen im Laufe der Geschichte beobachten, erkennen wir zwei Bewegungen: eine Tendenz zu Extremen und dann immer wieder die gegenläufige Bewegung; insgesamt also die Neigung zum Ausbalancieren der Extreme.

Dies lässt sich auch in der Geschichte des Buddhismus deutlich erkennen: In den Anfangszeiten, nach einer Zeit großer Vitalität und Reinheit, entstanden mancherorts Tendenzen in Richtung Isolation von der Welt, Tendenzen völligen Absorbiertseins von der persönlichen spirituellen Entwicklung und Befreiung. Als Reaktion darauf schwang das Pendel nach ein paar hundert Jahren nach der anderen Seite aus, zu einer extremen Beschäftigung mit dem anderen, mit allen anderen Lebewesen, manchmal bis hin zum Vergessen der eigenen Weiterentwicklung. Eine geschickte Synthese beider Bewegungen stellte hier das Gleichgewicht wieder her.

Zu einem späteren Zeitpunkt entwickelten sich manche Schulen des Buddhismus in Richtung Institutionalisierung und Intellektualisierung. Regel, Form und Intellekt wurden oft wichtiger als die Praxis. Es entstanden riesige klösterliche Universitäten mit Tausenden von Mönchen.

Als Reaktion auf diese Überstrukturierung mit der Tendenz zur Starrheit schwang das Pendel zurück zu äußerst unkonventionellen Bewegungen mit tiefen mystischen Praktiken und einer Betonung der Leerheit aller Formen. Dabei lebten die Yogis und Yoginis oft auf Friedhöfen, waren nackt, aßen aus Schädel-Schalen und trugen Knochen im Haar. Ihr Lebensstil stand in schroffem Gegensatz zu den strikten und oft erstarrten

Regeln und Formen ihrer Gesellschaft und ihre Methoden waren manchmal brüskierend. Der große tibetische Übersetzer Marpa sammelte ein ganzes Jahr lang Goldstaub in den wilden Bergen Tibets. Nachdem sein Lehrer Naropa das Gold als Geschenk angenommen hatte, warf er es in die Luft und der Wind trug es davon. So kennt man aus den Anfangszeiten des Vajrayana viele ungewöhnliche Geschichten über die Mahasiddhas, diese großen, oft sehr unkonventionellen Yogis.

Zu einer Zeit, in der in China ähnlich viel Gewicht auf Gelehrsamkeit und Ansammlung von Verdiensten durch Bauen und Unterstützen von Klöstern, durch das Kopieren von Texten usw. gelegt wurde, kam Bodhidharma, der Erneuerer aus dem Westen, dorthin. Der große Kaiser fragte ihn nach dem Wert und den Verdiensten, die der Klosterbau, das Einhalten von Regeln, das Unterstützen und Fördern des heiligen Dharma einbringe. Darauf antwortete Bodhidharma: »Offene Weite! Nichts von heilig!« Mit einem radikalen Schnitt durchtrennte er die Neigung zum Festhalten an Formen, zur Vorstellung vom Anhäufen von Verdiensten, zur Intellektualisierung und Institutionalisierung des Dharma.

Diesen Bewegungen zum Unkonventionellen und zur Betonung der letztendlichen Wirklichkeit hin wohnten jedoch auch wieder Tendenzen zur Degeneration inne. Mit der Haltung: »Es spielt keine Rolle, wie wir uns verhalten und was wir tun, denn letztlich ist ja sowieso alles leer« schien plötzlich alles erlaubt; auch ungeschickte Verhaltensweisen, die für einen selbst oder für andere schädlich sind. Wie auch heute manchmal üblich, wurde Unkonventionalität als Zeichen von Verwirklichung gewertet. Damit verbunden war jedoch der Verlust des Verantwortungsgefühls, des Verständnisses von Ursache und Wirkung und der Wertschätzung ethischen Verhaltens.

So entstanden auch wieder Gegenbewegungen zu diesen Tendenzen. Zum Beispiel die Reformation durch die so genannte »Schule der Tugend« (tib.: *gelug-pa*) in Tibet. Sie betonte wieder die Verantwortung, die Bedeutung von Form und Re-

gel und die Kraft von Ursache und Wirkung unseres Handelns,
also von Karma. Auch diese Bewegung hatte eine Erneuerung
des Buddhismus zur Folge.

So wandeln sich die Formen der Lehre im Laufe der Zeiten; von einem Extrem schwingt das Pendel zurück in Richtung Mitte und Gleichgewicht, von dort schlägt es jedoch von
neuem aus in eine andere Richtung, ein anderes Extrem. Dabei
erzeugt dieser Prozess ständig Erneuerung, Enthusiasmus und
Lebendigkeit.

Nach einem ähnlichen Muster scheint sich auch unsere eigene
Praxis und unser Leben zu bewegen – hoffentlich in Richtung
auf ein tieferes Vertrauen in unsere eigene Mitte. Auch bei uns
selbst können wir beobachten, wie wir uns mit verschieden-
artigen, oft extremen Anschauungen identifizieren und wie
diese uns dadurch beeinflussen:
– Die Sicht des Materialismus: Wir glauben an die Gesetze
und Realitäten der Natur nur so weit, wie wir sie selber beobachten, beschreiben und messen können. Diese Sichtweise
scheint praktisch und sicher zu sein. Dabei limitieren wir uns
aber völlig auf das Messbare, Bekannte und Rationale. Es ist
diese Sichtweise, die unter anderem Wohlstand und andererseits Massenvernichtungswaffen und Zerstörung des Lebensraums möglich gemacht hat.
– Die eternalistische Anschauung: Wir glauben, es gäbe ein
ewiges Wesen ober- und außerhalb dieses Daseins, ein Wesen,
das uns bestraft, belohnt, verurteilt oder rettet. Diese Sichtweise sorgt dafür, dass wir uns gut »benehmen«, brav und gehorsam sind. Sie birgt auch die Gefahr eines Mangels an Eigenverantwortung in sich, indem wir glauben, nie ganz erwachsen
werden zu müssen.
– Die nihilistische Sicht: Die Überzeugung, dass alles im
Leben völlig absurder Zufall sei und dass mit dem Tod alles
ende. Eine traurige Sicht, die dem Leben den Sinn raubt und
uns scheinbar aller Verantwortung entbindet.

– Der Fatalismus: Man glaubt, dass alles vorherbestimmt sei, ändern lässt sich daran nichts. Diese Sichtweise macht uns gegenüber den Aufgaben und Herausforderungen des Lebens willensschwach. Ganze Völker und Kulturen können durch diese Haltung geprägt sein.

– Recht weit verbreitet ist auch die Vorstellung vom Alptraum des ewigen Kreislaufs »Auge um Auge, Zahn um Zahn«; eine Sichtweise ohne Ausweg, ohne Notausgang, ohne die Möglichkeit einer Befreiung daraus.

Es mag sein, dass keine dieser Anschauungen unserer eigenen bewussten Weltanschauung entspricht. Irgendwie aber kennen wir sie alle. Wahrscheinlich haben wir uns mit jeder von ihnen unzählige Male identifiziert. Falls wir glauben, selbst keine Ansichten über das Sein und Wesen der Dinge zu haben, ist dies vermutlich etwas naiv. Wenn uns unsere Anschauungsweisen nicht bewusst sind, heißt das einfach, dass sie durch die gängigen Ansichten unserer Gesellschaft und die spezifischen Ereignisse unseres Lebens konditioniert wurden. Elternhaus, Schule, Freundinnen und Freunde, Bücher und Medien vermittelten uns Anschauungen, oft ohne dass wir es merkten. Diese Sichtweisen übten und üben einen starken Einfluss auf uns aus, auf die Qualität und Richtung unseres Lebens. Die Art und Weise, wie wir die Welt sehen, bestimmt, wie wir uns darin fühlen und verhalten.

Dabei muss uns klar sein: Wir brauchen und wir können unsere Ansichten nicht einfach loswerden oder auswechseln. Aber wenn Gewahrsein da ist, hören wir auf, sie als die Wahrheit, als die Wirklichkeit selbst, zu sehen.

Wir können nun untersuchen, welche Anschauungen wir in Bezug auf unsere Praxis und unseren Weg haben. Während wir meditieren und praktizieren, werden wir einen Prozess des Fortschreitens und der Entwicklung feststellen können; vielleicht eine Zunahme der Achtsamkeit oder eine Veränderung

unserer Haltung im Umgang mit den Menschen und der Umwelt, vielleicht eine Vertiefung unserer Sensibilität und Liebes-
fähigkeit oder eine Zunahme des inneren Gleichgewichts.
Diese Art Fortschritt ist erstrebenswert und wir werden darin
von allen Lehrenden ermutigt. Dabei schleicht sich aber leicht
auch die Vorstellung ein: »Ich werde nun immer so fortfahren,
alles wird schöner und besser werden, bis eines Tages alles perfekt ist. Dann kommt endlich ›die große Erkenntnis‹ und es ist
geschafft!« Es mag nun aber sein, dass diese »große Erkenntnis«
einfach nicht kommt und alles seinen gewohnten Fortgang
nimmt. Oder tiefe Erkenntnisse oder eindrückliche Erfahrungen kommen und gehen und trotzdem läuft das Dasein einfach
weiter und weiter, bis wir uns die Frage stellen müssen: Wo
liegt nun eigentlich die Freiheit wirklich? Wo ist das Ziel?
Dazu lesen oder hören wir, dass gesagt wird: »Vor der Erleuchtung: Holzhacken und Wassertragen; nach der Erleuchtung:
Holzhacken und Wassertragen.« Oder: »Kein Weg, kein Ziel
und keine, die das Ziel erreicht.« Dadurch sehen wir uns plötzlich Zweifeln ausgesetzt und wir verlieren das Vertrauen in
»Entwicklung« und »Fortschritt«, denn diese scheinen uns nun
unabsehbar und ohne Ende. So beginnen wir uns zu fragen,
wozu wir uns überhaupt bemühen sollen. Das Ganze scheint
plötzlich viel zu anstrengend und wir denken daran aufzugeben. Auf diese Art und Weise fallen wir auch hier in Extreme:
in das Extrem des Perfektionismus oder aber in jenes der Sinn-
losigkeit, des Fahrenlassens.

Das Beispiel eines Kinofilms kann als Illustration unserer
Praxis sehr hilfreich sein. Hier finden wir eine Handlung, die
Story, in der sich eine Anzahl von Geschehnissen in einem gewissen Zeitraum abspielen. Die Story hat einen Anfang, entwickelt sich, kommt zum Ende und macht Sinn. Sie mündet
vielleicht in ein Happy End oder es handelt sich um eine
Tragödie. Möglicherweise gibt es da auch eine Moral und eine
Botschaft, die vermittelt wird. Wenn wir völlig in der Geschichte aufgehen, uns völlig in der Handlung verlieren, dann

werden wir, entsprechend dem Inhalt und der Qualität des
Films, fröhlich oder traurig, erleichtert oder deprimiert, erregt
oder gelangweilt sein.

Was würden wir nun aber tun, wenn wir zum Beispiel
einem Kind, das völlig in der Story, im Drama, gefangen ist, erklären möchten:»Alles, was hier vor sich geht, ist eigentlich
substanzlos; denn es ist nichts anderes als ein Zusammenspiel
aus dem Licht der Projektorlampe, einer leeren, weißen Leinwand und einem Sortiment farbiger, tanzender Lichter und
Formen«? Und wie sollen wir erklären, dass es deshalb nicht
nötig ist, sich durch die scheinbar stattfindende Handlung gefangen nehmen zu lassen, in Panik zu geraten, sich zu sorgen
oder aufzuregen? Für jemanden, der die Situation bereits erkannt und durchschaut hat, sind hier keine Erklärungen mehr
nötig. Anders aber für jemanden, der sich darin verfängt und
gefangen ist.

Es ist klar, dass uns der Ablauf der Story die Substanzlosigkeit oder Leerheit weder besser noch schlechter erkennen lässt,
ganz gleich, was im Film geschieht. Aber trotzdem ist es notwendig, dass wir sorgfältigst hinschauen und beobachten, wenn
wir die substanzlose Natur dieses Schauspiels erkennen und
durchschauen möchten.

So müssen wir auch im Leben und in der Meditation weiter
hinschauen, untersuchen und hinterfragen, wenn wir die
wahre Natur aller Dinge erkennen wollen. Wir sind ständig
konfrontiert mit den Erscheinungen des Daseins, welche die
Macht haben, uns glücklich oder traurig zu machen und uns in
Leid zu verstricken. Und doch sind es einfach»Spiegelungen«,
die zwar»wirklich« erscheinen, aber doch im tiefsten Sinne
völlig substanzlos sind; leer von jeglicher unabhängiger Selbstexistenz. Es sind Erscheinungen, die glitzern und tanzen, uns
schmerzen und erfreuen, aber doch im Grunde genommen
sich nie je bewegten, bewegen oder bewegen werden. Auf dieser Ebene gibt es keinen Fortschritt, keinen Rückschritt, kei-

nen Gewinn, keinen Verlust, keine Angst und keine Erwartung – nur tanzende Lichter auf einer leeren Leinwand. Aber genauso, wie es interessanter ist, einen guten Film zu sehen als einen miesen, so ist es auch bedeutungsvoller und schöner, ein heilsames und sinnvolles Leben zu leben statt ein wertloses. Kann man behaupten, »das weiße Licht« oder »die leere Leinwand« beim Film sei außerhalb, getrennt oder jenseits der Show, die wir betrachten? Auf keinen Fall. Denn ohne Licht und Leinwand gäbe es keine Show und keine Handlung. Das Zusammenspiel der Erscheinungen und ihre Substanzlosigkeit oder Leerheit sind so sehr eine Einheit wie ein Stück Stoff und seine Farbe; zwar unterscheidbar, aber doch untrennbar. Erscheinende Form ist nicht trennbar von Substanzlosigkeit. Substanzlosigkeit ist nicht trennbar von erscheinender Form.

Im Drama, in der Erscheinung der Dinge des Daseins, gefangen zu sein ist das eine Extrem. Sich in der Substanzlosigkeit, der Leerheit der Dinge des Daseins, zu verlieren ist das andere Extrem. In den Erscheinungen gefangen sein bedeutet das stete Versuchen, zu erfassen, festzuhalten, zu bekämpfen und zu widerstehen. Dadurch entsteht Leiden. Sich in der Substanzlosigkeit oder Leerheit verlieren bedeutet, die Gesetzmäßigkeit nicht zu verstehen, von der diese Show gelenkt wird, und dies wiederum bedeutet, dass wir unsere Verantwortung nicht sehen und früher oder später uns selbst und anderen schaden.

Wir müssen beide Extreme klar erkennen und durchschauen, um uns in keinem von beidem zu verlieren. Vielmehr sehen wir alle Dinge, Geschehnisse und Erfahrungen erscheinen und funkeln, manche angenehm und andere schmerzhaft, aber dennoch wissen wir: Letztlich hat sich nichts je wirklich bewegt – und es gibt weder Kommen noch Gehen, weder Entstehen noch Vergehen, weder Geburt noch Tod.

Hierin liegt Freiheit. Und aus dieser Freiheit fließt unser Handeln aus Liebe und Mitgefühl.

Der ehrwürdige Lama Gendün Rinpoche gibt den folgenden *Ratschlag für die Meditierenden:*

»Außen und Innen,
das Gefäß und sein Inhalt –
alles ist spontane Erscheinung.
Erscheinend und dennoch leer,
leer und dennoch manifest,
untrennbar erscheinend und leer –
vergleichbar einer Illusion, einem Traum,
nicht seiend und dennoch fähig zu erscheinen,
wie der Mond im Wasserspiegel.
Dies zu erkennen befreit völlig
vom Anhaften und Festhalten
und dem Wandern von einem Extrem zum andern.
So bleibt einem nur,
sich selbst in Gelassenheit aufzugeben –
in unausgedachter Erleichterung
auf dem Grund der Essenz selbsterkennenden Gewahrseins.
Außer diesem gibt es nichts zu denken
oder zu meditieren.
Ohne Denken und Handeln, ohne Meditation
und ohne Zerstreuung
bleibe bitte einfach natürlich
und ›meditiere‹
so.«[2]

BRAHMAVIHARAS:
GRENZENLOSE GÜTE

»Meine Religion ist Güte.«
(S.H. der XIV. Dalai Lama)

Die vier Brahmaviharas sind liebevolle Güte *(metta)*, Mitgefühl *(karuna)*, Mitfreude *(mudita)* und Gleichmut *(upekkha)*. Diese Zustände oder Qualitäten des Herzens und Geistes heißen Brahmaviharas, das heißt »Aufenthaltsorte der Brahmas«, weil die Brahmas, die höchsten Götter des Daseins, sich in diesen Zuständen aufhalten. Brahmavihara wird auch als »sublimer« oder »erhabener« Aufenthaltsort übersetzt.

Diese Qualitäten und Zustände werden auch als *apamañña* bezeichnet, das heißt »unbegrenzt«, weil sie eine unbegrenzte Zahl von Lebewesen einschließen, nämlich alle Lebewesen, ohne Ausnahme.

Der erste der Brahmaviharas ist liebevolle Güte *(metta)*. Metta ist eine der wichtigsten und mächtigsten Qualitäten spiritueller Praxis. Der Apostel Paulus drückt das in überzeugender Weise aus:

»Nichts geht über die Liebe.

Wenn ich die Sprachen aller Menschen spräche
und sogar die Sprache der Engel kennte,
aber ich hätte keine Liebe –

dann wäre ich doch nur ein dröhnender Gong,
nicht mehr als eine lärmende Pauke.

Auch wenn ich göttliche Eingebung hätte
und alle Geheimnisse Gottes wüsste
und hätte den Glauben der Berge versetzt,
aber ich wäre ohne Liebe –
dann hätte das alles keinen Wert.

Und wenn ich all meinen Besitz verteilte
und nähme den Tod in den Flammen auf mich,
aber ich hätte keine Liebe –
dann wäre es alles umsonst.«[1]

Liebe oder liebevolle Güte wird definiert als »die Sanftheit des
Herzens«. Die Wurzel des Pali-Wortes *metta* ist »met«, was so
viel bedeutet wie »sanft« oder »liebevoll«. Das Sanskrit-Wort
maitri heißt »Freund«. Gemeint ist also eine »sanfte, liebevolle
Freundlichkeit oder Güte«.

Die vier Brahmaviharas sind das Gegenstück zu bestimmten
unheilsamen Geisteszuständen oder Kleshas. Man könnte auch
sagen, wenn diese positiven Brahmaviharas da sind, sind die
entsprechenden schwierigen, negativen Emotionen abwesend.
Bei Metta sind dies Hass und alle Formen von Aversion, also
Wut, Ärger, Rachegefühle, Trotz, Eifersucht, Widerstand, Werten und Verurteilen sowie Langeweile.

Neben dieser Gegenkraft oder diesem so genannten »entfernten Feind« gibt es auch einen so genannten »nahen Feind«
oder »verfälschte Manifestation«. Bei Metta ist es die persönliche Liebe mit Anhaften und Verlangen, die leidenschaftliche
Liebe sowie die Liebe, die etwas zurückerhalten will.

Es ist ganz einfach, diese Qualitäten zu unterscheiden: Metta
ist nie schmerzhaft oder leidvoll, ganz gleich, was eine Person
auch tun oder nicht tun mag, ob sie freundlich oder unfreund-

lich zu uns ist, ob sie uns nah oder fern ist, ob wir zusammen oder getrennt sind, ob sie gleicher Meinung ist wie wir oder nicht. Metta stellt keine Bedingungen und ist nicht von Bedingungen abhängig.

Bei Verlangen, Anhaften und Leidenschaft ist das ganz anders – sie schaffen Leiden. »Leidenschaft ist eine Kraft, die Leiden schafft«, heißt es ja. Sie schafft Leiden, sobald eine Bezugsperson nicht das tut, was wir möchten oder brauchen.

Bei der Unterscheidung zwischen Metta und Anhaften oder Leidenschaft geht es also nicht um ein Werturteil, nicht um Gut und Böse, sondern um die Verschiedenheit ihrer Wirkung. Liebe im Sinne von Leidenschaft, Verlangen und Anhaften schafft Leiden, wann immer die gegebene Situation nicht unseren Vorstellungen, Erwartungen und Hoffnungen entspricht, während Liebe im Sinne von Metta Offenheit, inneres Gleichgewicht und Freude bewirkt.

Metta kann verglichen werden mit kühlem Wasser, das in ein glühendes Gefäß mit brodelnder Flüssigkeit gegossen wird. Ähnlich dem Wasser kühlt und besänftigt Metta die brennenden und quälenden Emotionen von Hass und Aversion in unserem Herzen und Geist. Meditation und Praxis sind also ein Sich-darin-Üben, selbst den schwierigen Emotionen wie Wut und Angst mit einer Haltung der geräumigen, liebevollen Güte zu begegnen. Es ist diese Haltung, die letztlich die Kraft hat, zu heilen und zu transformieren. Sie hat auch eine heilsame Wirkung auf unsere Umgebung, auf die Menschen um uns herum.

In einer Lehrrede pries der Buddha die Vorteile, die aus der Praxis der Metta-Meditation entstehen können:

»Man schläft gut, erwacht froh
und hat keine bösen Träume.
Man wird von Menschen geliebt
und von höheren Wesen geschätzt.
Man wird von den Göttern beschützt und weder
von Feuer noch von Gift, noch von Waffen verletzt.

Man kann sich leicht konzentrieren
und hat eine heitere Wesensart.
Man stirbt, ohne in Verwirrung zu fallen,
und falls man noch nicht völlig befreit ist,
wird man in Gefilden des Glücks wiedergeboren.«[2]

Metta ist aber nicht einfach in erster Linie ein schönes, warmes
Gefühl der Liebe im Herzen, obwohl es das – mehr oder weniger oft – auch sein kann. Vielmehr ist es eine innere Haltung, ja
sogar ein Entschluss und eine Wertschätzung für das, was ist, so
wie es ist, seien es Lebewesen, Dinge oder Situationen.
Erich Fried schreibt:

»Was es ist

Es ist Unsinn
sagt die Vernunft
Es ist was es ist
sagt die Liebe

Es ist Unglück
sagt die Berechnung
Es ist nichts als Schmerz
sagt die Angst
Es ist aussichtslos
sagt die Einsicht
Es ist was es ist
sagt die Liebe

Es ist lächerlich
sagt der Stolz
Es ist leichtsinnig
sagt die Vorsicht
Es ist unmöglich
sagt die Erfahrung

Es ist was es ist
sagt die Liebe«[3]

Metta ist also bedingungsloses Annehmen, Respektieren und
Wertschätzen der Wesen und Dinge, so wie sie sind; also des
Lebens, wie es ist. Metta ist auch der Wunsch, dass alle Lebewesen glücklich
und unversehrt sein mögen. In der Meditation werden Sätze
gebraucht wie:

Mögen alle Lebewesen glücklich sein.
Mögen alle Lebewesen gesund sein.
Mögen alle Lebewesen in Sicherheit leben.
Mögen alle Lebewesen unbeschwert sein.

Bei dieser Meditationsform handelt es sich keineswegs um
Wunschdenken, noch geht es dabei um das »Ich *bin* glücklich!«
des affirmativen oder autogenen Trainings. Es geht auch nicht
darum zu glauben, die »Empfänger« dieser liebevollen Güte
würden nun glücklich, gesund oder unbeschwert sein, nur weil
wir ihnen dies wünschen.

Vielmehr üben wir uns hier in einer der sinnvollsten und
fruchtbarsten Weisen, den Menschen und dem Leben zu begegnen: Wir verstärken unsere positiven Tendenzen der liebevollen Güte und schwächen gleichzeitig die negativen, aver-
siven Neigungen in uns.

In der traditionellen Metta-Meditation beginnt man mit
der Liebe und Zuwendung für sich selbst: »Möge ich glücklich
sein ... Möge ich unbeschwert sein.« Es ist wichtig, dass wir
auch tatsächlich meinen, was wir sagen. Metta für uns selbst,
wenn richtig geübt, hat eine außerordentlich heilende Wirkung. Wenn wir aber für uns selbst keine Zuwendung, Liebe
und Wertschätzung finden, kann unsere Liebe für die anderen
auch nicht sehr authentisch sein, sondern ist aufgesetzt; vielleicht gut gemeint, aber weder spontan noch tief.

Als Nächstes wählen wir eine Person, die uns viel geholfen oder gegeben hat, die uns viel bedeutet, der wir vertrauen und bei der das Gefühl von Zuwendung, Wertschätzung und Liebe recht leicht und natürlich entsteht. Wir stellen uns diese Person vor und wiederholen die Sätze: »Mögest du glücklich sein ...« Die folgenden drei Punkte sind wichtig: Wir sollten die Sätze wiederholen, uns immer wieder an ihre Bedeutung erinnern und die Person visualisieren oder sie uns auf andere Weise vorstellen. Dies tun wir so oft und so kontinuierlich wie möglich. Mehr ist nicht nötig.

Manchmal entstehen dabei angenehme Gefühle, manchmal nicht und manchmal mögen sogar Gefühle wie Widerstand, Aversion, Trauer oder Einsamkeit hochkommen. Auch das ist in Ordnung. Wir fahren sanft und kontinuierlich mit der Übung fort. Dabei begegnen wir den schwierigen Gefühlen mit der gleichen inneren Haltung des annehmenden Wohlwollens, die der Qualität von Metta gegenüber allen Lebewesen innewohnt: mit liebevollem Gewahrsein, das nicht zu Verstrickungen führt.

Wenn wir feststellen, dass wir mit diesem Teil der Meditation ausreichend gut umgehen können, wechseln wir zu einem Freund, einer Freundin über; zu jemandem, bei dem uns liebevolle Zuwendung noch leicht, aber vielleicht nicht mehr ganz so leicht fällt.

Personen, denen gegenüber wir Verlangen, Anhaften und Gefühle der Leidenschaft empfinden, eignen sich hier übrigens nicht besonders gut, da wir bei ihnen in unserer Meditation leicht woanders als bei der Haltung vorbehaltloser Güte enden können.

Haben wir uns auf dieser Stufe zurechtgefunden, versuchen wir es als Nächstes mit einer Person, die uns nicht viel oder nichts bedeutet, die uns gleichgültig lässt. Hier kann es für manche schwieriger werden, weil ihnen ein Gefühl der Beziehung fehlt. Für andere wieder mag es leichter sein, da sich »unbelastete« Personen besser als Projektionsfläche eignen. Wie dem auch sei, wir behalten die oben erwähnten drei Punkte im Auge und üben uns mit Kontinuität und Ausdauer.

Zuletzt können wir eine für uns schwierige Person wählen; jemand, der uns irritiert, ärgert oder wütend macht. Wenn es uns schwer fällt, dieser Person innerlich mit Zuwendung zu begegnen, hilft es oft, sich an eine positive Handlung oder einen liebenswerten Zug dieses Menschen zu erinnern, ganz gleich, wie unbedeutend uns dies auch erscheinen mag. Die unmittelbare Ursache für das Entstehen von Metta ist nämlich das Wahrnehmen und Erkennen guter menschlicher Qualitäten. Besonders wichtig ist es aber bei dieser Meditation über eine schwierige Person, sich nicht von negativen Erinnerungen einholen zu lassen und so Aversion und Zerstreutheit zu verstärken, anstatt Güte zu entwickeln. Falls uns das zu schwer fällt, ist es geschickter, zu einer Person zurückzukehren, bei der uns die Haltung von Metta leichter fiel. Letztlich lassen wir uns aber nicht beirren durch das Spektrum der aufkommenden Gefühle und fahren mit der Übung fort; mit Interesse und Ausdauer.

Am Schluss dehnen wir unsere Zuwendung auf alle Lebewesen, ohne Ausnahme, aus. Wie es im »Metta Sutta«, Buddhas Lehrrede über liebevolle Güte, heißt:

»… Ob schwach oder stark,
lang, mittel oder kurz,
winzig oder riesig groß,
sichtbar oder unsichtbar,
ganz in der Nähe oder weit weg,
geboren oder noch ungeboren;
mögen alle Lebewesen, ohne Ausnahme,
glücklich und froh sein.«

Der zweite der Brahmaviharas ist Mitgefühl *(karuna)*. Mitgefühl ist der Wunsch, dass alle Lebewesen frei sein mögen von Leiden und Schmerz. So lautet der Satz, der in der Karuna-

Meditation gebraucht wird: »Mögen alle Lebewesen frei sein von Leiden und Schmerz.«

Unsere innere Haltung ist bei Karuna wie bei Metta die gleiche, aber die Aufmerksamkeit ist jetzt auf das Leiden der Lebewesen gerichtet statt auf ihr Glück und Wohlergehen. Der Unterschied liegt also im Meditationsobjekt. Bei dieser Meditation ist es der Wunsch, die Lebewesen mögen vom Leiden befreit sein, statt, wie bei Metta, der Wunsch, dass sie glücklich sein mögen.

Karuna, Mitgefühl, wird definiert als »das Beben des Herzens, wenn es in Berührung ist mit dem Leiden der Lebewesen«. Ein mitfühlender Mensch kann es kaum mit ansehen, wenn andere leiden, und tut, was nötig ist, um zu helfen. Der Zen-Mönch Ryokan beschreibt dieses Gefühl:

»Ach wäre doch meine Robe weit genug,
um aufzunehmen all die leidenden Wesen
dieser dahintreibenden Welt.«[4]

Shantideva schreibt in der Bodhicharyavatara:

»Möge ich Arzt und Medizin und möge ich Pfleger sein
für die Wesen dieser Welt, bis alle,
ohne Ausnahme, geheilt sind.
Möge ich ein unerschöpflicher Schatz sein,
und möge ich mich in all die Dinge verwandeln,
welche die Lebewesen benötigen.«[5]

Der »entfernte Feind« von Mitgefühl ist Gewaltsamkeit, Grausamkeit und Aggression. Der »nahe Feind« oder die »falsche Manifestation« ist Mitleid aus Aversion, Mitleid, das im Grunde genommen Selbstmitleid ist, oder Mitleid, das aus Schuldgefühlen entspringt, sowie Mitleid, das auf »die armen Leidenden« hinunterblickt, also getrennt und distanziert ist.

Karuna-Meditation beginnen wir mit jemandem, der offensichtlich leidet. Dabei ist es auch hier so, dass dieses Gefühl in uns bei manchen Menschen leichter entsteht, bei anderen weniger leicht oder überhaupt nicht. Wir sollten diese Meditation nicht mit Menschen beginnen, bei denen wir glauben, das Leiden stehe ihnen tatsächlich zu.

Wir können uns auch hier steigern, indem wir Menschen wählen, bei denen es uns schwerer fällt, weil es ihnen nach außen hin gut geht, weil sie beliebt oder erfolgreich sind, wir sie aber als unsympathisch oder gar irritierend erleben. Wir sollten das jedoch nur in dem Maße tun, wie wir geschickt damit umgehen können.

Die übliche, gewohnheitsmäßige Tendenz des Herzens und Geistes ist es, bei Kontakt mit Leiden und Schmerz mit Aversion zu reagieren, sich innerlich zu verschließen und abzuschirmen. Wenn wir aber willens sind und es wagen, uns zu öffnen, uns vom Leiden oder Schmerz berühren zu lassen, dann ist die natürliche Antwort unseres Herzens Mitgefühl. Es ist wichtig, dies zu verstehen und zu üben. Am besten beginnen wir auch hier mit uns selbst: Sind wir willens uns unser eigenes Leiden, unsere Wut, Trauer, Ängste fühlen zu lassen? Das müssen wir tun, damit echtes Mitgefühl entstehen kann – und nicht Aversion, sein »naher Feind«.

So wie die Metta-Meditation kann auch die Karuna-Meditation bis zu tiefen Zuständen der Konzentration und der Versenkung entwickelt werden. Mitgefühl ist eine der edelsten Herzensregungen, zu denen wir Menschen fähig sind.

Der dritte Brahmavihara, Mitfreude *(mudita)*, wird definiert als »sympathisierende, wohlwollende Freude« und bedeutet »freudiges Teilhaben am Glück, Wohlergehen und Erfolg der Lebewesen«.

Der Satz, der in der Mudita-Meditation gebraucht wird, heißt: »Mögen dich Glück, Wohlergehen und Erfolg nie verlassen.« Auch hier wird der Satz wiederholt, seine Bedeutung

wird im Auge behalten und die Person, für die wir Mitfreude
kultivieren, wird visualisiert.

Der »entfernte Feind« von Mitfreude sind Eifersucht, Neid
und auch Konkurrenzdenken. Rumi fragt:

»Innerhalb des großen Mysteriums, das waltet,
besitzen wir eigentlich gar nichts.
Was hat es dann mit dieser Rivalität auf sich,
die wir empfinden,
ehe wir, einer nach dem anderen, durch
dasselbe Tor gehen?«[6]

Mitfreude ist der Eifersucht, dem Neid und dem Konkurrenzdenken diametral entgegengesetzt. Der »nahe Feind« oder die
»falsche Manifestation« von Mitfreude sind aufgeregtes Getue
und Übererregung.

Die Tatsache, dass wir oft Schwierigkeiten haben, einen Zu-
gang zur Mitfreude zu finden, scheint mit unserem enormen
Mangel an Selbstrespekt zusammenzuhängen. Es fehlt uns oft
an echter Wertschätzung für unser Sein, unser Wesen und unsere vielen Qualitäten. Zu viel Zeit verbringen wir mit Richten,
Werten und Verurteilen. So ergeht es uns oft wie Groucho
Marx, der sagte: »Ich werde nicht einem Klub beitreten, der
Leute wie mich als Mitglieder aufnimmt!«
Als Menschen aus der jüdisch-christlichen Kultursphäre
sind wir selbst vermutlich der einzige Aspekt des ganzen Lebens, den man immer wieder davon überzeugen muss, dass er
lebens- und liebenswert ist. Und manchmal erscheint uns das
noch fast anmaßend. Darum ist es so wichtig, Metta und Mudita für sich selbst zu üben und uns immer wieder an unseren
Qualitäten zu erfreuen, sie wertzuschätzen. Zumindest sollten
wir bereit sein, Ashley Brilliants Aussage zu unterschreiben: »Es
mag sein, dass ich nicht absolut perfekt bin, aber Teile von mir
sind hervorragend!«[7]

Mudita freut sich am Erfolg, Besitz, Wohlergehen und an den Qualitäten anderer. Es ist eine beglückwünschende Haltung, Ausdruck der Gratulation. Mitfreude entsteht, genau wie Metta, aus der Erkenntnis und Erfahrung der Einheit und Verbundenheit allen Lebens. Sie ist letztlich die natürliche, spontane Manifestation dieser Erfahrung.

Mitfreude kann aber auch geübt werden als eine Art Umschichtung unserer Gewohnheiten. Zu Anfang ist es vielleicht einfacher, sich über die Qualitäten und das Wohlergehen großer Heiliger zu freuen: wie die eines Buddha, eines Christus oder von Menschen wie Mutter Teresa aus Kalkutta oder dem Dalai Lama. Wir freuen uns an ihrer Weisheit, Liebe und tiefen Verbundenheit. Und wir freuen uns über ihre Gesundheit und ihre Erfolge im Leben.

Dann können wir uns über das Glück, das Wohlergehen und die Qualitäten von Menschen freuen, die wir lieben: unsere Kinder, Partner, Freundinnen und Freunde. Dabei ist wichtig, dass wir dies auf tatsächliche Personen beziehen.

Spannend wird es mit schwierigen Menschen. Die Frage hier ist: Bin ich bereit, auch einem für mich schwierigen Menschen positive Qualitäten zuzugestehen? Sogar meinen Konkurrenten, meinen Rivalen oder meinen Feinden? Oder einfach Menschen, die ich – immer wieder – lästig oder unsympathisch finde? Dabei sollten wir auch hier konkrete Personen vor Augen haben.

Während eines langen Retreats wollte ich über Mitfreude reflektieren, was mir aber gar nicht so leicht fiel. So entschloss ich mich einfach niederzuschreiben, was in mir aufstieg. Es wurde zu einer Mischung aus Mudita und Metta: »Ich freue mich darüber, hier im Retreat zu sein, über die Momente, in denen das Herz sich öffnet in tiefem Mitgefühl für alle leidenden Wesen, und über die Momente während der Morgen- und Abenddämmerung, draußen vor dem Tor die Erde und alle Lebewesen segnend mit dem Großen Mantra. Ich bin dankbar, dass

Dechen Chöling, dieser Retreat-Ort, gebaut wurde und allen zur Verfügung steht. Ich freue mich am grenzenlosen Mitgefühl der Erwachten, der Buddhas, und bin dankerfüllt für ihren Schutz und Segen über dem Ort und allen, die hier praktizieren. Ich freue mich über mein Bemühen und Interesse, immer und immer wieder die Natur des Geistes zu erforschen, über die Erfahrungen der Offenheit und Klarheit und die Momente des Loslassens und der Abkehr von Samsara. Ich freue mich darüber, all die positiven Qualitäten und Energien, die hier erwacht und berührt worden sind, zu teilen – mit all meinen Lehrern, meinen Nächsten und meinen Freunden; allen, die je einen meiner Vorträge, Retreats oder Kurse besucht haben; mit allen Menschen und mit den Tieren hier – den Spinnen, Fliegen, Motten, Tausendfüßlern und Regenwürmern, den scheuen Rehen und Hirschen, den wilden Truthähnen, den wachsamen Murmeltieren, den Eulen, den Falken und dem einsamen Reiher, mit den kanadischen Wildgänsen auf ihrem Weg nach Süden, mit all den unsichtbaren Wesen und vor allem auch mit den kleinen Lebewesen im Feuerholz, welches im Ofen verbrannt wurde, um mich warm zu halten. Der Erde, dem Gras, den Bäumen und den Sternen bin ich dankbar, dass es sie gibt und dass sie hier sind.«

Es lohnt sich, Listen unserer Qualitäten, all unserer positiven Handlungen zu erstellen, ob klein oder groß, sie sind alle gleich bedeutsam. Dadurch wird es uns auch immer besser gelingen, die Qualitäten anderer zu sehen und zu schätzen und ihr positives Tun zu würdigen.

Mitfreude kann zu einem der positivsten und schönsten Aspekte unserer Praxis werden und Farbe und Lebendigkeit in unser Dasein bringen.

Der vierte Brahmavihara ist Gleichmut *(upekkha)*: allem gelassen, mit innerem Gleichgewicht, unparteiisch und eben »mit gleichem Mut« zu begegnen; ohne Anhaften, ohne Aversion.

Upekkha bezieht sich auf die Fähigkeit inmitten all der Anforderungen und Schwierigkeiten des Lebens – wie Erfolg, Misserfolg, Gewinn, Verlust, gutem oder schlechtem Ruf, Lob oder Tadel – heitere Gelassenheit zu bewahren. Letztlich geht es darum, uns zu befähigen, jedem Lebewesen, ob es uns nun angenehm, gleichgültig oder unangenehm ist, mit Gleichmut zu begegnen.

Tibetische Meister beschreiben diese Qualität so:

»Der offene, weite Raum des Himmels
fühlt sich nicht besonders geschmeichelt durch den
    Regenbogen
und nicht besonders erschüttert durch Regenwolken
    und Sturm.«

Hier könnte nun der Eindruck erweckt werden, dies bedeute allen Wesen und Dingen gegenüber gleich distanziert zu sein. Genau das Gegenteil ist aber der Fall: Man ist allen Wesen und Dingen gleich nah. Es handelt sich hier also um einen Zustand wacher Lebendigkeit und Sensibilität und keinesfalls um den »nahen Feind« der Gelassenheit: Dickhäutigkeit oder Gleichgültigkeit.

In der Praxis von Gleichmut werden die guten Wünsche der ersten drei Brahmaviharas, liebevolle Güte, Mitgefühl und Mitfreude, relativiert und ins richtige Licht gerückt. Das heißt, die Gesetzmäßigkeit in Bezug auf Glück und Leiden der Lebewesen wird ins Gedächtnis gerufen – die Tatsache, dass es die »karmische Qualität« ihrer eigenen Handlungen von Körper, Rede und Geist ist, die ihr Wohlergehen oder Leiden verursacht.

Mit anderen Worten: Wir rufen uns in Erinnerung, dass die Absichten und Motivationen hinter unseren Handlungen früher oder später auf uns zurückwirken; sind sie heilsam, schaffen sie angenehme Resultate, Glück und Heiterkeit in uns. Sind sie unheilsam oder zerstörerisch, erzeugen sie unangenehme Resultate und Leiden. Deshalb heißt der Satz in der Upekkha-Meditation:»Alle Lebewesen sind die Erben ihres eigenen Karma.« Das heißt, sie sind die»Empfänger« der Wirkung ihres eigenen Tuns.

Fast noch deutlicher kommt dies in einem anderen Satz zum Ausdruck, der hier auch verwendet werden kann:»Dein Wohlergehen hängt von deinen eigenen Taten ab, nicht von meinen guten Wünschen für dich.«

Dies bedeutet keineswegs, dass wir uns die Sache mit Liebe und Mitgefühl anders überlegt haben und nun finden, es sei wohl doch besser, vorwiegend für uns selbst zu sorgen, anstatt das Wohlergehen aller Lebewesen zu unserem Anliegen zu machen. Die formale Upekkha-Meditation sollte deshalb im Zusammenhang mit Metta, Karuna und Mudita geübt werden. Sie schafft das nötige innere Gleichgewicht im Verhältnis zu den vorhergehenden drei Haltungen des Geistes und des Herzens.

Allzu oft sieht man Menschen, die sich für den Frieden, die Menschenrechte oder soziale Gerechtigkeit einsetzen, sich aber dabei so sehr mit der an sich gut gemeinten Sache identifizieren, dass sie völlig vom Erfolg oder Misserfolg ihres Tuns abhängig werden und sich letztlich zu Arroganz, Hass oder sogar Gewalt hinreißen lassen. So bewirken ihre gut gemeinten, aber unausgereiften Handlungen oft das Gegenteil dessen, was ursprünglich beabsichtigt war. Nicht selten hat deshalb ein Friedensmarsch mit einer Schlägerei geendet.

Aus diesen Gründen müssen zuerst Liebe und Mitgefühl zu einer gewissen Reife entwickelt, dann aber durch tiefen Gleichmut ausgeglichen und zur Vervollkommnung gebracht werden.

Das folgende Bild illustriert das Verhältnis von Liebe, Mitgefühl und Mitfreude zu Gleichmut:»Die drei, Metta, Karuna und Mudita, *ruhen* in Gleichmut. Gleichmut ist ein Zustand der Ruhe, aber auch der Bereitschaft. Je nach den vorhandenen Bedingungen oder Erfahrungen tritt das Herz aus dem Zustand des Ruhens heraus und antwortet, der Situation und den

Bedürfnissen entsprechend, mit Liebe gegenüber den Lebewesen, mit Mitgefühl, wenn es mit Leiden in Berührung kommt,
oder mit Mitfreude, wenn es auf Wohlergehen oder Erfolg
trifft. Dann kehrt es wieder in den Zustand der ruhenden Gelassenheit zurück.«
　　Wir tun, was wir tun können, für die Welt und für die Menschen; wir geben unser Bestes. Aber wir sind nicht vom Er-
gebnis abhängig. Wir sind nicht himmelhoch jauchzend durch
Erfolg oder niedergeschlagen durch Misserfolg; denn wir wissen, dass die Dinge ihrer eigenen Gesetzmäßigkeit folgen, dem
Gesetz des persönlichen Karma und den Gesetzen des Universums. In dieser Erkenntnis können wir ruhen.

　　Die verschiedenen Gemütsbewegungen der vier Brahmaviharas gleichen in gewissem Maße jenen, die Eltern fühlen mögen: für ihr neugeborenes Kind = Metta; für ihr chronisch
krankes Kind = Karuna; für den Teenager, der sich an seinen
ersten Erfolgen im Leben freut = Mudita; und für ihr nun er-
wachsenes Kind, das von zu Hause weggezogen ist und ein
selbständiges Leben führt (vorausgesetzt, sie haben akzeptiert,
dass das Kind jetzt erwachsen und unabhängig ist) = Upekkha.
　　Die vier Brahmaviharas können unendlich tief und weit
entwickelt werden, bis in tiefe, konzentrative Versenkungen
oder Jhanas, oder so weit, dass sie das ganze Wesen eines Menschen durchdringen und durchstrahlen.
　　Dabei sind sie aber alle die ursprünglichen, fundamentalen,
natürlichen Qualitäten unseres Geistes und Herzens. Weil sie
das sind, praktizieren wir, streben wir zum Licht, zur Befreiung. Wären sie das nicht, könnten wir sie niemals erfinden und
entwickeln. Sie sind immer schon da. Sie sind unsere wahre
Natur. Darauf können wir vertrauen.

VERGÄNGLICHKEIT UND TOD
ALS RATGEBER

*»Von allen Fußspuren ist die des Elefanten die größte.
Von allen Achtsamkeits-Meditationen ist die über Vergänglichkeit die größte.«*
(Buddha)

Die Betrachtung von Vergänglichkeit und Tod ist in den meisten buddhistischen Traditionen ein außerordentlich wichtiges Thema, das immer und immer wieder gelehrt wird. Diese Kontemplationen dienen dazu, uns mit dem Wesen des Daseins bekannt und vertraut zu machen und uns damit in Übereinstimmung zu bringen. Nur in dem Maße, wie uns dies gelingt, sind inneres Gleichgewicht und Freiheit möglich.

Der Buddha und die meisten der großen buddhistischen Meister, Meisterinnen, Yogis und Yoginis aus Zen, Theravada oder tibetischem Vajrayana haben sich klar und eindeutig geäußert, dass die tiefe Auseinandersetzung mit den Tatsachen von Vergänglichkeit und Tod die Grundlage jeglichen geistigen Wachstums ist. Für den Buddha war die Erkenntnis der Vergänglichkeit so grundlegend, dass er sein Leben mit dem Rat beschloss: »Alles ist vergänglich. Verwirklicht die Freiheit durch Achtsamkeit.« Essentiell ist also das Gewahrsein der Tatsache, dass das Leben schnell verfliegt und dass jede und jeder Einzelne von uns zuletzt dem Tod gegenübertreten muss.

Wenn wir von der Kontemplation über Vergänglichkeit und Tod hören, mag es sein, dass wir Widerstände haben, vielleicht sogar das Gefühl haben, dies sei pessimistisch, negativ oder morbid. Wir können darüber auch ängstlich, beunruhigt oder verärgert werden. Ähnlich, wie das bei uns auch oft der Fall ist, wenn wir uns mit der Tatsache des Leidens konfrontieren und auseinandersetzen.

Andererseits werden in einer durchschnittlichen Fernseh-woche rund 500 Morde gezeigt und etwa 5 000 Menschen kommen um. Ich musste aber zwanzig Jahre alt werden, um zum ersten Mal einen toten Menschen zu Gesicht zu bekom-men – hinter der Glaswand eines Aufbahrungszimmers, schön zurechtgemacht.

In unserer Kultur werden Tote im Leichenschauhaus auf-gebahrt, festlich gekleidet und oft mit frischem Make-up ver-sehen, als gingen sie auf eine Party. Die unbequemen oder aufwühlenden Gegebenheiten des Lebens werden aus unserem Alltag verbannt, an Heime, Krankenhäuser, Anstalten oder Be-stattungsinstitute delegiert.

Wir haben den wirklichen Tod aus dem Leben ausgesperrt, lassen uns dafür aber durch die Medien mit Horror-, Ver-brechens- und Katastrophenberichten überschwemmen. Die meisten von uns wundern sich nicht einmal darüber.

Im Buddhismus wird über die Vergänglichkeit und den Tod meditiert, um sich für die Dharma-Praxis zu motivieren und um dem wirklichen Leben näher zu sein. Diese Meditation bringt uns aber auch dazu, immer wieder neu unsere Prioritä-ten zu setzen, zugunsten von Großzügigkeit und Liebe, anstel-le von Anhäufen und Bekämpfen. Und sie hilft uns den Rea-litäten des Lebens unbesorgter zu begegnen. Kontemplation, das heißt Nachdenken über Wechsel und Vergänglichkeit, ist eine wichtige Ergänzung zur Vipassana-Meditation.

Menschen, die bei der Geburt eines Kindes dabei sind, schildern oft, wie tief sie von dieser Erfahrung berührt worden seien; oft sprechen sie von einem Gefühl des Staunens und der Ehrfurcht. Wie kommt es, dass wir mit so viel Widerstand rea-gieren, sobald es sich um das entgegengesetzte Ende im Spek-trums desselben Lebensprozesses handelt?

In der buddhistischen Vipassana- oder Erkenntnis-Meditation des Theravada wird großes Gewicht darauf gelegt, die wechselnde, veränderliche Natur unserer selbst und aller Dinge auf unmittelbare Art und Weise zu beobachten, indem wir den direkten Kontakt mit der reinen Erfahrung aufnehmen. Dies ist einer der wichtigsten Aspekte der Meditation. Zwar gibt es viele andere Meditationsarten, bei denen dieser Aspekt keine Rolle spielt. Dabei handelt es sich aber vorwiegend um Konzentrations- und Visualisations-Meditationen. In allen Erkenntnis-Meditationen wird aber die wahre Natur der Dinge und damit ihre substanzlose und oft auch ihre vergängliche Natur erforscht.

Anders als beim unmittelbaren, direkten Gewahrsein werden bei der Reflexion und Kontemplation das Denken und die Imagination als Mittel gebraucht, solcher Tatsachen wie jener der vergänglichen Natur aller Dinge voll gewahr zu werden, diese zu schmecken, zu kauen und zu verdauen, bis sie ein Teil unserer selbst geworden sind.

Tatsache ist, dass unser Geist während der meisten Zeit unseres Lebens denkt. Selbst während eines Meditationsretreats können die meisten von uns nicht einfach auf Wunsch damit aufhören. In unserem Leben prägt in erster Linie das Denken die Art und Weise, in der wir die Welt wahrnehmen und interpretieren, sowie auch unsere Beziehung zu ihr. Durch die Vipassana-Meditation »de-konditionieren« wir diesen Prozess ein Stück weit. Sobald wir aber außerhalb der formalen Praxissituation sind, wird unser Leben weiterhin fast ausschließlich vom Denken gelenkt und beherrscht.

Kontemplation und Reflexion sind Mittel, um unser Denken zu »re-konditionieren«. Man könnte fast sagen, sie seien eine Art »Umerziehungs-Programm« zu einer Weise des Denkens, die mit der Wirklichkeit übereinstimmt, mit ihr in Harmonie ist. Deshalb sind Kontemplation und Reflexion eine wirkungsvolle Ergänzung zur Meditation des direkten, stillen Beobachtens.

Das Vorgehen bei der Kontemplation ist sehr systematisch. Schritt für Schritt konfrontieren wir uns mit den bestimmten Elementen von Vergänglichkeit und Tod und schneiden uns mögliche Fluchtwege ab, bis wir am Ende den Tatsachen ins Gesicht blicken müssen.

Es kann nützlich sein, die folgenden Anleitungen zur Kontemplation gleich mitzuvollziehen. Gleichzeitig richten wir unser Augenmerk auf mögliche Reaktionen, Stimmungen und Widerstände. Nur solches Mitvollziehen kann ein Gefühl dafür vermitteln, welchen Sinn und welche Wirkung diese Meditation haben kann.

Wir beginnen damit, uns die vergängliche Natur des Universums zu vergegenwärtigen: Unser Universum, aus Milliarden von Galaxien bestehend, entsteht und vergeht, immer wieder von neuem, über endlose Äonen. Es bildet eine gigantische Bühne für das Spiel der Vergänglichkeit. In den Raum geschleudert werden riesige Feuerbälle, Sonnen mit ihren gewaltigen, sie umkreisenden Massen aus Materie – den Planeten, Monden und Meteoren.

Dann reflektieren wir über den Wechsel der Jahreszeiten: Bäume, Pflanzen, Blumen sprießen, wachsen, treiben Sprossen und blühen mit der Ankunft des Frühlings. Darauf folgt die Wärme, Üppigkeit und Fruchtbarkeit des Sommers mit seinen Farben und all den Vögeln, die aus dem Süden zurückgekehrt sind, mit dem Heranreifen und der Ernte des Getreides und der Früchte. Dann kommt der kühlere Wind des Herbstes mit dem Verwelken, Verdorren, Zerfallen und Absterben der Pflanzen und Blätter. Und schließlich der Frost, die Kälte, das Eis und der Schnee des Winters; das Leben, das sich zurückzieht, vergeht, endet. Und wiederum folgt der Frühling, dann der Sommer, dann der Herbst ... Es ist, als würden nicht nur die Tage und Wochen, sondern selbst die Jahreszeiten so blitzschnell wechseln und vergehen wie die Stroboskoplichter einer Discoparty. Manchmal fühlt es sich an, als ob die Jahre zur Seite fielen wie die Wurstscheiben bei einer Schneidemaschine, oder so, als wäre alle Viertelstunde wieder Frühstückszeit.

Durch diese Betrachtungen schaffen wir einen lebendigen Hintergrund zur Reflexion und Kontemplation unserer eigenen Vergänglichkeit.

Zwar denken wir vielleicht: »Ich weiß längst, dass alles vergänglich ist, wie könnte es anders sein!« Und doch kann es lange dauern, bis wir ganz klar sehen, dass der Gedanke »Ja, alles ist vergänglich« kein Zeichen dafür ist, dass wir diese Tatsache wirklich mit unserem ganzen Wesen aufgenommen und verstanden haben. Eine der Funktionen der Unwissenheit ist es nämlich, Dinge, die vergänglich sind, als unvergänglich zu sehen. Diese Tendenz ist sehr tief in uns verwurzelt und verursacht viel Leiden; nämlich jedesmal dann, wenn Dinge oder Wesen, an denen wir anhaften und festhalten, sich verändern oder gar verschwinden.

Als ein Reisender einen bekannten Swami in Benares besuchte, war er höchst überrascht zu sehen, dass des Swamis Zuhause nur ein einfacher Raum mit einem Tisch, einer Bank und ein paar Büchern war. »Lieber Swami, wo ist denn deine Wohnungseinrichtung?«, erkundigte sich der Besucher. »Wo ist denn die deinige?«, fragte der Swami zurück. »Warum fragst du nach meinem Hausrat? Ich bin doch hier nur auf der Durchreise.« »Ich auch«, erwiderte der Swami.

Wenn wir durch Reflexion und Kontemplation auch nur ein bisschen geübt sind darin, die Welt als vergänglich zu sehen, wird uns das Leben diese Tatsache ständig bestätigen und uns noch eindringlicher darauf hinweisen.

Als Nächstes können wir unser eigenes Leben betrachten: Was geschieht, sobald wir geboren sind? Wir wachsen auf, tun dies und jenes, arbeiten, heiraten, haben Kinder, werden älter … Und wohin gehen wir? Ja – wohin eigentlich? Wir bewegen uns ständig dem Tod entgegen. Wie auf einer Einbahnstraße,

auf der man nicht wenden und zurückfahren kann. Ryokan
beschreibt diese Gegebenheit in einem Gedicht:

>»Monate ziehen vorbei, Tage häufen sich an
wie ein betäubender Traum –
Ein alter Mann seufzt.«[1]

Der amerikanische Vipassana-Lehrer Joseph Goldstein bemerkte dazu:»Während man älter wird, fühlt sich das Leben
mehr und mehr an wie ein verlängertes Wochenende.«

Um die Richtung, in der unser Leben verläuft, klar aufzuzei-
gen, hat uns der Buddha, als Anstöße zur Kontemplation, drei
Gleichnisse gegeben:

>»Ein Pfeil, den ein geschickter Schütze abschießt,
wartet nicht, sondern erreicht sein Ziel blitzschnell,
sobald die Sehne schnellt.
So ist es auch mit dem Leben der Menschen.«
– Da gibt es keinen Moment des Zögerns oder Wartens – und
keine Rückkehr.

>»Das Leben gleicht der Strömung eines großen Flusses,
der sich nie zurückwendet, sondern stetig dahinfließt.«
– Mit jedem Atemzug, mit jedem Schritt nähern wir uns dem
Tod.

>»So wie ein Gefangener, der zum Hinrichtungsplatz
geführt wird, mit jedem Schritt seinem Tod näher kommt,
so ist es auch mit dem Leben der Menschen.«

Tibets großer Yogi Milarepa vergleicht das Näherkommen des
Todes mit dem Schatten beim Sonnenuntergang.
      Als Kinder vergnügten wir uns in den Bergen oft mit fol-
gendem Spiel: Wir stellten uns an einem Hang auf und warte-

ten, bis die Sonne anfing hinter dem Horizont zu verschwinden. Wenn der Schatten von unten heranrückte, begannen wir
den Hang hinaufzurennen. Für eine Weile war es jeweils möglich, schnell genug zu rennen, um dem Schatten zu entkom-
men. Aber schließlich holte er uns jedes Mal ein! Genauso ist
es mit dem Tod.

Der Zen-Meister Suzuki Roshi soll diese Tatsache lako-
nisch so illustriert haben: »Das Leben ist, wie wenn wir ein
Schiff betreten, das in See sticht – und sinkt.«

Als nächsten Schritt bei dieser Kontemplation stellen wir uns
die Frage: Gibt es vielleicht jemanden, der nicht sterben muss?
Natürlich kennen wir die Antwort. Trotzdem werden wir jetzt
einen Moment darüber nachdenken:

Wie ist es zum Beispiel mit dem Buddha, der tiefste Erkenntnis und Weisheit verwirklichte und über die größten
Kräfte verfügte, die ein Mensch entwickeln kann? Wie ist es
mit den großen Mahasiddhas Naropa, Tilopa, Milarepa? Es gibt
phantastische Geschichten über ihren Tod. Nach der Überlieferung soll im Augenblick von Buddhas Hinscheiden die Erde
gebebt haben, gewaltige Donner rollten durch den Himmel,
Mandarava-Blüten bedeckten den Erdboden knietief und bei
der Kremation entzündete sich der Scheiterhaufen von selbst.
Milarepa soll nach seinem Hinscheiden von vielen seiner
Schüler gleichzeitig in verschiedenen Höhlen, in denen er vorher meditiert hatte, gesehen worden sein, während der Himmel voller Regenbögen gewesen sei.

Über Hui Neng, den sechsten chinesischen Zen-Patriar-
chen, wird gesagt, dass sein Körper nach seinem Hinscheiden
jahrhundertelang nicht zerfiel.

Trotzdem bleibt die Tatsache bestehen: Alle diese großen
Yogis und Heiligen sind, genau wie alle anderen Menschen,
gegangen, sind tot.

Um Jim Morrisons Worte zu gebrauchen: »Lebend kommt
hier keiner raus«.

Ich habe in meinem eigenen Geist oft die folgende irrationale Hoffnung gefunden: »Wenn ich intensiv Meditation übe und praktiziere, werde ich vielleicht erleuchtet genug, dass es doch möglich sein wird, um einige dieser Schwierigkeiten des Lebens herumzukommen.« Dieser Gedanke, diese Hoffnung sind ziemlich absurd, aber trotzdem vorhanden.

»Heute in hundert Jahren wird nicht eine einzige Person, die wir jetzt kennen, noch am Leben sein!« Ist es möglich, ein Gefühl für diese Realität zu bekommen?

Jetzt sind wir vielleicht ziemlich überzeugt, dass es keinen Ausweg gibt. Aber es wird noch eine ganze Zeit lang dauern, bis es bei uns so weit ist, oder? Auch dafür gibt es jedoch nicht die geringste Garantie.

Ein Überlebender berichtete über die Bombe von Hiroshima am 6. August 1945: »Der Morgen begann mit einem wolkenlos blauen Himmel. Ich bestieg die Straßenbahn der Kabe-Linie um 8.10 Uhr. Die Tür war offen und ich stand dort. Als ich die Glocke zur Abfahrt läuten hörte, sah ich einen silbernen Blitz und hörte eine gewaltige Explosion. Alles war schlagartig von einem rosa-blauen Licht erhellt. Das Licht war heiß und schmerzhaft. Zahllose Glasstücke flogen durch die Luft und attackierten meinen Kopf, mein Gesicht, meinen Rücken … Durch eine gewaltige Kraft wurde ich von hinten umgestoßen und fiel hin. Im nächsten Moment wurde alles schwarz.«

Es braucht nicht Hiroshima zu sein. Ein Unfall, ein Erdbeben oder ein Herzversagen könnte uns genau in diesem Moment auch ereilen. Es ist absolut möglich. Und es gibt nicht die geringste Sicherheit, dass so etwas nicht eintrifft.

Wenn wir wüssten, dass wir nur noch drei Minuten zu leben haben – wie möchten wir sie leben? In Verzagtheit oder Selbstmitleid, mit Kleinkram beschäftigt, oder wach, klar und liebevoll?

Don Juan lehrte seinen Schüler Carlos Castaneda Folgendes:
»Du hast keine Zeit, mein Freund«, sagte er. »Das ist das Unglück von uns Menschen. (...) Richte deine Aufmerksamkeit
auf die Verbindung zwischen dir und deinem Tod, ohne Reue,
Trauer oder Sorge. Richte deine Aufmerksamkeit auf die Tatsache, daß du keine Zeit hast, und richte deine Handlungen darauf ein. Laß jede deiner Handlungen deine letzte Schlacht auf
Erden sein. Nur unter diesen Bedingungen werden deine
Handlungen die Kraft haben, die ihnen zusteht. Sonst werden
sie, solange du lebst, die Handlungen eines verzagten Menschen sein. (Ein verzagter Mensch zu sein, ist gar nicht so
furchtbar), wenn du unsterblich bist, aber wenn du sterben
mußt, hast du keine Zeit, verzagt zu sein (...). (Die Verzagtheit)
tröstet dich, während alles friedlich ist, aber dann wird die
ehrfurchtgebietende, geheimnisvolle Welt ihren Schlund für
dich öffnen, wie sie ihn für jeden von uns öffnet, und du wirst
erkennen, daß deine sicheren Wege ganz und gar nicht sicher
waren. Verzagtheit hindert uns daran, unser Los als Mensch zu
prüfen und zu nutzen.«[2]

Mein Freund arbeitete einmal in der Anatomieabteilung eines
städtischen Krankenhauses. Die Körper soeben verstorbener
Menschen wurden dorthin gebracht. Er sagte, was ihn am
meisten beeindruckt habe, sei nicht einmal so sehr die Tatsache
gewesen, dass diese Menschen gestorben waren, sondern dass es
überhaupt keine Regel gab, wer da tot hereingetragen wurde.
Am Morgen brachten sie zum Beispiel als Ersten einen älteren
Herrn. Er war in der Nacht im Krankenhaus nebenan gestorben. Um zehn brachten sie einen jungen Mann, der noch
stark und gesund aussah, während er tot dalag. Es sei erstaunlich gewesen, wie viel Kraft und Gesundheit er auszustrahlen
schien. Und doch war er − kaum 25-jährig − schon tot. Am
Mittag brachte man eine Frau in den Vierzigern. Sie hatte ihre
Handtasche und Einkaufstaschen dabei. Offenbar war sie gerade am Einkaufen gewesen, als der Tod sie ereilte. Vielleicht

hatte sie beabsichtigt nach Hause zu gehen und das Mittagessen für ihre Familie zu kochen. Sie war von einem Auto überfahren worden. Am Nachmittag brachten sie neugeborene Zwillinge. Vielleicht waren sie zu klein oder zu schwach, um leben zu können.

Sicherheit ist die größte Illusion, der wir verfallen. Keiner weiß, wann seine Zeit gekommen ist.

Lobsang Taschi war ein wohlhabender Geschäftsmann aus Lhasa. Er war mit sich und der Welt zufrieden, hatte eine nette Familie und einen Sohn, der bald seine Geschäfte übernehmen würde. Eines Tages, auf seinem täglichen Gang zum Jokhang, dem heiligsten Tempel der Stadt, hörte er ein Gespräch, dem er entnehmen konnte, dass der Tod am selben Abend eine Begegnung mit seinem Sohn haben werde. Erschrocken über das Gehörte eilte der Mann nach Hause zurück, wo er seinem Sohn riet, auf schnellstem Wege nach Shigatse zu fliehen, was der Sohn auch tat. Beruhigt begab sich der Mann am Abend wieder zum Tempel. Als er unterwegs dem Tod begegnete, sprach er zu diesem:»Du suchst meinen Sohn vergebens. Er ist nicht hier in der Stadt.«»Ich weiß«, erwiderte der Tod, »ich hatte vor einer Stunde eine Begegnung mit ihm in Shigatse.«

Obwohl wir nicht wissen, wann unsere Stunde schlagen wird, leben wir, als sei es für immer. Warum tun wir das? Ist es die Angst vor dem Unbekannten? Die Angst vor den Schmerzen? Der Schrecken davor, uns mit der endgültigen Einsamkeit konfrontieren zu müssen?

In der Mahabharata fragt Indra den Yudhistira, den ältesten der Pandavas, was er für das Erstaunlichste, das größte Wunder in Bezug auf die Menschen halte. Yudhistira erwidert, es sei die Tatsache, dass die Menschen sehen, wie alle andern sterben müssen, aber trotzdem immer noch glauben, sie persönlich blieben davon verschont.

Ein wichtiger Teil der Achtsamkeit gegenüber dem Tod ist es, sorgfältig zu beobachten und zu erfühlen, was genau uns davon abhält, uns für diese Tatsache zu öffnen. In meinem eigenen Fall habe ich oft festgestellt, dass der Geist einfach eine Art Widerstand oder einen »Abwehrvorhang« produziert. Es entsteht eine gewisse Trägheit, die vom rechten Bemühen abhält. Oder der Geist beginnt zu rationalisieren oder Zerstreuung setzt ein, einfach um von der Vorstellung wegzukommen. Wir wissen alle, zu welchen Manövern der Geist fähig ist, wenn ihm etwas zu nahe kommt. Wie in jeder Praxis braucht es also auch hier viel Beharrlichkeit und Übung.

Sobald nun einigermaßen klar ist, dass uns der Tod sicher ist, werden wir aufgefordert uns eine mögliche Situation unseres eigenen Todes vorzustellen. Auch hier mag es hilfreich sein, während des Lesens die Situation gleich mitzuvollziehen:

Ich stelle mir vor, auf meinem Bett zu liegen, von einer tödlichen Krankheit befallen. Alle Kraft hat meinen Körper verlassen. Ich kann nicht mehr aufrecht sitzen. Das Essen ist ohne Geschmack und mein Gesicht ist bleich, die Haut ausgetrocknet und grau. Ich fühle Schmerzen, bin hilflos und es fällt mir schwer, dieses Leiden zu ertragen. Die Medikamente nützen nichts mehr. Die Ärzte flüstern mit meinen Verwandten und schütteln den Kopf. Freunde und Angehörige machen ernste und ängstliche Gesichter. Der Atem geht schwer und stockend und ich weiß: Meine Stunde ist gekommen …

Die Reflexion wird fortgesetzt, durch den eigentlichen Sterbeprozess hindurch. In gewissen tantrischen Traditionen bestehen heute noch alte Überlieferungslinien von Yogis, die in sich selbst mittels höchst fortgeschrittener yogischer Techniken den Prozess des Sterbens hervorrufen können. Diese Methoden werden angewendet, um in den Zustand – oder eher die Erfahrung – des »Klaren Lichtes des Todes« zu gelangen. Es ist eine

Erfahrung, die bei normalen, untrainierten Menschen nur nach dem eigentlichen Tod eintritt – eine sehr außergewöhnliche, subtile Verfassung des Geistes, die genutzt wird, um tiefere Erkenntnis und Weisheit und letztlich die vollendete Buddhaschaft zu verwirklichen. Aus dieser Tradition gibt es außergewöhnlich viel Wissen über den Prozess des Sterbens – auch wenn dies für uns vorerst nicht nachprüfbar ist.

Als Nächstes folgt also eine kurze Vergegenwärtigung der Vorgänge beim Sterben; auch sie ist Teil unserer Kontemplation:

Zum Zeitpunkt des Sterbens werden die verschiedenen Elemente unseres Körpers ihre Kraft oder Funktion verlieren und verschiedene äußere und innere Anzeichen können dabei wahrgenommen werden:
– Wenn die Kraft des Erdelements zusammenbricht, verlieren wir die Fähigkeit unsere Glieder zu bewegen (äußeres Anzeichen) und wir sehen Luftspiegelungen (inneres Anzeichen).
– Wenn das Wasserelement versagt, trocknen unser Körper und unsere Haut aus (äußeres Anzeichen) und wir sehen Rauch (inneres Anzeichen).
– Wenn das Feuerelement seine Kraft verliert, verlässt die Wärme unseren Körper (äußeres Anzeichen) und wir nehmen eine Art Feuerfunken wahr (inneres Anzeichen).
– Wenn das Luftelement versagt, wird unser Atem schneller; das Einatmen wird flacher, während das Ausatmen länger wird, bis der Atem nach einer langen Ausatmung stoppt (äußeres Anzeichen) und ein unbewegliches, schwaches Licht erscheint (inneres Anzeichen).
    Äußerlich werden wir jetzt für tot erklärt.

Es folgen eine Anzahl innerer Erfahrungen, die mit großer Präzision beschrieben werden. Schließlich verlieren wir das Bewusstsein. Nach dem Zustand der Bewusstlosigkeit wird das »Klare Licht des Todes« erscheinen. Allerdings wird es nur den hochtrainierten Yogis und Yoginis möglich sein, dieses »Klare Licht« auch zu erkennen.

Anschließend wird das Bewusstsein, unser Geist, den Körper verlassen und, durch karmische Kräfte getrieben, eine neue Geburt suchen. Hier gibt es nicht mehr die geringste Freiheit. Alles wird davon abhängen, wie wir dieses Leben gelebt haben.

Der Maharaja hatte beschlossen seinem Königreich zu entsagen und hatte seinen Bruder als König eingesetzt. Als er gefragt wurde, was ihn zu diesem Entschluss bewogen habe, sprach er: »Eines Tages, als ich auf meinem Thron saß, wurde mir ein Spiegel vorgehalten. Ich blickte hinein und sah, dass mein Palast ein Grab war, ohne einen einzigen Freund. Ich sah eine lange Reise vor mir und hatte keine Verpflegung. Ich sah einen gerechten Richter und hatte keine Verteidigung. Da wurde ich von meinem Dasein als König angewidert.«

Wie unsere Zukunft sein wird, ob wir dem Licht oder dem Dunkel zustreben, hängt von uns selbst ab, von unseren Taten und den inneren Tendenzen, die wir pflegen.

So kommen wir zur Frage nach dem Sinn solcher Reflexionen, einer solchen Kontemplation der Vergänglichkeit. Wozu die Mühe? Zunächst einmal macht sie uns auf unausweichliche Weise klar, dass zum Zeitpunkt des Sterbens ausschließlich Dharma, unsere eigene Praxis, helfen kann. Weder Besitz noch Ansehen, weder Verwandte noch Freundinnen und Freunde werden uns von Nutzen sein. Was wir geübt und praktiziert haben im Leben, sei es Dharma oder seien es Verlangen, Aversion und Unverstand, wird nun da sein und in uns wirken. Das Gewahrsein von Vergänglichkeit und Tod bewegt uns dazu, die Prioritäten im Leben richtig zu setzen.

Falls wir uns dafür entscheiden, dieses Gewahrsein des Todes in uns zu entwickeln, werden eine ganze Anzahl heilsamer, wirksamer und nützlicher Qualitäten entstehen:

In buddhistischen Traditionen wird oft eine Art Dringlichkeit, die aus diesen Formen der Reflexion entsteht, als geeignetes, nützliches Mittel gebraucht, um sich selbst und andere anzuspornen den Weg zu betreten, Zuflucht zu nehmen und mit Hingabe und Ausdauer zu praktizieren. Diese Reflexionen können auch während längerer Retreats nutzbringend angewendet werden. Jeden Morgen reflektiert man über Vergänglichkeit und Tod als Mittel, sich für die Praxis zu motivieren.

Als Nächstes können wir uns fragen, ob da vielleicht etwas nicht stimmt, wenn wir in einer Weise leben, die sich gegenüber solch einer überragenden Gegebenheit des Lebens, wie der Tod sie darstellt, verschließt und sie abblockt. Dabei muss uns klar sein: Wenn wir uns gegenüber den Schwierigkeiten und dem Schrecken des Lebens verschließen, wird unser Herz automatisch auch verschlossen sein angesichts der Freude, der Wunder und der Geheimnisse des Lebens! Unser Leben wird dann wenig Tiefe haben und wir laufen Gefahr bequem, betäubt, gefühllos und flach zu werden.

Was kann uns diese Praxis sonst noch bringen? Der Tod ist ein Ratgeber. Hier sei noch einmal Carlos Castaneda zitiert, der von Don Juan belehrt wird:»Der Tod ist der einzige weise Ratgeber, den wir haben. Immer wenn du, wie es bei dir meistens der Fall ist, das Gefühl hast, daß alles falsch läuft und dir das sichere Ende bevorsteht, dann wende dich an deinen Tod und frage ihn, ob das zutrifft. Dein Tod wird dir sagen, daß du unrecht hast; daß nichts wirklich wichtig ist außer seiner Berührung. Dein Tod wird dir sagen:›Ich habe dich noch nicht angerührt.‹ (…) Einer von uns muß den Tod um Rat fragen und seine verdammte Kleinlichkeit aufgeben, die Menschen ansteht, die drauflosleben, als könnte der Tod sie nie ereilen.«[3]

Tibetische Lehrer schnippen, wenn sie ihren hohen Sitz besteigen, um eine Lehrrede oder Anleitungen zu geben, mit den

Fingern. Dies vergegenwärtigt ihr Gewahrsein der Vergänglichkeit und des Todes und soll sie davor bewahren, sich auf ihre Position als Lehrer etwas einzubilden und dem Stolz zu verfallen. Eine andere wichtige Eigenschaft, die entwickelt wird, ist Erkenntnis. Das Erkennen der Vergänglichkeit ist Teil der ersten Stufe des achtfachen Pfades:»rechtes Erkennen«. Wir sehen die wirkliche Natur aller Dinge. Wir erkennen sowohl ihre Vergänglichkeit, ihre Substanzlosigkeit als auch die Unmöglichkeit, eine andauernde Befriedigung durch sie zu erlangen. Indem wir uns zunehmend mit dieser Wirklichkeit in Einklang bringen, können wir uns loslösen und in Frieden, Gelassenheit und innerer Freude weilen. Es entwickeln sich Losgelöstheit und Heiterkeit. Viele Dinge verlieren ihre Wichtigkeit. Eine Verschiebung der Gewichtungen in unserem Leben findet statt. Wir sind weniger mit »Haben«, »Werden« und »Erreichen« beschäftigt und schenken dafür der Qualität des »Seins« mehr Beachtung.

Das Folgende ist ein Auszug aus dem Abschiedsbrief des Berner Politikers und Pfarrers Klaus Schädelin an seine Verwandten und besten Bekannten vom 28. Oktober 1987, wenige Monate vor seinem Tod: »Ich halte mich heute in den meisten Dingen für so überflüssig, dass ich sorglos ad patres gehen darf. Und besonders wertvoll ist mir geworden, erfahren zu haben, wie absolut nichtig die so genannten Würden sind. Was zählen schon Erfolge oder markante Misserfolge, wo man an die Lebensschwelle gerät. Müsste ich noch ein Büchlein schreiben, so wäre es eine Warnung vor dem Streben nach Dingen, die Ehre und saftige Nachrufe einbringen. Das alles ist Chutzenmist. Wie viel wichtiger wäre es, hie und da ein Kindlein erfreut, einem Besorgten zum Lachen verholfen oder einen Beladenen entlastet zu haben - und was solch heiliger Dinge mehr sind. Und genau an diesen wichtigsten Lebensinhalten erkenne ich mich als armer Schlucker. Doch abgesehen davon war das

Leben samt seinen mannigfachen Ängsten ein lange dauerndes Fest, das mich dankbar abtreten lässt.«

Gewahrsein des Todes bringt Energie. Wir möchten unser Leben auf die beste Art und Weise leben, da uns klar ist, dass es nur allzu bald vorbei sein wird. So scheuen wir den nötigen Aufwand nicht, und unser Sein und Tun wird ungeteilter, ganzheitlicher.

Während meiner Zeit in Indien hatte ich viele Gelegenheiten dabei zu sein, wenn Tote zum Kremationsort – meist am Fluss – gebracht und verbrannt wurden. Für mich waren diese Plätze immer von einer besonderen Atmosphäre der Wachheit und Verbundenheit umgeben. Vielleicht hängt es mit tiefer Annahme und Hingabe an die Wahrheit des Lebens zusammen.

Das Bewusstsein der Todesnähe ist vergleichbar mit dem Bergwandern auf einem schmalen Pfad, einem steilen Abgrund entlang. Wer das schon erlebt hat, weiß: Es braucht keine große Anstrengung, um präsent zu sein. Wir sind über die gesamte Länge dieser Wegstrecke voll gegenwärtig. In der gleichen Weise bringt uns das Gewahrsein des bevorstehenden Todes genau hierher. Und der Moment wird frisch, neu und kostbar. Aus dieser Offenheit und Wertschätzung entstehen Freude, Liebe und innere Freiheit.

Man könnte die Liste der positiven Qualitäten, die sich entwickeln, fortsetzen. Vor allem macht uns diese Art der Auseinandersetzung und Kontemplation lebendig und bringt uns zu einer tieferen Wertschätzung dieses Moments des Lebens. Wir erwachen für die Einzigartigkeit eines jeden Moments, ungeachtet dessen, ob er leicht und angenehm oder schwierig und unangenehm ist, weil wir seinen unermesslichen Wert wahrnehmen, seine Zerbrechlichkeit und Flüchtigkeit erkennen und die Prioritäten immer wieder neu setzen können; im Sinne eines liebevollen und weisen Umgangs mit allem Lebendigen.

BODHICHITTA – ZUM WOHL
ALLER LEBEWESEN

*»Bodhichitta ist die beste Medizin zur Heilung der
Krankheit dieser Welt. Sie ist wie ein Baum, der alle
Wesen schützt, die erschöpft umherirren auf den Pfa-
den dieses bedingten Seins.«*
(Shantideva) [1]

Bodhichitta ist die innere Haltung eines Bodhisattvas, das
heißt, eines Lebewesens, das sich über unzählige Leben hin zur
Buddhaschaft entwickelt und entfaltet, um bestmöglich zum
Wohle aller Lebewesen wirken zu können. Dies ist eine unserer westlichen Denk- und Lebensart recht fremde Vorstellung;
ein Ideal, das uns schon fast »jenseits« oder zumindest übertrie-
ben erscheinen kann. Im buddhistischen Verständnis spiritueller Entwicklung ist dies aber die erstrebenswerteste innere
Haltung; denn nur sie wird der Wirklichkeit abhängigen Entstehens und wechselseitiger Verwobenheit allen Lebens gerecht, indem sie sich konsequent für das Wohlergehen aller
Lebewesen einsetzt. Diese innere Haltung kann durch geeignete Mittel geübt und entwickelt werden.
    Zur Entwicklung von Liebe, Mitgefühl und Bodhichitta
gibt es eine Anzahl von Methoden der Kontemplation. Kontemplationen sind systematische Betrachtungen zu einem bestimmten Thema. Die Gedankengänge sind mehr oder weniger
vorgegeben und müssen nachvollzogen und nachempfunden
werden.
    In mindestens zwei dieser Kontemplationen wird als selbst-
verständlich vorausgesetzt, Karma und Wiedergeburt zu verstehen und als Tatsachen zu akzeptieren. Diese Betrachtungen

werden auch hier so präsentiert. Dies mag aber bei einigen von uns Zweifel, Widerstand, ja Ablehnung hervorrufen. Aus diesem Grunde werden die Kontemplationen hier zwar beschrieben, da sie im Gesamtbild dieses Meditationssystems sehr bedeutsam sind; dabei ist es aber für uns nicht unerlässlich, sie tatsächlich alle zu üben. Dies bezieht sich vor allem auf die dritte und die vierte der hier vorgestellten Übungen, die »Gleichwertigkeit von Freunden und Feinden« und das »Sehen aller Lebewesen als unsere Mutter«.

Die hohen Ideale und Zielsetzungen, die hier präsentiert werden, können bei uns Menschen aus westlichen Kulturkreisen Konflikte und Zweifel auslösen. Die Frage der Machbarkeit einerseits, zu hohe Ansprüche und Leistungszwang andererseits können uns Schwierigkeiten bereiten. Deshalb ist es wichtig, diesen Vorstellungen mit besonderer Behutsamkeit zu begegnen. Wir sollten dafür sorgen, dass sie vor allem als Inspiration und richtungsweisende Vorschläge – mit dem Ziel der inneren Wandlung – gesehen werden, damit sie nicht im Sinne absoluter Ansprüche zu Konfliktstoff werden.

Traditionell werden die folgenden Kontemplationen geübt:

- Gleichwertigkeit von Freunden und Feinden
- Alle Lebewesen als unsere Mutter sehen
- Sich der Güte der Mutter erinnern
- Die Güte der Mutter zurückzahlen
- Gleichwertigkeit zwischen sich und anderen
- Negative Konsequenzen des Egoismus
- Positive Auswirkungen des Altruismus
- Austauschen von sich und anderen
- Nehmen und Geben (*Tong-len*)
- Der vorzügliche Wunsch
- Bodhichitta

Über die traditionell präsentierte Form gibt es eine Reihe guter Bücher[2]. Für uns mag es zweckmäßig sein, vor allem jene Kontemplationen zu betrachten, die für den Beginn des Weges am hilfreichsten sein können. Im Folgenden werden deshalb in erster Linie jene behandelt, die für unser westliches Denken und Fühlen am besten nachvollziehbar sind. Dabei wurde auch die traditionelle Reihenfolge zum Teil geändert.

Anfänglich können wir uns für diese Praxis motivieren, indem wir uns immer wieder **die negativen Auswirkungen des Egoismus** auf uns selbst und andere vergegenwärtigen und anschließend über die positiven Auswirkungen des Altruismus, der uneigennützigen inneren Haltung zum Wohle aller, reflektieren. Zu diesem Zweck stellen wir die folgenden Betrachtungen an:

Egoismus ist vergleichbar mit einer chronischen Krankheit, die noch zusätzlich eine ganze Anzahl weiterer Leiden mit sich bringt. Er ist eine innere Haltung, die uns nicht nur verunmöglicht unsere Ziele zu erreichen, sondern sogar daran hindert, uns in dieser Richtung zu entwickeln. Von den Lebewesen, die in schrecklichem Leid und Terror ihr Leben fristen, bis hinauf zu hoch entwickelten Yoginis und Bodhisattvas, immer ist es eine Form von grobem oder subtilem Egoismus, die sie von Erkenntnis und Befreiung trennt. Egoismus ist die Wurzel aller Mühsal und Schwierigkeiten.

Im Grunde genommen erreichen wir immer das Gegenteil dessen, was wir uns von dieser Haltung erhoffen. Wir handeln aus egoistischen Motiven, weil wir glücklich sein möchten: ein berechtigter Wunsch und erstrebenswerter Zustand. Doch welch tragische Täuschung zu glauben, Egoismus könne uns wirklich glücklich machen.

Er macht uns nicht nur im Moment einer Handlung oder in einer bestimmten Situation unglücklich, sondern ist zusätzlich die Ursache endloser negativer Tendenzen in uns mit all deren unmittelbaren Ergebnissen, aber auch zukünftigen karmisch-leidvollen Auswirkungen.

Egoismus ist immer die ungeeignetste aller Möglichkeiten. Es ist schwer verständlich, dass wir immer wieder spontan diese Haltung wählen. Was sind nun aber **die positiven Auswirkungen des Altruismus?** Wir reflektieren wie folgt:

Wie Egoismus mit einer chronischen Krankheit vergleichbar ist, lässt sich Altruismus als wunscherfüllendes Juwel beschreiben; als legendärer Edelstein, der die Kraft hat, alle Wünsche zu erfüllen.

Es ist die Haltung des Altruismus, und nur diese, die für uns und für alle Lebewesen Glück, Harmonie und Freiheit möglich macht. Sie ist das Elixier, das alles, was davon berührt wird, in Gold verwandelt.

Jede unserer Handlungen, die dem Altruismus entspringt, schafft mächtige, positive Energien in und um uns: Unser Geist wird ruhiger und konzentrierter. Wir werden respektiert, geschätzt und geliebt. Wir schaffen innere Heiterkeit und Harmonie, bewirken heilsames Karma für unsere Zukunft und erfahren wachsende innere Freiheit.

Der tibetische Lama Thubten Yeshe drückte dies folgendermaßen aus:

»Wenn wir uns selbst glücklich machen möchten, sollten wir Liebe und Mitgefühl üben. Wenn wir andere Lebewesen glücklich machen möchten, sollten wir Liebe und Mitgefühl üben.«

Der Altruismus schafft auch Harmonie in seiner Umgebung. Er motiviert uns, tatsächlich das Wohlergehen aller Lebewesen anzustreben. Unsere Praxis wird offen und weit und führt zum eigentlichen Entschluss, unser Leben so weit wie möglich zum Wohle aller einzusetzen. Altruismus ist die Wurzel und die Ursache der Haltung der Bodhisattvas.

Shantideva, der große indische Bodhisattva und Poet des 8. Jahrhunderts, stellte fest, dass alle Freude dieser Welt ein Resultat des Wunsches ist, andere glücklich zu sehen, während alles Leid dieser Welt aus dem Verlangen entsteht, nur sich selbst glücklich zu machen. Und er erklärt weiter:

»Was brauch' ich noch viel zu erklären?
Die Kindischen arbeiten nur für ihren eigenen Vorteil,
die Buddhas arbeiten zum Wohl der anderen;
schaut euch nur den Unterschied an!«[1]

Wenn wir diese Überlegungen und Erkenntnisse tatsächlich
immer und immer wieder nachvollziehen, motiviert uns das,
unseren Egoismus fahren zu lassen zugunsten einer Haltung
des Altruismus und letztlich von Bodhichitta.

So wie wir für den Bau eines Hauses erst ein starkes Fundament erstellen müssen, braucht es auch für die Entwicklung
von Bodhichitta eine solide Grundlage. Die folgende Kontemplation hat mit diesem Fundament zu tun:

*Alle, die unserem Ich- oder Selbstgefühl zu helfen scheinen, ihm mo-
mentane Lust verschaffen, sind Freunde, sind »meine« Kinder, »meine« Partner, »meine« Freunde, »meine« Landsleute usw. Wir haften
an ihnen mit Körper, Geist und Seele. Ohne zu zögern engagieren wir
uns in unzähligen ungeschickten, negativen Handlungen zugunsten
dieses Selbstgefühls oder zum Vorteil derer, die wir als »auf unserer
Seite« stehend erleben.*

*Alle, die unserem Ich- oder Selbstgefühl zu schaden scheinen, ihm
Leid verursachen, sind »Feinde«, »Konkurrenten«, »Gegner« oder
einfach »Ungeliebte«. Ihnen bringen wir Unwillen entgegen, der einem
ständig schwelenden Feuer ähnelt. Solche Aversion kann sich oft auch
gegen Objekte oder Situationen richten wie zum Beispiel das Wetter,
den Verkehr oder den Staat.*

*Alle, die in keiner Beziehung zu unserem Ich- oder Selbstgefühl
zu stehen scheinen, sind die »uns Gleichgültigen«, deren Wohl oder
Leid uns egal ist.*

Wir finden diese Haltung in uns selbst und auch überall sonst
im Leben; sie kann sich auf ganze Völker bis hin zu winzigen
Tieren beziehen. Sie ist in den Menschen, vom Säugling bis

zum Greis, vorhanden. Die folgende Kontemplation ist der Versuch, diese Haltung grundlegend zu verändern zugunsten **einer inneren Haltung, die alle Lebewesen als gleichwertig erfährt**, sie gleichermaßen akzeptiert und damit das Fundament für das Haus von Bodhichitta legt. Dieses »Ausebnen« des emotionalen Terrains bedeutet nicht einfach Gleichheit oder gar Gleichgültigkeit, sondern Gleichwertigkeit.

Wenn wir unzählige Leben seit anfangslosen Zeiten in Betracht ziehen, sehen wir, dass alle und jedes Lebewesen bereits in jeder möglichen Beziehung zu uns gestanden hat.

In unzähligen anderen Leben standen unsere Feinde uns so nahe, dass unser Glück von ihnen abhing. Aber selbst in diesem einen Leben können wir oft beobachten und erfahren, wie nicht nur Freunde oder sogar Geliebte zu Feinden werden, sondern auch umgekehrt Feinde zu Freunden, manchmal gar innerhalb weniger Stunden oder Minuten.

Zusätzlich können wir uns klarmachen, dass die Leiden, die uns ein Feind zufügt, in Wirklichkeit das karmische Resultat unserer eigenen früheren negativen Handlungen sind. Wir können dem »Feind« also nicht einmal die Schuld dafür zuschieben.

Das Umgekehrte trifft zu auf unsere guten Freunde. Sie waren unsere schlimmsten Feinde, haben uns unterdrückt, gekränkt, bestohlen, verletzt oder sogar getötet. Bis zum Tag, an dem wir vom Kreislauf von Geburt und Tod frei sein werden, wird dies auch immer wieder geschehen.

Auch in diesem Leben, selbst innerhalb recht kurzer Zeitspannen geschieht es, dass Freunde unsere Feinde werden. Warum sollten wir also Freunde als besonders und besser als die anderen betrachten?

Diese Betrachtungen helfen uns Projektionen des Feindbildes und damit unsere Aversionen loszulassen; die daran anschließenden Kontemplationen helfen uns die Rosa-Brillen-Projektionen auf unsere Geliebten in ein realistisches Licht zu rücken und damit von unserem Anhaften loszukommen.

In gleicher Art und Weise können wir uns daran erinnern, dass all die unzähligen Fremden, die uns gleichgültig sind, deren Schmerz oder Wohlergehen uns unberührt lassen, uns in der Vergangenheit geholfen haben und das sicher einmal in der Zukunft wieder tun werden.

Sogar jetzt braucht es manchmal nur ein paar Worte, um zu Menschen, die uns bislang gleichgültig waren, einen engen Kontakt zu knüpfen.

Es ist also völlig unangemessen, diese zu vernachlässigen und zu ignorieren.

Es erfordert konsequentes Üben dieser Sichtweise der Gleichwertigkeit, um sie zu unserer Haltung zu machen. Sie ist die Grundlage aller weiteren Entwicklung.

Die nächste Stufe besteht darin, **alle Lebewesen als unsere Mutter zu sehen.** Auch diese Kontemplation hat, entsprechend der Tradition, das Prinzip der Wiedergeburt zur Voraussetzung. Natürlich ist sie wirkungsvoller, wenn wir davon überzeugt sind, dass wir tatsächlich seit anfangsloser Zeit durch die Runden von Geburt und Tod irren.

Wem diese Vorstellung Schwierigkeiten bereitet, der kann diese Übung auslassen und sich auf die danach folgenden konzentrieren. Wichtig ist hier nicht das Annehmen von Dogmen, sondern die Entwicklung und Transformation unseres Geistes.

Wenn wir alle vergangenen Leben seit anfangsloser Zeit in Betracht ziehen, sehen wir, dass sämtliche Lebewesen zu gewissen Zeiten und in gewissen Formen unsere Mutter waren.

Über diese Gegebenheit wird immer und immer wieder nachgedacht; so lange, bis man wirklich alle Lebewesen als Mutter sieht. Wenn wir unserer Mutter begegnen, erkennen wir sie sogleich als diese. Wenn wir irgendeinem Lebewesen begegnen und dieses sogleich als unsere Mutter erkennen, haben wir diese Stufe der Praxis vervollkommnet. Das bedeutet zum Bei-

spiel, dass wir selbst ein Tier im selben positiven Licht sehen
wie unsere eigene Mutter. In diesem Leben sind wir das Kind
einer menschlichen Mutter, irgendwann in der Vergangenheit
waren wir das Junge einer Tiermutter. Das Verhältnis ist dasselbe.

Eine Problematik, die hier für einige von uns entstehen kann,
rührt daher, dass wir vielleicht schwierige Beziehungen zu unserer Mutter beziehungsweise zu unseren Eltern haben oder
hatten. In diesem Falle müssen wir uns darüber klar werden,
dass diese Übung nicht dazu da ist, aus Müttern selbstlose Ide-
alwesen zu machen, sondern dass es hier darum geht, den eigenen Geist zu verändern. Vielleicht müssen wir diese Kontemplation unseren Gegebenheiten anpassen oder sie – falls sie sich
auch nach einiger Auseinandersetzung als kontraproduktiv er-
weist – sogar weglassen.

Wenn uns diese Übung aber gelingt, können wir zwischen
der Kontemplation über die Gleichwertigkeit aller Wesen und
jener, in der wir alle Wesen als unsere Mutter sehen, bereits
einen qualitativ großen Unterschied erkennen. Die erste
Übung schafft inneren Frieden und Gleichgewicht, die zweite
bewirkt ein Gefühl der Nähe und Verbundenheit.

Als nächsten Schritt **erinnern wir uns an die Güte der
Mutter und aller Lebewesen**. Es genügt nicht, alle Lebewe-
sen als unsere Mutter zu sehen. Wir wollen uns auch an ihre
Güte erinnern. Am besten reflektieren wir zuerst über die
Güte unserer eigenen Mutter:

*Während der Schwangerschaft war sie vorsichtig und rücksichtsvoll im
Hinblick auf mich, das werdende Kind. Die Schmerzen der Geburt
vergaß sie im nächsten Augenblick und erfreute sich an mir, als ob sie
einen wertvollen Schatz gefunden hätte. Als Säuglinge waren wir völlig hilflos. Wir konnten uns nicht fortbewegen und uns nichts beschaffen, was wir nötig hatten. Sie pflegte und ernährte uns. Dabei war ihre*

Liebe nicht eine Reaktion auf etwas, das wir für sie getan hatten, sondern einfach Ausdruck ihrer Liebe, ihres Mitgefühls für uns. Beide Eltern gaben alles her, was nötig war, um unser Leben zu ermöglichen: Finanziell und materiell wollten sie das Beste für uns, schenkten uns ihre Aufmerksamkeit und Zeit und gaben dabei viele ihrer persönlichen Interessen auf. Wenn Kinder in Gefahr sind, sind Eltern oft bereit, ihr Leben zu geben. (Mein Vater zum Beispiel hat öfters betont, dass er ohne weiteres bereit wäre, eine Niere zu spenden, falls meine nierenkranke Schwester eine solche brauchen würde.) Natürlich finden wir Eltern auch immer wieder einmal lästig, aber ihre Haltung war insgesamt doch zumeist geprägt von Interesse an unserem Wohlergehen. Zwar können wir einwenden, dass sie nicht immer nur aus Liebe zu uns handelten; Tatsache ist aber, dass der Vorteil trotzdem unser war.

Was unsere Eltern für uns getan haben, ist ohnegleichen. Was sind unsere Möglichkeiten, uns erkenntlich zu zeigen?

Falls es nicht oder nur teilweise die Mutter oder die Eltern waren, die für uns sorgten, können wir die entsprechende Person an ihre Stelle setzen. Sollten sich diese Kontemplationen über unsere Eltern im oben erwähnten Sinne als kontraproduktiv erweisen, ist es am besten, die nachfolgenden Überlegungen anzuwenden.

Tatsächlich sind wir natürlich überhaupt vollkommen abhängig von allen Lebewesen, ob sie nun unsere Mutter waren oder nicht. Um der Erfahrung der Zusammengehörigkeit und Einheit aller Lebewesen näher zu kommen, können wir über unsere Abhängigkeit von ihnen und unsere Verbundenheit mit ihnen meditieren:

An alles und jedes, was wir im Leben brauchen, besitzen und genießen, haben unzählige Menschen und Tiere beigetragen: durch Arbeit, durch Anstrengung, oft sogar durch ihr Leben. Wir leben ständig auf Kosten anderer. Wir sind ständig von ihrer Güte und ihrem Wohlwollen abhängig.

Wir üben uns in systematischer Kontemplation, wenden sie immer wieder an und dehnen sie auf alle möglichen Dinge und Situationen in unserem Leben aus mit Beispielen, Vorstellungskraft und Phantasie.

Überlegen wir einmal, was benötigt wird, um uns mit Trinkwasser zu versorgen:

Es braucht frisches Quellwasser, Spezialisten und Arbeiter, die das Wasser sammeln und, oft über weite Strecken, Rohre verlegen. Es braucht Grubenarbeiter, um Eisenerz zu gewinnen, und Arbeiter, die Erz zu Eisen und dann zu Rohren verarbeiten, oder Menschen, die Kunststoffrohre fabrizieren. Vielleicht sind auch Filter- und Verteileranlagen und deren Herstellung und Bedienung notwendig. Ferner braucht es Lastwagenfahrer für Transporte und Installateure für sanitäre Anlagen im Haus. Mit großer Selbstverständlichkeit öffnen wir bei uns zu Hause den Wasserhahn – und sauberes Trinkwasser fließt.

Noch komplexer ist unsere Abhängigkeit von anderen bei der Ernährung: Um Brot, Gemüse oder Früchte auf dem Tisch zu haben, braucht es nicht nur Erde, Sonne, Wasser und Luft, sondern auch die Arbeit von Bauern, Bäuerinnen und Landarbeitern, von Müllern, Bäckern, Transporteurinnen, Händlern und Verkaufspersonal. Es braucht Landmaschinen, Mühlen, Lastwagen, Backöfen sowie die Rohmaterialien; aber auch Ingenieure, Techniker, Managerinnen, Hersteller und Arbeiterinnen, um die Rohmaterialien zu gewinnen und Fabrikate zu konstruieren und herzustellen.

Wenn das Essen verzehrt und verdaut ist, verschwindet es durch die Toilette aus unserem Blickfeld. Ist damit – in Bezug auf unsere Abhängigkeit von anderen – der Fall erledigt? Installateure kümmern sich um sanitäre Anlagen; Kanalisationssysteme müssen unter der Erde gebaut und gewartet werden; Abwasserreinigungsanlagen mit den nötigen Einrichtungen und fachgerechter Bedienung sind nötig; Klärschlamm muss entsorgt werden; auch hier endlose Ketten von Menschen, auf die wir für unseren Komfort und unser Wohlbefinden angewiesen sind.

168Ganz ähnlich verhält es sich mit unserer Bekleidung: Oft sind es unterbezahlte Arbeitskräfte, Männer, Frauen und Kinder, die auf den Baumwollplantagen der so genannten Dritten Welt schuften. Fabrikarbeiterinnen stellen Stoffe aus Baumwolle, aus Schafwolle oder Kunstfaser her. Näherinnen, Schneiderinnen, Maschinen und deren Hersteller und Bedienungspersonal sind alle daran beteiligt, die Stoffe zu Kleidern zu verarbeiten.

Leder von Kühen, Pferden, Seehunden und unzähligen anderen Tieren wird benutzt, um Schuhe, Gürtel, Mäntel und Hüte anzufertigen.

Dafür sind Licht, Strom, Kraft und Energie notwendig aus Elektrizitätswerken, Kernkraftwerken oder aus Ölfeldern in fernen Ländern.

Auch hier: anfangslose, schier endlos verzweigte Ketten von Menschen und anderen Lebewesen, von deren Arbeit, deren Bemühen, ja, deren Leben wir abhängig sind.

Für alles, was wir im Leben sind, brauchen und haben, sind wir ständig und ausnahmslos von der Arbeit anderer abhängig. Deshalb können wir ein Gefühl der Dankbarkeit und der Wertschätzung für sie entwickeln und uns überlegen, wie es möglich wäre, **uns für ihre Güte erkenntlich zu zeigen, diese zu erwidern.**

Da alle Lebewesen frei von Leid und glücklich sein möchten, wollen wir ihre Schwierigkeiten sehen und versuchen sie davon zu befreien und ihnen zu dem verhelfen, was sie sich wünschen. Da wir klar erkannt haben, dass wir in mannigfaltiger Weise von ihnen abhängig sind, schließen wir sie alle mit ein.

Wir üben diese Kontemplation so lange, bis – aus Dankbarkeit – ein echter Wunsch, ja ein Bedürfnis entstanden ist, wirklich alles in unseren Möglichkeiten Liegende zu tun, um ihre Güte zurückzuzahlen. Dies zu tun ist Bodhisattva-Praxis.

Unsere übliche Dharma-Praxis ist wie ein Sonnenstrahl, der durch eine kleine Öffnung eintritt und einen dunklen Raum erhellt. Bodhisattva-Praxis ist wie Sonnenlicht, welches das ganze Land überflutet.

Als nächsten Schritt erarbeiten wir die Vorstellung von der **Gleichheit zwischen uns und anderen.** Wir haben gesehen, wie sehr wir in unserer Existenz von allen Lebewesen abhängig sind. Wir sind uns des Wertes und der Güte aller Lebewesen bewusst geworden und möchten uns jetzt erkenntlich zeigen, unsere Wertschätzung ausdrücken. Dabei ist es wichtig, dass wir klar anerkennen, wo wir im Moment in unserer Entwicklung wirklich stehen, ohne uns dabei zu bewerten und zu verurteilen. Falls nämlich kein echtes Gefühl der Dankbarkeit in uns vorhanden ist, wäre es sinnlos, ja ungeschickt, so zu tun, als ob es da wäre. Es würde weder für uns noch für andere etwas bringen. Wenn das Gefühl aber wirklich spürbar vorhanden ist, gehen wir weiter zur nächsten Kontemplation, zur Kontemplation über die Gleichheit zwischen uns und anderen. Wir üben uns darin, uns in die Situation anderer zu versetzen.

Der Indianer Edwin Laughing Fox sagte:»Großer Geist, hilf mir, dass ich nie andere Menschen beurteile, bevor ich vierzehn Tage in ihren Mokassins gegangen bin.«

Zuerst betrachten wir uns selbst: Was ist unser tiefster Wunsch, unsere größte Hoffnung und Triebkraft für all unser Tun? Wir möchten nicht leiden, keinen Schmerz und keine Krankheit erfahren, nicht hungern, Durst leiden, frieren oder vor Hitze verschmachten. Nicht einmal ein bisschen.

Sicher möchten wir nicht frustriert werden, enttäuscht, deprimiert oder niedergeschlagen sein und möchten nicht gekränkt, respektlos oder lieblos behandelt werden.

Vielmehr sind wir gerne gesund, vital und glücklich und schätzen es, von anderen geehrt, respektiert und geliebt zu werden.

Wir haben gerne körperliches Entzücken und Wonne, gut und genug zu essen und zu trinken sowie Komfort und eine schöne Umgebung.

Wir schätzen Freude und Heiterkeit, Glück und tiefen Frieden. Und ganz gleich, wie glücklich wir schon sind, noch ein bisschen mehr davon ist immer willkommen.

Wie sieht das nun aus für andere Menschen, andere Lebewesen? Genauso wie für uns! Was ist ihr tiefster Wunsch, ihre größte Hoffnung und Triebkraft für all ihr Tun?

Sie möchten nicht leiden, keinen Schmerz und keine Krankheit erfahren, nicht hungern, Durst leiden, frieren oder vor Hitze verschmachten. Nicht einmal ein bisschen.

Sicher möchten sie nicht frustriert werden, enttäuscht, deprimiert oder niedergeschlagen sein und möchten nicht gekränkt, respektlos oder lieblos behandelt werden.

Vielmehr sind sie gerne gesund, vital und glücklich und schätzen es, von anderen geehrt, respektiert und geliebt zu werden.

Sie haben gerne körperliches Entzücken und Wonne, gut und genug zu essen und zu trinken sowie Komfort und eine schöne Umgebung.

Sie schätzen Freude und Heiterkeit, Glück und tiefen Frieden. Und ganz gleich, wie glücklich sie schon sind, noch ein bisschen mehr davon ist immer willkommen.

Wir sind alle den gleichen inneren Bedingungen unterworfen. Das ist Grund genug, sich um alle gleich viel zu kümmern. Wir sind nicht nur auf vielfältige Art und Weise abhängig von anderen Lebewesen, sondern tatsächlich ein eng verwobener Teil des einen Lebens.

Die Vorstellung, ein Stück Leben zu sein, das nicht Bestandteil oder Anteil des ganzen Lebens ist, ist schlichtweg falsch. Es ist eine tragische Fehlwahrnehmung, wenn wir glauben, uns allein, unabhängig von anderen, vom Rest des Lebens durch egoistische Haltungen und Taten glücklich machen zu können. Es gibt nur ein Leben und das sind wir alle!

Shantideva gibt dazu ein Beispiel:

Wenn unser Bein verwundet ist und schmerzt, ist es dann vielleicht so, dass unsere Hand diese Wunde nicht pflegen sollte, weil ja das Bein leidet und nicht die Hand? Dies wäre absurd, weil wir als Lebewesen ein Ganzes sind. Deshalb ist es selbstverständlich, dass die Hand das Bein pflegt.

Ähnlich können wir uns fragen, ob es nicht so sei, dass wir uns nicht um das Leiden anderer Lebewesen zu kümmern brauchten, weil es ja sie seien, die litten, und nicht wir. Dies wäre aber genauso absurd, weil auch in diesem Fall das Leben ein Ganzes ist.

Durch wiederholte Kontemplation dieser Überlegungen vertieft sich allmählich die Erkenntnis und Erfahrung der Gleichheit zwischen uns und anderen.

Aus dieser Erkenntnis beginnen wir mit dem **Austauschen von sich und anderen.** Wir haben nun die Gleichheit zwischen uns und anderen erkannt und erfahren. Es ist auch klar, dass nur eine echte altruistische Haltung in Richtung Bodhichitta führen kann. Darum gehen wir einen entscheidenden Schritt weiter und üben uns darin, uns in die Situation anderer zu versetzen. Zu Beginn ist es recht schwierig, dies ohne eine lebensnahe tatsächliche Situation zu tun. Um uns also für den Alltag, sozusagen den »Ernstfall«, vorzubereiten, üben wir uns, indem wir uns mögliche Situationen vorstellen.

Es folgen einige Beispiele möglicher Kontemplationen:

Es ist Samstagnacht, ich möchte möglichst rasch nach Hause und habe ein Taxi bestellt. »Zehn Minuten wird es dauern«, wird mir gesagt. Nach dreißig Minuten ist noch niemand da. Ich möchte jetzt gerne zu Hause sein. Ungeduldig, irritiert, ja verärgert fordere ich: »Die sollen sich bitte beeilen oder wenigstens korrekte Angaben machen ...«

Für Sekunden versetze ich mich nun an die Stelle der überarbeiteten Frau in der Taxizentrale, für ein paar Sekunden an die Stelle des überforderten Taxifahrers, der Samstagnacht arbeiten muss. Für ein paar Sekunden versetze ich mich an die Stelle all der anderen Leute, die auch ein Taxi brauchen und auch endlich heimkommen möchten.«

Die äußere Situation bleibt hier die gleiche, aber die innere Perspektive kann sich auf eindrückliche Art von ungeduldiger Verständnislosigkeit zu Mitgefühl verändern.

Oder wir können uns in die Situation der Direktorin einer chemischen Fabrik hineinfühlen, deren Produkte und Abwässer unsere Seen und Flüsse und unsere Luft vergiftet: »*Wenn wir es bis Jahresende nicht schaffen, endlich wieder schwarze Zahlen zu schreiben, bin ich geliefert. Und das wird knapp werden, selbst wenn wir bei der Betriebssicherheit, beim Personal und beim Umweltschutz bedeutende Abstriche machen.« Nicht, dass wir danach ihr fragwürdiges Tun akzeptieren müssen. Aber vielleicht können wir nun ihren Lebenskampf etwas besser nachfühlen.*

Wenn wir Meinungsverschiedenheiten haben mit unserer Partnerin, können wir für einen Moment versuchen, uns in ihre Situation zu versetzen, ihre Ansichten und Gefühle zu den unseren zu machen. Gerade wenn eine Situation schon ziemlich verfahren ist, braucht es einen Augenblick des Innehaltens und Loslassens.

Oder man kann sich vorstellen, man sei ein Politiker der Art, die wir schwer oder gar nicht akzeptieren können: Mit seiner Konditionierung, seinem Hintergrund, seiner Sicht des Lebens, seinen Belastungen und den Erwartungen eines großen Teils seiner Wählerschaft oder seines Volkes. Auch hier geht es nicht darum, dass wir ihm bei den nächsten Wahlen unsere Stimme geben, aber vielleicht finden wir eine versöhnlichere innere Haltung, selbst wenn wir äußerlich gegen ihn auftreten müssen.

Hier erfahren wir nicht nur, dass andere genauso wichtig sind wie wir selbst, sondern beginnen bereits zu erkennen, dass alles nicht nur vom Standpunkt der Praxis, sondern vom Standpunkt des ganzen Lebens aus sinnvoller wird, sobald wir es aus der Perspektive der anderen betrachten und erleben.

Shantideva empfiehlt hier eine etwas komplexere Vorgehensweise: Ich setze mich an die Stelle eines anderen und betrachte mich dann mit der negativ wertenden Haltung, die ich sonst oft anderen entgegenbringe. Gleichzeitig überhäufe ich den anderen, der jetzt an meiner Stelle ist, mit jenem Lob, das ich sonst mir selbst vorbehalte.[3] Auf diese Vorgehensweise wollen wir aber hier nicht näher eingehen.

Die folgende Überlegung macht ebenfalls deutlich, wie viel wichtiger als wir selbst letztlich doch die anderen Lebewesen sind:

Ich selbst bin nur ein einziges Lebewesen, alle anderen –
oder wir alle zusammen – sind ihrer unzählige.

Hier beginnt sich unsere Haltung entscheidend zu verändern. Nach dem ersten Schritt des Ausgleichens und dem Gefühl der Nähe und Verbundenheit wird nun die Trennungslinie zwischen uns und anderen überschritten. Mitfreude und Mitgefühl werden zu spontanen Regungen.

Wenn wir das »Austauschen von sich und anderen« praktizieren, ist es unerlässlich, über ein gesundes Selbstwertgefühl zu verfügen. Sonst besteht größte Gefahr, dass dieses infolge überhöhter Ansprüche untergraben wird und dadurch Leistungszwang und Minderwertigkeitsgefühle entstehen. Dies wiederum zwingt uns dann oft, bewusst oder unbewusst zu kompensieren, indem wir die ›zu hohen‹ Ideale abwerten, was uns wiederum etliche Schritte von unserem Ziel wegbringt. Schwierig ist diese Übung sicher auch für viele Opfer von seelischem, körperlichem und sexuellem Missbrauch.

Nach dem »Austauschen von sich und anderen« üben wir uns als nächstes im **Nehmen und Geben** (tib. *Tong-len*), einer in der tibetischen Tradition viel gerühmten und häufig angewendeten Methode.

Wir beginnen damit, uns alle Lebewesen vorzustellen. Wir visualisieren sie wirklichkeitsnah und möglichst lebhaft im Raum vor uns. Sie leiden unter den verschiedensten Schwierigkeiten, Konflikten, Unannehmlichkeiten, Schmerzen und Leiden des Daseins.

Als Ausdruck unseres Mitgefühls erzeugen wir in uns den Wunsch, sie alle vom Leiden zu befreien.

Mit dem Einatmen visualisieren wir nun all ihr körperliches und emotionales Leiden, das wir in Form schwarzer Strahlen von den Lebewesen wegnehmen, worauf diese alle erleichtert und frei sind.

Als Nächstes machen wir uns klar, dass alle Lebewesen glücklich sein möchten, und erzeugen in uns Liebe und Freigebigkeit.

Mit dem Ausatmen visualisieren wir all unser Glück, all unsere positiven Qualitäten und Tendenzen des Herzens und des Geistes als strahlend weißes Licht, das alle Lebewesen berührt und ihnen körperliche und seelische Freude gibt.

Wir haben das Leiden von den anderen genommen und geben ihnen nun Glück und Freude.

In einer anspruchsvolleren Variante des »Nehmens« stellen wir uns unsere eigene negative, egoistische Haltung als schwarzen Fleck in unserer Herzgegend vor und nehmen mit dem Einatmen alles Leiden der Lebewesen in Form von schwarzer Strahlung auf diesen schwarzen Fleck in uns. Alle Lebewesen sind erleichtert und befreit von allem Leiden, welches nun den schwarzen Fleck der egoistischen Haltung in uns zerstört.

Hier muss klar verstanden werden, dass wir die schwarze Strahlung nicht auf uns als Person, als Lebewesen, nehmen, sondern auf unsere egoistische Haltung, die dadurch zerstört wird. Die auf unserem jüdisch-christlichen Hintergrund beruhende Tendenz zu Schuldgefühlen und Mangel an Selbstwertgefühl kann bei dieser Übung destruktive Folgen haben, wenn der Wunsch, das Leiden anderer auf sich zu nehmen, als Selbstbestrafung oder Bestätigung der eigenen Wertlosigkeit empfunden wird! Tong-len umfasst eine ganze Anzahl von Variationen und Vervollkommnungen.

Zum Beispiel können wir uns, ganz ähnlich wie oben beschrieben, Lebewesen vorstellen, die hungrig sind, und dann, mit dem Einatmen, den Hunger in Form von schwarzen Strahlen von ihnen nehmen.

Anschließend visualisieren wir, dass wir ihnen mit dem Ausatmen alle Nahrung, die sie nötig haben und die sie sich wünschen, darbieten.

Als weitere Variante können wir uns vorstellen, dass wir mit dem Einatmen ihre Leiden erschaffende Unwissenheit von ihnen nehmen und ihnen mit dem Ausatmen befreiende Erkenntnis und Weisheit geben.

Tong-len, die Meditation des Nehmens und Gebens, erzeugt den Wunsch und Willen zu direktem, altruistischem Engagement. Diese anspruchsvolle Praxis, die viel Übung verlangt, ist außerordentlich stark und wirkungsvoll.

Die nächste Stufe ist der **vorzügliche Wunsch** oder der »höchste Gedanke«. Wir sehen, dass es vollständig erleuchtete Buddhas sind, die optimal zum Wohl aller Lebewesen wirken können. Und wir erkennen, dass es an uns liegt, Buddha zu werden, um allen Lebewesen zur Befreiung zu verhelfen.

Hier könnte man einwenden, dass der Glaube, es liege an uns persönlich, alle Lebewesen zu befreien, Ausdruck von Einbildung und Größenwahn sei. An diesem Punkt der Praxis ist man nun aber in seiner Entwicklung eindeutig über solch ichbezogene Sichtweisen und Identifikationen hinausgewachsen und hat sämtliche Besorgnisse um die eigene Person hinter sich gelassen. Wenn das aber noch nicht der Fall ist, fühlt man sich hier tatsächlich überfordert; in diesem Falle sollte man sich vorerst noch an einfacheren Methoden üben. Hier bewegen wir uns tatsächlich auf einem sehr anspruchsvollen Niveau. Der »höchste Gedanke« oder »vorzügliche Wunsch« ist der folgende:

Wir erkennen, dass es an uns liegt, den Lebewesen zu helfen! Wir sehen klar, dass gute Gedanken und Übungen wie jene der Metta- und Karuna-Meditation zwar essentiell und zutiefst transformierend sind, aber trotzdem nicht genügen, die Situation der Lebewesen wirklich zu verbessern. Auch beeindruckende Visualisationsübungen wie Tong-len sind zwar wirkungsvoll für unsere eigene Entwicklung, werden aber das Leiden der Lebewesen nicht tatsächlich lindern.

Es wird uns klar, dass wir aktiv Verantwortung übernehmen müssen. Da wir selbst die Güte der Lebewesen empfangen haben, wieso sollten wir es anderen überlassen, sich erkenntlich zu zeigen? Es ist unsere Aufgabe!

Dazu fehlt uns aber wirkliche Erkenntnis und Kraft. Es sind die vollständig befreiten und verwirklichten Lebewesen, also die Buddhas, die über die besten Möglichkeiten verfügen, den Lebewesen wirkungsvoll endlose Zeiten lang zu helfen.

Deshalb wird die vollständige Erleuchtung, die Buddhaschaft, diese Stufe höchster Verwirklichung, für uns definitiv und endgültig zu Richtung und Ziel.

Dieser »vorzügliche Wunsch« ist fern von jeglichem eigennützigen Interesse; vielmehr entspringt er tiefstem Mitgefühl, einer Verbundenheit und Einheit mit allem Leben.

Aus diesem Wunsch erwacht **Bodhichitta**! Dies ist die Geburt eines Bodhisattva, eines Lebewesens, in dem der tiefe Wunsch zur vollen Blüte gelangt ist, die vollständige Erleuchtung und Vollkommenheit eines Buddha zum Wohle aller Lebewesen zu erlangen. Das ist es, was im besten Sinne der Mahayana-Tradition mit der Bezeichnung Bodhisattva gemeint ist. Dazu schrieb Shantideva:

»Bodhichitta ist die beste Medizin zur Heilung der
  Krankheit dieser Welt.
Sie ist wie ein Baum, der alle Wesen schützt,
  die erschöpft umherirren auf den Pfaden dieses
  bedingten Seins.
Bodhichitta, diese Motivation und Absicht, allen
  Lebewesen zu helfen,
  ist ein außergewöhnliches Juwel des Herzens und
  des Geistes.
Und ihre Geburt ist ein einzigartiges Wunder.«[1]

Und dies ist der innigste Wunsch der Bodhisattvas:

»Die Lebewesen sind zahllos. Ich werde helfen,
  sie alle zu befreien!
Die inneren Konflikte sind endlos. Ich werde sie
  alle beenden!
Die möglichen Erkenntnisse sind unermesslich.
  Ich werden sie alle verwirklichen!
Der Weg der Buddhas ist groß. Ich werde ihn bis
  zum Ende gehen!«

Shantideva gibt uns ein Bild von der radikalen Hingabe eines
Bodhisattvas an die zahllosen leidenden Wesen:

»Weil Bodhisattvas sich daran erfreuen, die Leiden
  der Wesen zu lindern,
steigen sie, selbst zum Segen eines Einzigen, in die
  qualvollste Hölle hinab,
so wie Wildgänse in das kühle Wasser eines lieblichen
  Lotusteichs tauchen!«[3]

Mitgefühl, Begeisterung und Hingabe gegenüber dem Wohlergehen der Lebewesen sind zur überwältigenden Kraft geworden auf dem Weg zur Heilung und Befreiung allen Lebens.

PRAXIS ALS FEIER

*Praxis geschieht einfach, sie praktiziert sich sozusagen
selbst. Was erfahren wird und was sich manifestiert, ist
ein Spiel, eine Feier – funkelnd und leer, zauberhaft,
erstaunlich und wunderbar.*

Vipassana praktizieren wir, um Erkenntnis und Einsicht in die
Natur der Dinge zu erlangen. Gleichzeitig ist es aber auch not-
wendig, positive Eigenschaften zu entwickeln und zu vervoll-
kommnen. Die Meditationen der Liebe *(metta/maitri)* und der
Mitfreude *(mudita)* sind ein Mittel dazu. Oder wir üben uns in
Großzügigkeit, Geben, Dienen und Helfen.

In der tibetischen Tradition gibt es eine Zeremonie, in der
diese Aspekte in ritualisierter Form geübt werden. Es ist die
»siebengliedrige Zeremonie« oder »siebenfache Feier«. Es handelt sich hier vor allem um verschiedene Formen der Praxis
der Hingabe. Vipassana-Meditation und -Praxis, wie sie hier im
Westen meist präsentiert und geübt wird, empfinden einige
von uns als zu nüchtern und trocken. Wenn wir aber mit Formen der Hingabe und des Ausdrucks von Verehrung konfrontiert werden, finden wir das fast schockierend, anrüchig,
frömmlerisch, allzu fremdartig oder befremdend.

Dieses Kapitel ist ein Versuch, solche Formen für uns zugänglich zu machen, sie aus ihrem kulturellen Kontext heraus-
zulösen und ihre Essenz zu präsentieren. Wie oft bei Ritualen,
kann es auch hier viele Missverständnisse geben. Richtig verstanden, können solche Übungen aber lebendige Teile unserer
Praxis werden.

Dies sind die sieben Glieder:

- Sich verbeugen und Ehre erweisen
- Gaben darbringen
- Negativitäten bekennen
- Sich an positiven Eigenschaften erfreuen
- Um die Lehre bitten
- Verwirklichte Menschen bitten, in dieses Dasein zurückzukehren
- Widmen und teilen

Diese Übersetzungen sind zum Teil ungenau; zudem haftet manchen der Begriffe für uns der Geschmack abgestandener Religiosität an. Wir werden aber hier versuchen, ihre wahre Bedeutung wiederzuentdecken.

Als Vorbereitung für diese Übungen wird Zuflucht genommen und eine altruistische, uneigennützige Haltung des Mitgefühls *(bodhichitta)* erzeugt. Beides schafft Klarheit in Bezug auf das, was wir praktizieren, und auf die Richtung, in der wir uns bewegen.

Zuflucht bezieht sich auf das, worauf wir im Leben unser Vertrauen setzen. Wie die Kompassnadel unbeirrbar nach Norden weist, so gibt Zuflucht unserem Leben die Grundorientierung, während Bodhichitta, die altruistische Haltung, unser Handeln entsprechend motiviert.

Zuflucht nehmen wir zu Buddha, Dharma und Sangha:
Wir legen unser Vertrauen in unser Potential der inneren Freiheit, in unsere Buddha-Natur, in das vollständige, endgültige Erwachen und nehmen dies als Richtung und als grundlegende Sinngebung unseres Daseins. Dies bedeutet, dass unser zentrales Anliegen im Leben nicht Karriere und Beförderung, nicht Haus oder Heim, Auto oder Einkaufszentrum, ja nicht einmal unsere Familie an sich ist, sondern Weisheit und Erkenntnis sowie Mitgefühl und Liebe, die unsere ureigene

Natur sind. Darin sind alle Mitmenschen und Lebewesen mit eingeschlossen.

Wir vertrauen dem Dharma, den Dingen, wie sie wirklich sind, der Wirklichkeit hier und jetzt, entsprechend ihrer wahren Natur, anstatt unserer üblichen Sichtweise der Täuschung, die Entfremdung, Unstimmigkeit und Disharmonie schafft. Vor allem vertrauen wir der Lehre mit ihren Mitteln und Wegen, die zu Erkenntnis, Befreiung und Liebe führen. Man könnte auch sagen, dass wir Zuflucht zu den Gesetzmäßigkeiten unserer Absichten und Taten, also des Karma, nehmen:

»Drei Gefährten für Dich: Nummer eins –
dein Besitz. Er wird nicht einmal das Haus verlassen,
wegen einer Gefahr, in der du dich womöglich befindest.
Er bleibt daheim.
Nummer zwei – dein guter Freund.
Zumindest er kommt zur Beerdigung.
Er steht und redet an der Grabstätte. Mehr nicht.
Der dritte Gefährte – was du tust, dein Wirken –,
geht mit hinab in den Tod, um dort bei dir zu sein,
    als Helfer.
Suche zuvor schon innigste Zuflucht bei diesem
    Gefährten.«

Rumi[1]

Zuflucht zur Sangha bedeutet, dass wir uns unseren spirituellen Freunden und Freundinnen sowie allem, was heilsam ist, anvertrauen. So setzen wir uns ganz bewusst positiven Einflüssen aus und verringern damit die negativen.

Es ist sinnvoll, mindestens jeden Tag einmal über diese Aspekte nachzudenken; auch vor jeder größeren Unternehmung und wann immer wir Entscheidungen zu treffen haben. Dies klärt unser Leben und setzt eindeutige Werte und Prioritäten. Bewusstheit und Achtsamkeit sind dabei unabdingbar.

Im gleichen Maße, wie sich die Zufluchtnahme in uns vertieft, werden wir eine Zuflucht für andere. Wer wirklich interessiert ist am Erwachen und am Verstehen, wer wach ist, wer aus Weisheit und Mitgefühl handelt, ist eine Zuflucht für andere.

Als Nächstes betrachten wir unsere Motivation: Warum tun wir in unserem Leben, was wir tun? Wir betrachten unsere Entscheidungen und Handlungen nicht mehr ausschließlich im Licht unserer persönlichen, egoistischen Interessen, sondern vielmehr − oder doch vermehrt − motiviert durch Mitgefühl für alles Lebendige. Das heißt nicht, dass wir uns vormachen wollen, wir täten nun alles aus purem Altruismus und reiner Uneigennützigkeit. Wir brauchen uns nicht jedes Mal schuldig zu fühlen, wenn wir etwas für uns selbst tun. Auch dies ist ein tragisches Missverständnis, dem wir oft zum Opfer fallen. Vielmehr wollen wir ein offenes Herz behalten und uns eine weite Perspektive zu Eigen machen, die alles, was lebt, und natürlich auch uns selbst mit einschließt. Diese Haltung verleiht unserer Praxis Offenheit und Weite. Sie entzieht der Kleinlichkeit und Enge den Boden und ist eine großartige und inspirierende Lebenshaltung. Sie verwandelt unsere gewöhnliche, eher selbstbezogene Praxis in Bodhisattva-Praxis.

Durch tägliches Rezitieren und Kontemplieren des folgenden Verses können wir Zuflucht und Bodhichitta entwickeln und festigen. (Bodhichitta und die Paramitas werden in den entsprechenden Kapiteln und im Glossar ausführlicher erläutert.)

Zu Buddha, Dharma und Sangha nehme ich Zuflucht,
bis ich die vollständige Erleuchtung erlangt habe.
Durch die Praxis der Paramitas möge ich Buddha werden,
zum Wohle aller Lebewesen.

Auf der Grundlage der Zufluchtnahme und der Motivation von Bodhichitta kann nun die »siebenfache Feier« praktiziert werden. Das erste Glied ist: *Sich verbeugen und Ehre erweisen.* Die Verbeugung drückt, als starke Form der Ehrerbietung, Respekt und Hingabe aus. Diese Haltung steht bei uns im Westen nicht hoch im Kurs. Vielleicht hat das mit einer Schwierigkeit zu tun, der wir oft begegnen, sobald wir mit äußeren Formen arbeiten. Diese können missverstanden, missbraucht oder mechanisch vollführt werden und dabei ihren ursprünglichen Sinn verlieren. So können sie zum leeren Ritual oder sogar zum Aberglauben verkommen. Verbeugung wird dann zum Zeichen der Unterwürfigkeit oder zum Ausdruck von blindem Glauben, Gehorsam oder Konformismus. Solch unkritische Unterordnung unter das, was als Autorität gesehen wird, möchten wir jedoch vermeiden.

Echtes Verbeugen dagegen kann zutiefst berühren. Vielleicht würde es sich für uns im Westen lohnen, es wieder zu entdecken, auszuprobieren und zu üben. Falls uns äußerliches Verbeugen schwerfallen sollte, braucht uns das trotzdem nicht davon abzuhalten. Wir können, die Hände in den Taschen, den Kopf leicht neigen. Es geht vor allem um eine innere Haltung des Respekts und der Ehrerbietung. Gleichzeitig wollen wir der Tatsache gewahr sein, dass Stolz und innere Unsicherheit starken Widerstand gegen das Sich-Verbeugen erzeugen können und dass dieser Akt möglicherweise gerade deshalb sehr wirkungsvoll sein kann. Vielleicht spüren wir auch starke Widerstände gegenüber dem Objekt unseres Verbeugens. Hier ist es besonders wichtig, uns völlige Klarheit über unsere Haltung zu verschaffen:

Vor wem oder vor was verbeugen wir uns? Für jene, die das hilfreich finden, mögen es Formen und Symbole sein wie zum Beispiel Statuen oder Bilder. Wir können uns vor positiven Qualitäten des Universums und des Lebens, des Herzens und des Geistes verbeugen. Oder vor Buddha, Dharma und Sangha, wenn uns klar ist, was dies bedeutet – Ehrerbietung für das Erwachen zur Erkenntnis dessen, was unerschaffen, unbegrenzt und frei ist; oder wir verbeugen uns vor der Liebe und dem Mitgefühl.

Der große Thai-Mönch und Meditationsmeister Ajahn Chah sagte über das Verbeugen als Form der Praxis:»Es ist ein gutes Heilmittel für unseren Stolz. Wir sollten uns oft verbeugen. Wenn du dich dreimal verbeugst, kannst du über die Qualitäten von Buddha, Dharma und Sangha reflektieren, die Qualitäten der Reinheit, der Leuchtkraft und des Friedens. (...). Jene, die wirklich in Harmonie mit dem Dharma sind, gelangen weit über die äußere Form hinaus. Weil sie weit über die Ich-haftigkeit hinausgelangt sind, ist alles, was sie tun, eine Form der Verbeugung: Wenn sie gehen, ist es ein Sich-Verneigen, wenn sie essen, ist es ein Sich-Verneigen, und wenn sie auf die Toilette gehen, ist es ein Sich-Verneigen.«[2]

In gewissen Zen-Schulen verbeugt man sich zuerst vor seinem Sitz, das heißt vor sich selbst. Dabei verbeugt man sich nicht vor seinem kleinen Ich. Vielmehr ist es eine Verehrung der Weisheit und der Ganzheit, wie sie in uns selbst und in allen anderen schlummert und zur Entfaltung gelangen will. In einem Gedicht schreibt Lama Surya Das:

>»Während zwölf Jahren habe ich mich vor Buddha
> verneigt.
> Heute verneigt er sich vor mir.«[3]

Wenn wir uns vor dem Dharma verbeugen, verneigen wir uns vor der Wirklichkeit und auch vor der Kraft und Schönheit unserer Praxis. Teilnehmer an Retreats finden manchmal Vipas-sana-Meditation sehr trocken. In der Tat mag sie bisweilen schwierig und anspruchsvoll erscheinen. Aber sie vermag auch eine ungeheuer freudige und positive Energie und Inspiration hervorzurufen. Tatsächlich kann sie die vollständige Befreiung

vom Leiden ermöglichen. Darin liegt reichlich Grund zur
Freude. Genau dies ist es, vor dem wir uns verbeugen und das
uns inspiriert.

Wenn wir uns vor der Sangha verbeugen, bedeutet das, dass
wir alle jene ehren, die unser Interesse an Freiheit und Liebe
teilen. Vor allem ehren wir aber jene, die zutiefst verwirklicht
sind, und solche, die sich mit besonderer Ernsthaftigkeit dem
Dharma verpflichtet haben, seien es Nonnen, Mönche oder
Laien. Schließlich verbeugen wir uns vor der allen Lebewesen
innewohnenden grundlegenden »Gut-heit«.

Im tibetischen Vajrayana sind, als eine der »Vorbereitungs-
Praktiken«, 100 000 vollständige Niederwerfungen üblich.
Lama Tsong Khapa, der große Gelehrte, Yogi, Reformator und
Gründer der Gelugpa-Schule, soll 35 Serien zu je 100 000
Niederwerfungen als Vorbereitungspraxis vollendet haben. Sich
verbeugen ist eine Art von Geben. Wir geben uns selbst hin,
unseren Körper, unser Wesen, unser Leben.

Beim zweiten Glied der siebengliedrigen Feier geht es ebenfalls ums Geben: nämlich um *das Darbieten von Gaben*. Auch das
ist für viele von uns eine ungewöhnliche Praxis. Die Vorstellung von Opfergaben ist für uns eher fremd, ja vielleicht gar
anrüchig.

Darbringen von Gaben heißt aber unsere Verehrung zeigen,
Offenheit üben und Großzügigkeit ausdrücken. In gewissen
Traditionen werden sowohl wirkliche als auch symbolische
Gaben dargeboten. Sie werden visualisierten Formen von
Buddhas, das heißt den Qualitäten des Erwachens, der Weisheit
und der Liebe dargebracht. Diese zutiefst spirituellen Kräfte in
uns sind letztlich Motivation und Antrieb für unser inneres
Wachstum und unsere Bewusstwerdung. Diese Kräfte und
höchsten Eigenschaften, manche würden sie »das Göttliche in
uns« nennen, sind es, die uns unwiderstehlich anziehen, oder
um mit Kabir, dem indischen Mystiker des 15. Jahrhunderts, zu
sprechen, das, was wir »immerzu lieben«.

»Ich höre den Klang der ekstatischen Flöte,
doch ich weiß nicht, wessen Flöte es ist.
Eine Lampe brennt und hat weder Docht noch Öl.
Ein Beet Lilien blüht und ist nicht mit dem Boden
    verbunden!
Wenn sich eine Blüte öffnet, erblühen meist Dutzende.
Der Mondvogel denkt an nichts anderes als an den Mond,
und wann der nächste Regen kommt, ist alles, woran der
    Regenvogel denkt.
Wer ist es, den wir immerzu lieben?«[4]

Das Darbringen von Gaben kann eine Geste von großer
Schönheit und tiefer Bedeutung sein – oder aber eine leere
Form, ein bedeutungsloses Ritual und ein Aberglaube. Wenn
wir es mit ganzem Herzen tun, mit vollem Gewahrsein und
mit Großzügigkeit, sind Fülle und innerer Reichtum die Folge. Wenn wir es mechanisch und achtlos oder mit Gewinn-
streben tun, dann wird das Darbringen von Gaben zur Farce.

Ein Mann pflegte einem indischen Yogi Geld und Gaben zu
schenken. Als er dies tat, wurde er immer wohlhabender und je
reicher er wurde, desto mehr Geschenke machte er. Aber eines
Tages dachte er: »Man sagt, je heiliger die Person, der man
schenkt, desto größer wird das Verdienst sein. So werde ich von
nun an dem Guru des Yogi Geschenke machen.« Als er dies tat,
wurde er ärmer und ärmer. Verzweifelt fragte er den Yogi um
Rat. Dieser erklärte ihm: »Schau, solange du gegeben und dich
nicht gekümmert hast, wem du gabst, ob mir oder jemand anderem, gab dir Gott und kümmerte sich nicht, wem er gab. Als
du aber anfingst, besonders würdige und berühmte Menschen
auszuwählen, tat Gott genau dasselbe.«

Es gibt verschiedene Bereiche oder Ebenen des Darbietens von
Gaben. Im Rahmen der siebenfachen Feier werden zum Beispiel Objekte für die fünf Sinne dargeboten:

- Schöne Formen und Farben für das Auge, wie Blumen oder eindrückliche Landschaften
- Klänge, Musik; dies schließt auch Rezitation und Gesang mit ein, wie zum Beispiel das Rezitieren der Qualitäten des Dharma
- Angenehme Gerüche, wie Räucherstäbchen oder Weihrauch
- Geschmack von Speise und Trank
- Schöne, angenehme Stoffe und Kleider.

Anstatt ständig damit beschäftigt zu sein, uns diese Dinge zu beschaffen, können wir die Gelegenheit nutzen sie zu verschenken. Zum Darbieten eignet sich alles, was wir als schön und angenehm empfinden. Selbst Tanzen kann dazugehören. Tibetische Mönche führen tanzend die Geschichte des Dharma als historische Begebenheit wie auch als Sinnbild für die innere Entwicklung auf.

Durch das Üben des Gebens gehen wir in einer Weise durch das Leben, dass wir nicht mehr so besorgt darum sind, was wir noch anschaffen und anhäufen könnten, sondern dass wir – soweit uns das möglich ist – darbringen und verschenken, was immer es an guten Dingen gibt. Besitz, Dinge, Sonnenuntergänge, schöne Gesichter, Klänge oder was immer uns sonst noch schenkenswert erscheint. Dadurch kann unsere Praxis zur Feier und zum Fest der Freude werden. So ist sie nicht mehr eine kleinliche Angelegenheit, die wir von Zeit zu Zeit üben, um unseren Geist zu beruhigen, sondern sie wird allumfassend und weit.

Auf einer anderen Ebene bringen wir uns selbst dar – unsere Sinne, unseren Körper, unser Leben. Wir geben uns in die Meditationsübung hinein, wir geben uns im Helfen und Dienen, wir geben unser Ganzes, um wirklich tief zu verstehen, und das zum Wohle aller Lebewesen und des ganzen Planeten. In der Praxis der Hingabe geben wir unser Leben für das, was am sinnreichsten und bedeutungsvollsten ist.

Auf einer weiteren Ebene erkennen wir die Nicht-Fassbarkeit von allem – substanzlose Lebewesen, die substanzlose Formen darbieten an substanzlose Qualitäten.

Niemand ist da, der gibt, niemand, der empfängt, und auch
die Gabe selbst ist gänzlich leer. Unser Leben und unser Sein
sind ein transparenter Tanz, eine feiernde Leerheit, die sehr tief
sein kann.

Zu Beginn mag man Buddhas, Symbole des Erwachens und
all der positiven Qualitäten, als außerhalb von sich selbst sehen.
Auch das ändert sich durch die Übung. Das gleiche Wesen, dieselben Qualitäten nehmen wir in uns selbst wahr. Wenn sie
nicht schon in uns wären, könnten wir sie nie erfahren und
verwirklichen.

Kabir beschreibt es so:

»In diesem Tonkrug gibt es Schluchten, Wälder und Berge
und den Schöpfer von Schluchten, Wäldern und Bergen.
Alle sieben Meere sind darin, und hundert Millionen
    Sterne.
Er enthält die Säure, die Gold prüft, und den Bewerter
    der Juwelen.
Und die Musik von den Saiten, die niemand berührt,
und die Quelle aller Gewässer.
Wenn du die Wahrheit willst,
werde ich dir die Wahrheit sagen:
Hör zu, Freund: Der Gott, den ich liebe, ist innen.«[4]

Je tiefer unsere Erkenntnis ist, desto mehr fällt auch die scheinbare Trennung zwischen Innen und Außen weg, und was
bleibt, ist Leben, das mit sich selber spielt und tanzt.

Als Nächstes *sehen und bekennen wir unsere Negativitäten* und
erfreuen uns an guten Qualitäten.

Auch dies mag für manche von uns etwas seltsam klingen.
Dabei ist Bekennen oder Enthüllen der eigenen Negativitäten

eine in vielen spirituellen Traditionen übliche Praxis. Auch in unserem Alltagsleben tun wir das manchmal.

Missverstanden oder missbraucht kann Bekennen zum leeren Ritual werden oder gar ein Mittel sein, uns Schuldgefühle aufzuladen und ein Gefühl der Wertlosigkeit hervorzurufen. Richtig verstanden und angewendet wirkt Bekennen aber befreiend. Dabei wird uns klar, dass wir nicht unfehlbar sind und es auch nicht zu sein brauchen. Vielmehr sehen wir, dass es in Ordnung ist, dass wir Fehler machen. Wir brauchen uns deshalb nicht in Schuldgefühlen zu verstricken. Auch ermöglichen uns Gewahrsein und Erkenntnis zu sehen, dass diese Negativitäten nicht wirklich »wir selbst« sind. Dadurch werden die Ausgangsbedingungen für Vergebung und für eine Haltung der Liebe und des Mitgefühls uns selbst gegenüber geschaffen. Wenn wir fühlen und begreifen, dass eine Handlung oder eine innere Haltung nicht hilfreich ist, sondern eher schmerzhaft für uns und für andere, dann beschließen wir, dies möglichst nicht mehr zu tun. Das genügt.

Bekennen wirkt also auch nicht-verdrängend. Wir sehen das Ungeschickte, Negative; wir vergeben uns und lassen los. Wir können es jemand anderem gegenüber zugeben, in uns selbst klar sehen und – in der Meditation – als leere Erscheinung erkennen – als nicht »Ich«, nicht »mir« gehörend. Wenn auf diese Art und Weise Klarheit entsteht, ist dies ein Akt des Gewahrseins, der Ehrlichkeit, der Vergebung und damit der Reinigung und Befreiung.

Von hier aus tun wir einen weiteren Schritt: Anstatt uns in Schuldgefühlen zu verstricken, erinnern wir uns unserer guten Qualitäten und Taten, unserer inneren Schönheit und erfreuen uns daran. Das ist wahrscheinlich der außergewöhnlichste und ungewohnteste Teil dieser Übung und auch einer der wichtigsten. Wir anerkennen und schätzen unsere eigenen positiven Eigenschaften und freuen uns über sie. Das ist für viele gar nicht so leicht, bedeutet es doch die Umkehrung unseres oft tief verwurzelten Gefühls der Wertlosigkeit und des Mangels an Respekt für uns selbst. Wir wagen es, an unsere guten und schönen Seiten zu denken und zu glauben, uns darüber zu freuen und sie so zu verstärken. Dabei hilft es, genau zu sein im Auflisten dieser positiven Tendenzen, Haltungen und Eigenschaften: Großzügigkeit, Liebe, Mitgefühl, Hilfsbereitschaft, Geduld, Ausdauer, Annehmen, Loslassen, Achtsamkeit, Interesse oder Erkenntnis. Manchmal glauben wir keine solchen Eigenschaften in uns finden zu können. Diese Annahme kann aber niemals den Tatsachen entsprechen.

Uns an unseren positiven Eigenschaften und an jenen der anderen zu freuen ist eine wirksame Übung und Haltung. Wir können sie in der formalen Meditation wie auch im Alltag anwenden. Sie ist die Leichtigkeit, Farbe und »Musik« unserer Praxis. Mit Kabirs Worten:

»Hast du die Musik gehört – ohne Finger gespielt?
Tief drinnen im Haus. Verworrene Musik.
Warum willst du dein Haus verlassen?
Angenommen, du schrubbst deine ethische Haut,
   bis sie glänzt,
aber im Innern gibt es keine Musik, was dann?
Mohammeds Sohn brütet über Worten
und weist auf dies und jenes hin,
doch wenn seine Brust nicht durchtränkt ist mit Liebe,
   was dann?
Der Yogi kommt in seinem berühmten Orange daher.
Doch wenn er innen ohne Farbe ist, was dann?«[4]

Wenn wir uns für uns selbst öffnen, werden wir uns auch leichter an den guten Qualitäten und der inneren Schönheit anderer erfreuen. Dies wird zu einer Kraft, die Eifersucht und Neid entwurzelt und unserer Praxis Farbe, Freude und Beschwingtheit verleiht.

Die nächsten beiden Glieder sind *Bitten* oder *Anfragen. Das Bitten um die Lehre*, um Unterweisung, Anleitung und Rat ist in vielen Traditionen üblich. Das andere Glied ist eine Besonderheit des tibetisch-buddhistischen Mahayana: *die Bitte an höchst erleuchtete Menschen, nicht endgültig ins Parinirvana einzugehen,* sondern immer wieder zurückzukehren in unsere Gefilde, um zu lehren und zu helfen. Seine Heiligkeit der Dalai Lama ist ein solches Beispiel. Er ist die 14. Inkarnation der Dalai Lamas, die sich zum Segen aller Lebewesen immer wieder als Lehrer manifestieren.

In vielen buddhistischen Traditionen gibt es eine Formel, die rezitiert wird vor dem Lehrvortrag, der Zufluchtnahme, dem Ablegen von Gelübden oder vor Initiationen. Sie lautet in der Pali-Sprache:»Brahma ca lokadhipati sahampati katanjali ativaram ayacatha santidha satap parajakkha jatika desetu dhammam anukampimam pajam«, was so viel bedeutet wie:»Brahma Sahampati, Herr über die Welten, bat [den Buddha] mit Ehrerbietung: Es gibt Wesen mit nur wenig Staub auf ihren Augen. Aus Mitgefühl für sie, lehre bitte das Dharma«.

Wenn dies mit Verständnis rezitiert wird, ist es sehr bedeutungsvoll. Ohne die Lehrenden, ohne Belehrungen wüssten wir nichts über innere Entwicklung und den Weg zur Befreiung und Erleuchtung. Das Bitten um die Lehre ist also sozusagen der Ausgangspunkt des spirituellen Lebens.

Für die Bittenden bedeutet es auch, interessiert, offen und empfänglich zu sein. Es heißt, dass die Lehre willkommen ist und nicht etwas, das einem aufgedrängt wird. Missionieren ist echter Spiritualität fremd.»Bitten« ist aber auch eine Gegenkraft gegen Stolz, Einbildung und Verschlossenheit. Es fördert eine Haltung der Schlichtheit und der Demut, im besten Sinne dieses Wortes.

Lehrerinnen und Lehrer sollten nur auf Anfrage hin lehren und Retreats geben. Dies schützt sie davor, aus Ehrgeiz oder aus ihrem Bedürfnis nach Anerkennung heraus zu lehren. So kann man hoffen, dass Lehren zum größeren Teil aus Interesse, Mitgefühl und Solidarität mit anderen kommt und als Antwort auf eine Anfrage.

Es gab und gibt Zeiten und Orte, wo es fast nicht möglich
ist, die Lehre zu erhalten. Deshalb wird immer wieder betont,
wie wertvoll es ist, an der Lehre teilhaben zu können.
Nicht immer war es so einfach wie heute bei uns im Westen, der Lehre teilhaftig zu werden. Oft wurde den Suchenden
der Zugang zum Dharma absichtlich schwer gemacht. In gewissen Zen-Schulen war es zum Beispiel Brauch, dass man drei
Tage vor den Toren des Klosters um Einlass begehren und warten musste, bis man eingelassen, zu den Belehrungen zugelassen und schließlich ordiniert wurde.

Als ich Anfang der Siebziger Jahre in Indien nach einem geeig-
neten Meditationslehrer suchte, reiste ich mehrere Monate
lang im Land herum, besuchte verschiedene Pilgerorte und
heilige Stätten, ging Berichten, Versprechungen und Gerüch-
ten über Yogis und Gurus nach, bis ich von einem Ort an den
Hängen des Himalaja hörte, wo es tibetische Meister geben
sollte. Als ich nach langer Reise endlich an diesem Ort angekommen und mich eingerichtet hatte, brauchte ich einige
Tage, bis ich nähere Auskünfte über den Aufenthaltsort eines
solchen Meisters erhielt. Beim ersten Besuch wurde klar, dass
es eines Übersetzers bedurfte. Er wurde nach einigen Tagen gefunden und erklärte sich einverstanden zu helfen. Nach verschiedenen Versuchen – die Treffen wurden wegen unerwarte-
ter Ereignisse, wie Vollmondzeremonien und Pujas, immer
wieder verschoben – war es nach zwei, drei Wochen und vielen
Exkursionen durch die oft sintflutartigen Regengüsse des indischen Monsuns doch endlich soweit: Zusammen mit zwei anderen Westlern erhielt ich die ersten Belehrungen. Wie groß
war da unsere Wertschätzung!

Erfreulicherweise sind immer mehr Menschen auch im
Westen bereit, Mühen auf sich zu nehmen, um das Dharma zu
hören und zu praktizieren. Viele wenden vermehrt ihre freie
Zeit für Meditation und für Retreats auf. Allerdings sind wir
durch unsere raffinierte »Unterhaltungskultur« sehr verwöhnt

und wünschen uns, dass die Lehren und Anleitungen möglichst leicht erhältlich sind, hübsch verpackt, möglichst unterhaltsam präsentiert und mit immer neuen Anekdoten und Höhepunkten gewürzt, damit wir uns auf keinen Fall langweilen. Dabei ist es oft so, dass gerade das, was leicht erhältlich ist, Gefahr läuft, oberflächlich zu bleiben. Um etwas Dauerhaftes und Kostbares zu erhalten, brauchen wir die Bescheidenheit des Bittens sowie Beständigkeit. So ist es sicherlich sinnvoll, auch im Westen die Form der Anfrage zu erhalten und zu pflegen.

Eine Haltung der Offenheit wird durch das letzte Glied gefördert: *Widmen und teilen.* Wenn wir etwas tun, das in uns positive Qualitäten schafft – zum Beispiel meditieren, an einem Retreat teilnehmen oder geben, helfen, heilen –, so können wir diese positiven Energien mit anderen teilen – mit unseren Lehrern und Lehrerinnen, Eltern, Kindern, Partnern, Freunden und Freundinnen, Feinden und Unbekannten. Wir können sie auch einer bestimmten Sache oder Person widmen oder der Befreiung aller Lebewesen.

Diese Haltung gibt unserem Leben eine klare Richtung. Der Fluss unseres Lebens mag sich auf die eine oder andere Seite hin bewegen und winden, aber die Gesamtrichtung bleibt klar. Teilen bedeutet auch nicht-anhäufen – eine offene, fließende und großzügige Haltung, die sich nicht um persönlichen Gewinn und Vorteile sorgt. Wir lassen die künstliche Trennung, Begrenzung oder Dualität, das Gefühl von »ich und die anderen« fallen. Praxis geschieht einfach, sie praktiziert sich sozusagen selbst, ohne Sorge um die Person, die praktiziert, um »meine« Praxis, »meine« Meditation und »mein« Resultat. Was erfahren wird und was sich manifestiert, ist ein Spiel, eine Feier – funkelnd und leer, zauberhaft, erstaunlich und wunderbar.

Hier sei noch eine stark gekürzte, frei übersetzte Version der Widmung aus Shantidevas »Bodhicaryavatara« angefügt. Dieser

Text wurde vom großen indischen Bodhisattva und Poeten im bilderreichen Stil des 8. Jahrhunderts verfasst:

»Durch die Kraft des Verfassens dieses Textes
Mögen alle Lebewesen
Sich in Bodhisattva-Praxis üben.

Durch die Kraft dieser Verdienste
Mögen alle Lebewesen überall –
Geplagt durch Leiden an Körper und Geist -
Einen Ozean aus Glück und Freude erreichen.

Mögen alle Tiere frei sein von Angst.
Mögen alle hungrigen Geister zufrieden sein.
Mögen die Bereiche der Höllen zu Orten der Freude
    werden,
Mit Lotus-Teichen und mit Enten und Schwänen.

Mögen die Blinden sehen,
Mögen die Tauben hören,
Mögen die Nackten Kleidung finden
Und die Hungrigen Nahrung.
Mögen die Durstigen Wasser finden
Und köstliche Getränke.

Mögen die Armen Reichtum finden,
Mögen die Bekümmerten sich erfreuen.
Mögen die Bedrückten neue Hoffnung finden
Und Glück und Wohlergehen.

In allen Richtungen und überall
Möge es Gärten geben mit wunscherfüllenden Bäumen,
Erfüllt mit dem süßen Klang der Lehre,
Verkündet durch Buddhas und Bodhisattvas.

Mögen alle Wesen ununterbrochen
Den Klang der Lehre hören.
Mögen sie ständig mit Buddhas
Und Bodhisattvas zusammen sein.

Mögen die Lebewesen nie mehr in qualvolle
  Lebensbereiche fallen,
Und mögen sie kein schweres Leid erfahren.
Solange es leidende Wesen gibt,
Möge ich hier bleiben und helfen, sie zu befreien.«[5]

STUFENWEISE ENTWICKLUNG – UNMITTELBARE ERKENNTNIS

Innerhalb dieser erscheinenden, bedingten Wirklichkeit praktizieren und entwickeln wir schrittweise alle positiven Qualitäten wie Großzügigkeit, Liebe und Mitgefühl. Erkenntnis der letzten Wirklichkeit aber kommt nicht graduell, sondern plötzlich. Sie leuchtet auf und macht die Natur der Dinge sichtbar. So verwirklichen wir Freiheit und Frieden für unser eigenes Wohlergehen und zum Wohle aller Lebewesen.

Es gibt zwei Aspekte der Wirklichkeit und zwei Aspekte der Praxis, über die viele Meinungsverschiedenheiten bestehen und endlose Diskussionen geführt wurden, seit Dharma, die Lehre, gelehrt und praktiziert wird.

Die zwei Aspekte der Wirklichkeit beziehen sich auf die Unterteilung in die erscheinende, konventionelle und in die letztendliche Wirklichkeit. In Bezug auf diese beiden Ebenen der Realität gibt es immer wieder Meinungsverschiedenheiten um die Frage, welche Ebene wichtiger sei.

Die beiden Aspekte der Praxis beziehen sich auf die Frage, ob es richtiger sei, die Betonung auf stufenweise Entwicklung oder auf die plötzlich-unvermittelte Realisation zu legen.

Diese beiden Problemkreise – Ebenen der Wirklichkeit und Praxis/Realisation – stehen in engem Zusammenhang und ihre inneren Widersprüche sind nur scheinbare.

Ein tibetischer Lama soll in Bezug auf die zwei Ebenen der Wirklichkeit gesagt haben: »Betrachte ich das magische Spiel dieser Welt, wie sie zu sein scheint, kommen überwältigende Trauer und Mitgefühl in mir hoch. Betrachte ich ihre Natur der innewohnenden Leerheit, wie sie wirklich ist, kann ich nicht anders als staunen und in Gelächter ausbrechen.«

Zunächst betrachten wir die Unterteilung in zwei Ebenen der Wirklichkeit. Das, was wir Leben nennen – unser eigenes und das der anderen, innen und außen –, ist ein kontinuierlicher Fluss aus Wahrnehmungen und Erfahrungen, eine enorme Vielfalt von Dingen und Geschehnissen: Körperempfindungen, Sinneseindrücke, Gefühle und Emotionen, Gedanken, Vorstellungen und so weiter. Es ist die Welt, die wir kennen, die Welt der Erscheinungen, die Welt, die wir mit anderen teilen. Diese Ebene nennen wir die erscheinende, bedingte, konventionelle Wirklichkeit.

Durch Meditation und Praxis wird man sich der veränderlichen, vergänglichen, unstabilen Natur dieser Realität sehr bewusst. Sie befindet sich in ständiger Bewegung. Sie ist eine schnelle Folge von Momenten der Wahrnehmung. Rumi sagt dazu: »Die Erscheinungen kommen anmarschiert, eine nach der anderen – sobald eine da ist, ruft die nächste: Hau ab! Jetzt bin ich dran!«

Diese Welt ist so flüchtig und durchsichtig wie eine Fata Morgana, eine magische Illusion ähnlich einer Spiegelung im Wasser; erscheinend – und doch substanzlos, leer. Das magische Spiel der Welt *scheint* bloß zu existieren, wie der Lama sagt.

Obwohl das alles flüchtig und substanzlos ist, folgt es einer strengen Gesetzmäßigkeit. Alle bedingten Geschehnisse und Erfahrungen, Dinge und Lebewesen entstehen, treten ins Sein als Resultat von Ursachen und Bedingungen. Nichts im Leben geschieht zufällig und ohne Grund, sondern entsprechend strikten Gesetzen. Auf der materiellen, physischen Ebene ist das für uns sehr offensichtlich. Objekte haben Gewicht und fallen gemäß dem Gesetz der Schwerkraft nach unten. Leichte Gase und warme Luft steigen. Wasser wird zu Eis, wenn es sich auf eine bestimmte Temperatur abkühlt; es wird zu Dampf bei einer gewissen Hitze. Alles verläuft gesetzmäßig. Es gibt Gesetze der Geschwindigkeit, Gesetze der Energie. Es gibt biologische Gesetze: Aus dem Samen einer Blume erhalten wir die gleiche Art von Blume. Stiefmütterchen-Samen ergeben Stiefmütterchen, nicht Tulpen. Auto-, Heizungs- und Industrieabgase zerstören Bäume und tragen nicht zu deren Gesundung bei. Eine ähnliche Gesetzmäßigkeit wirkt auch in Bezug auf unsere Gedanken und Handlungen. Heilsame, lebensfreundliche Haltungen und Handlungen schaffen angenehme und glücksbringende Resultate. Unheilsame, destruktive Haltungen und Taten schaffen schmerzvolle, unglücksvolle Ergebnisse.

Wie der Buddha es ausdrückt : »Wer mit unheilsamer, negativer Absicht im Geist spricht oder handelt, dem folgt Leiden so, wie das Wagenrad dem Ochsen folgt, der den Wagen zieht.« Wenn wir aus Begierde handeln, werden wir Armut erfahren und einen Mangel an dem, was wir brauchen. Wenn wir aus Hass handeln, werden wir Unbeliebtheit erfahren.

Andererseits: »Wer mit heilsamer, positiver Absicht im Geist spricht oder handelt, dem wird Freude folgen wie der eigene Schatten.« Wenn wir aus Großzügigkeit handeln, werden wir Überfluss erfahren. Wenn wir Liebe fühlen und ausdrücken, erfahren wir Glück und Freude. Das ist das Gesetz des Karma. Ein unbestechliches Gesetz.

Die Lebewesen – so auch wir – unterliegen diesen Gesetzmäßigkeiten, ohne sie aber zu verstehen, und schaffen dabei endloses Leiden für sich selbst, obwohl alle unablässig versuchen glücklich zu sein. Wenn wir dies sehen, verstehen wir den ersten Teil des oben angeführten Zitats: »Betrachte ich das magische Spiel dieser Welt, wie sie zu sein scheint, kommen überwältigende Trauer und Mitleid in mir hoch.« Ist man verwickelt und identifiziert mit der Erscheinung der Dinge, so wird man leiden.

All dies hat zu tun mit der Welt der Erscheinungen, mit der konditionierten, konventionellen Wirklichkeit. Es ist die Funktionsweise des Lebens, entsprechend den Gesetzen von Ursache und Wirkung.

Nun können wir die *Natur* dieser Realität betrachten, schauen, woraus sie gemacht ist, sozusagen ihr Gewebe erkennen. Sobald wir unser Augenmerk verschieben, weg von der Erscheinung der Dinge, und anfangen ihre Natur zu erforschen, erwarten uns ein paar Überraschungen. Nehmen wir zum Beispiel eine Sonnenblume: Sie existiert. Sie ist grün, gelb und braun, ist sehr dekorativ, eignet sich als Vogelfutter, kann zu Öl verarbeitet werden und so weiter. Das ist ihre Wirklichkeit, wie wir sie kennen: ihre Erscheinung, ihre Funktionen. Wenn wir nun anfangen ihr eigentliches Wesen zu erforschen, beginnt das, was uns als Sonnenblume bekannt ist, zu verschwinden. Wir finden einen Stängel, Blätter, Blütenblätter, die Samen oder Kerne usw. Aber wir finden nichts, von dem wir sagen könnten: Das hier ist nun die Sonnenblume. Wenn wir tiefer forschen, finden wir vielleicht verschiedene Nährstoffe, aus denen sie besteht. Oder wir können ihren genetischen Code oder gar ihre subatomare Realität aus Partikeln und Quanten untersuchen. Aber je tiefer wir forschen, desto weiter scheinen wir uns von der Sonnenblume zu entfernen. Und tatsächlich: Sobald wir über ihre Erscheinung und ihre Funktionen hinaus weiterforschen, können wir sie nirgendwo mehr finden. Sie ist leer von sich selbst, etwa nach dem Prinzip: Wer nicht sucht, der findet nichts …, aber wer sucht, der findet auch nichts!

Das heißt nicht, dass die Sonnenblume nicht existiert. Denn das wissen wir genau: Wir haben schon oft ihre Schönheit bewundert und benutzten gerade etwas von ihrem Öl fürs Mittagessen. Sie ist jedoch einfach ein Zusammentreffen einer Anzahl von Dingen und Bedingungen. Wenn diese in einer bestimmten Weise zusammenkommen, nennen wir das »Sonnenblume«; es handelt sich also um eine gewisse Anordnung, über die wir uns einig sind, dass es eine Sonnenblume sei. Konventionelle, erscheinende Wirklichkeit – leer in sich selbst.

Ähnlich verhält es sich mit einem 100-Mark-Schein: Da ist einmal das Papier; solides, faltbares Papier. Da ist das Bild, der Text und die Zahl 100. Die gibt es aber auch beim Monopoly-

Geld oder als Spielgeld. Es ist also noch kein wirklicher 100-Mark-Schein, bis die Regierung ihn als solchen deklariert, also durch einen Akt der Benennung und des In-Umlauf-Bringens bestimmt, dass dieses Papier nun einen solchen Wert darstellt. Auch dies funktioniert nur, wenn alle sich darin einig sind. Wir sagen dann: Es *ist* ein 100-Mark-Schein. Sobald aber dieser Geldschein aus dem Verkehr gezogen wird, ist es wiederum kein wirklicher 100-Mark-Schein mehr. Auch hier sehen wir: Er ist leer von sich selbst. Ähnlich wie beim 100-Mark-Schein existieren alle Dinge dieses Daseins nur durch Benennung, »Zuschreibung« und Übereinkunft.

So sind also die Dinge nicht, was sie zu sein scheinen – seien es Blumen oder Geldscheine oder Menschen oder unser Körper oder unser Geist. Die Art und Weise, in der die Dinge und wir selbst existieren (als bedingte Erscheinung), und die Art und Weise, wie sie wirklich sind (leer von sich selbst), unterscheiden sich sehr voneinander. Das eine ist ihre konventionelle, bedingte, erscheinende Wirklichkeit, das andere ist ihre letztendliche, wahre Natur: erscheinend und leer. Aber die zwei Wirklichkeiten, jene der Erscheinung und jene der Leere, sind nicht getrennt voneinander. Vielmehr sind sie die zwei Seiten derselben Münze. Sie sind wie Hitze und Feuer, verschieden und doch untrennbar. So ist also Form nicht getrennt von Leere und Leere ist nicht außerhalb oder jenseits der Form; vielmehr sind sie zwei Aspekte desselben Spiels. Beide sind genau gleich wichtig und bedeutsam für uns.

In Bezug auf die Erscheinung wollen wir ihre Gesetzmäßigkeit verstehen, ihre Spielregeln kennen und das Spiel gut spielen lernen, um seine Schönheit und Fülle zu leben und um Glück zu schaffen, nicht Leiden.

In Bezug auf die letztendliche Wirklichkeit müssen wir die wahre Natur der Dinge sehen, ihr Leersein von Selbstexistenz. In dem Maße, in dem wir das tun, sind wir frei. Wir sind frei, weil Dualität durchschaut wird, weil wir sehen, dass es nichts gibt, das erfasst und festgehalten werden kann, und weil wir erkennen, dass keiner da ist, der erfasst und festhält. So heißt es im Zitat:»Betrachte ich ihre Natur der innewohnenden Leerheit, wie sie wirklich ist, kann ich nicht anders als staunen und in Gelächter ausbrechen.«

Nun wenden wir uns dem zweiten Themenkreis zu, dem Unterschied zwischen einer Praxis der stufenweisen Entwicklung einerseits und plötzlicher,»stufenloser« Realisation andererseits. Das sollte jetzt leichter zu verstehen sein und es gibt keine wirklichen Widersprüche. Auf der Seite der erscheinenden, bedingten Wirklichkeit praktizieren, entwickeln, vervollkommnen wir die positiven inneren Qualitäten und manifestieren wir unser Verständnis der Dinge mit Liebe und Mitgefühl. Auf der Seite der letztendlichen Wirklichkeit praktizieren wir zwar Achtsamkeit, Stetigkeit, Interesse und Erforschung, aber Erkenntnis kommt nicht graduell, sondern plötzlich-unvermittelt. Es trifft uns plötzlich, Schuppen fallen uns von den Augen, Erkenntnis »leuchtet auf« und macht Realität sichtbar. Was erkannt wird, ist Leerheit, Un-bedingtheit. Sie ist außerhalb der Bedingungen, also nicht verursacht. Zu glauben, dass irgendetwas, selbst Meditation und Erforschen der Wirklichkeit oder aber Austausch mit dem Meister *(sat-sang)* oder dessen Segen die Ursache, die Vorbedingung sei, ist nicht richtig. Dies kommt sehr gut in der Aussage U. G. Krishnamurtis zum Ausdruck:»Erleuchtung ist wie ein Unfall (oder Zufall), aber Meditation scheint uns viel unfall-anfälliger zu machen.«

Für ein vollständiges spirituelles Leben brauchen wir beide: die Praxis der stufenweisen Entwicklung positiver Qualitäten auf der Ebene bedingter Erscheinungen als auch die unmittelbare Erkenntnis der letztendlichen, leeren Natur aller Dinge; etwa so, wie ein Vogel zwei Flügel braucht zum Fliegen. Die Vorstellung, dass eine erleuchtende Erkenntnis auch zugleich alle positiven Qualitäten vervollkommnet, ist leider sehr zweifelhaft oder gar naiv.

Ein Modell, das sehr hilfreich ist in Bezug auf die beiden
Aspekte der Praxis und auf die zwei Ebenen der Wirklichkeit,
ist die Paramita-Praxis im tibetischen Buddhismus. Paramita
könnten wir mit »Vollendung« übersetzen. Andere buddhistische Traditionen kennen andere Aufzählungen von Paramitas.
Alle beziehen sie sich jedoch auf eine Anzahl von Bereichen
unseres Lebens, an denen wir arbeiten und die wir erforschen
und ausleuchten können, um sie zu einer gewissen Vollendung
zu bringen. Wichtig ist es, diesen Zugang zur Praxis als Richtung zu verstehen, nicht als neuen spirituellen Anspruch und
Idealismus.

Dies sind die wichtigsten Paramitas: Großzügigkeit, moralische
Integrität, Geduld und Akzeptieren, Enthusiasmus, Meditation
und Erkenntnis oder Weisheit.

Fünf davon haben mit der Praxis und graduellen Entwicklung von Geistesqualitäten zu tun, die in dieser Welt der Erscheinung von Bedeutung sind. Eine davon, die sechste, hat mit
Erkenntnis der letztendlichen Natur aller Dinge zu tun. Die
sechs werden verglichen mit einem Körper: Der Rumpf und
die vier Glieder entsprechen den ersten fünf Paramitas, der
Kopf mit den Augen der sechsten, Erkenntnis. Die ersten fünf
verrichten die Arbeit, bringen uns dahin, wohin wir wollen,
während die sechste den Augen entspricht, die sehen und verstehen, was wir tun und wohin wir gehen.

Die erste Paramita ist Großzügigkeit *(dana)*; sie bedeutet im
Grunde genommen nichts anderes als das Ende von Ergreifen
und Anhaften. Abkehr, Loslassen, Entspannen und Sich-Öffnen
bringen Leichtigkeit in unser Leben. Motiviert durch Liebe
und Mitgefühl entfalten sie sich zu Großzügigkeit. Wir geben,
was wir haben und was gebraucht wird – materielle Gaben,
unsere Zeit und Aufmerksamkeit, unser Wissen und unsere
Liebe.

Sich selbst und anderen vergeben ist ebenfalls ein Aspekt
der Großzügigkeit. Nachgeben kann unter Umständen ein

weiterer Aspekt sein, wie auch Hingabe an sinnreiche, wertvolle Vorhaben. Die Großzügigkeit anderer anzunehmen ist auch ein Geschenk an sie. Wir geben ihnen Gelegenheit, ihre Gabe auch wirklich ankommen zu sehen. Geben als Praxis und Lebensausdruck bringt Freude und Fülle. Es erlaubt uns, Loslassen zu üben, und schafft Verbundenheit mit dem Empfänger. Aber selbst von einem eigennützigen Gesichtspunkt aus gesehen ist Geben sinnvoll; denn eigentlich ist das, was wir weggeben, das, was uns wirklich gehört, und nicht das, was wir behalten. Was wir behalten, wird nämlich bald aufgebraucht sein, während das, was wir aus echter Großzügigkeit geben, mächtige karmische Resultate zu unseren Gunsten schafft. Großzügigkeit ist vollkommen, wenn jedes Gefühl von Getrenntheit zwischen Geber, Beschenktem und Gabe wegfällt; wenn beides, die Einheit und die Leerheit der Handelnden und des Handelns, durchschaut ist. In dem Sinne fällt es mit der Vervollkommnung der Erkenntnis, der Weisheit zusammen.

Die Paramita der moralischen Integrität *(sila/shila)* hat zwei Ursachen.

Erstens: Sie entspringt dem Verständnis der Wirkung unserer Handlungen auf uns selbst. Wir wissen, dass unheilsame Taten uns schaden und heilsame uns glücklich machen.

Zweitens: Sie entspringt dem Mitgefühl für andere, dem Wunsch, andere vor Leiden zu schützen und sie glücklich zu machen.

So leben wir auf eine Weise, die gewaltlos ist und sensibel; mit Respekt für alles Lebendige, mit Respekt für das, was anderen gehört, mit Respekt für Beziehungen, insbesondere für sexuelle Beziehungen, und Respekt in der Art und Weise, wie wir mit Nahrung, Drogen und Alkohol umgehen.

Moralische Integrität bedeutet, die »zehn Arten unheilsamen Verhaltens« zu vermeiden, also Töten, Stehlen und sexuelles Missverhalten, Lügen, üble Nachrede, grobes Reden und

Geschwätz sowie Habsucht, Feindseligkeit und irrige Ansichten über die Wirklichkeit. Wenn wir auf dem spirituellen Weg gehen, brauchen wir die moralische Integrität als »Beine«. Ohne sie kommen wir nirgendwohin. Sie wird als die Ursache für eine menschliche Wiedergeburt betrachtet und als die Ursache der Begegnung mit der Lehre. Menschen mit starker ethischer Integrität sind wie schöne Blumen, die viele Bienen anziehen. Sie ziehen andere Menschen an, denn sie geben ihnen Trost, Beistand, eine gewisse Sicherheit und Wohlbefinden. Es wird gesagt, dass sie auch die Götter und Buddhas anziehen und somit beschützt und gesegnet sind.

Moralische Integrität ist vollkommen, wenn beides, die gegenseitige Verbundenheit und das Leersein von Selbstexistenz aller Lebewesen, realisiert wird. Dann nämlich wird Ethik spontan und natürlich. Auch dies fällt zusammen mit der Vervollkommnung der Erkenntnis.

So wie Tag und Nacht einander ausschließen, schließt Großzügigkeit *(dana)* Anhaften aus, während Geduld und Annehmen *(khanti/kshanti)* die Aversion verbannen. Geduldiges Annehmen kann auf zwei Ebenen gesehen werden: Erstens in Bezug auf Situationen, Objekte, Geisteszustände und alle Art Erfahrungen und zweitens in Bezug auf die Lebewesen.

Geduld, Annehmen ist die Haltung, in der Geist und Herz offen, entspannt und im Gleichgewicht bleiben, was immer auch geschehen mag, besonders aber bei schwierigen Erfahrungen.

Shantideva illustriert dies folgendermaßen: Die Erde ist vielerorts bedeckt mit Dornen, kantigen Felsen und Steinen. Wir verhalten uns oft wie jemand, der versucht all diese Stellen zu bedecken, damit wir unbehelligt darauf gehen können. Eine weise Person trägt aber ganz einfach Schuhe und ist somit geschützt, wo immer sie auch gehen mag.

Geduldiges Annehmen entspricht solchen Schuhen: Es schützt uns auf ähnliche Weise und ermöglicht uns Schwierigkeiten geschickt zu meistern.

Geduld und Akzeptieren werden oft verglichen mit der großen Mutter Erde. Sie liegt völlig offen zu empfangen, anzunehmen und zu geben: Sonne, Regen, Saat, Ernte, Tiere und Menschen, Wälder, Städte, was immer ... Es ist die Haltung des Geistes und des Herzens, die sich nicht verschließt oder verhärtet, sondern willens ist, gewähren zu lassen und zu fühlen, was immer es auch sei. Es bedeutet nicht, die Zähne zusammenzubeißen, sondern das Leben willkommen zu heißen. Geduld ist die Ursache großer Heiterkeit und Ruhe.

Dieselbe Offenheit und Akzeptanz ist, wenn sie sich Menschen und anderen Lebewesen zuwendet, nichts anderes als Liebe *(metta/maitri)*, die als »eine sanfte Freundlichkeit gegenüber allen Lebewesen« definiert wird und Ursache großer Freude bei einem selbst wie auch bei anderen ist.

Die nächste Paramita ist die des Enthusiasmus, der Energie und der Ausdauer *(virya/viriya)*. Sie wird verglichen mit dem stetigen Gang des großen Elefanten, mit dem Mut der großen Kriegerin und dem Enthusiasmus des großen Liebhabers.

Unsere Praxis ist nicht ein irgendwohin Eilen, kein sich Abmühen und sich Durchschlagen. Sie ist aber auch kein Dahinschlendern oder -schleichen, bei dem wir gelegentlich einen Schritt vorwärts tun, mal hier, mal dort. Wir gehen vorwärts, im stetigen Gang des großen Elefanten, unbeirrt und mit Ausdauer. Man muss einen Elefanten gesehen haben, um dieses Bild zu verstehen! Der Elefant des Mahants, des örtlichen »Fürsten« in Bodhgaya, Indien, war ein eindrückliches Beispiel dafür. Von weitem hörte man ihn kommen, erkennbar am rhythmischen Läuten seiner Glocke. Wenn er durch das unbeschreibliche Gewirr des Marktes, das chaotische Durcheinander von Lastwagen, Pilgern, Ziegen, Rikschas, Lastenträgern, Hunden, Bussen, Bettlern, Motorenlärm, Geschrei und Gestank zog, war sein Schritt unbeirrt, gleichmäßig, würdevoll und ohne einen einzigen Moment des Zögerns.

Immer und immer wieder brauchen wir den Mut der großen Kriegerin, um Schwierigkeiten zu meistern, um inneren und äußeren Hindernissen und unangenehmen Geisteszuständen wie Ungeduld, Unruhe, Widerstand, Müdigkeit, Zerstreutheit, Verlangen, Gier entgegenzutreten. Dies erfordert, wie der Buddha sagte, ebenso viel Mut und Ausdauer wie »tausend Krieger eigenhändig eintausendmal zu besiegen«.

Wir wollen auch etwas von der Freude, dem Enthusiasmus, ja der Leidenschaft des großen Liebhabers in unsere Praxis bringen. Wir fördern und nähren unsere Begeisterung, Hingabe und Liebe an das Dharma. Als Preis winkt nicht weniger als »die endgültige Befreiung des Herzens«, wie Buddha es ausdrückte.

Hier noch zwei weitere Bilder: Wir müssen praktizieren, als stünde unser Haar in Flammen, mit großer Dringlichkeit. Und: Wir »werfen« uns in die Praxis, so wie ein Elefant, geplagt von Hitze und Staub, sich in einen kühlen See wirft, mit großer Freude und Erleichterung.

Die Gelegenheit zum Praktizieren, die wir hier und jetzt haben, ist einzigartig und wertvoll, gleichzeitig aber auch sehr zerbrechlich und vergänglich. Die Zeit drängt und die Spanne dieses Lebens ist kurz. Dabei wollen wir aber nicht mit Grimmigkeit, Besorgnis und Klage, sondern mit Freude praktizieren, lernen und dienen.

Die fünfte Paramita ist die der Meditation *(jhana/dhyana)*. Wir brauchen Geistes-Gegenwart – Gegenwärtigsein im jetzigen Moment, Gewahrsein, Achtsamkeit. Daran arbeiten wir, dieses Kernstück der Praxis üben wir vor allem. Wenn wir kontinuierlich achtsam sind, entstehen Konzentration, Ruhe und Stetigkeit des Geistes. Sammlung und Stetigkeit sind notwendig, um klares Sehen zu ermöglichen – ein Sehen bis auf den Grund der Dinge.

Diese Sammlung und Stetigkeit wird mit der Fähigkeit des Königsadlers verglichen, majestätisch am Himmel zu schweben und keine Spur zu hinterlassen. Konzentration ist eine Geistesqualität, die sich fast endlos weiterentwickeln lässt. Für jene, die dies wünschen und die Fähigkeit dazu haben, kann sie bis zu tiefer Versenkung und vollkommener Einsgerichtetheit entwickelt werden. Konzentration und Stetigkeit des Geistes sind auch außergewöhnlich wichtige Komponenten der Gewahrseins- und Erkenntnis-Meditation, welche zu direkter Erkenntnis und Weisheit *(pañña/prajna)* führt, der sechsten und letzten dieser Paramitas.

Die Prajna Paramita ist die Erkenntnis der letztendlichen Wirklichkeit, der leeren Natur aller Dinge. Es ist die Erkenntnis, dass zwar alle und alles, wir selbst inbegriffen, scheinbar entstehen und geboren werden, existieren und vergehen, sterben, in Wirklichkeit aber gar nichts geschieht, nie geschah oder je geschehen wird. Das letztendliche Wesen des Seins ist ungeboren, unbewegt. Es scheint, dass dies innerhalb der und durch die Erscheinungen hindurch erkannt und erfahren werden kann, oder aber jenseits davon. Und, abhängig von Tiefe und Kraft dieser Erkenntnis, werden unser Geist, unser ganzes Wesen berührt und transformiert. Obwohl wir immer und immer wieder Achtsamkeit und Gewahrsein üben, praktizieren, innere Erforschung treiben, tief in die Erfahrung hineinschauen und unseren Geist betrachten, geschieht das eigentliche Sehen, die Erkenntnis, unmittelbar und plötzlich.

Sehen und Erkennen kann nur jetzt stattfinden, in diesem Moment. Nicht morgen oder nächstes Jahr. Und was erkannt wird, ist zeitlos, unerschaffen; somit also offensichtlich nicht verursacht und »gemacht« durch die Praxis. Und trotzdem ist es ein bedeutender Unterschied, ob wir uns bemühen zu erwachen oder nicht, ob wir Offenheit und Loslassen üben oder nicht. Man sieht selten Menschen, die tiefste Erkenntnis fanden, ohne sich sehr darum bemüht zu haben. Wenn wir verste-

hen, dass das, was wir erkennen wollen, in Bezug auf die letztendliche Wirklichkeit nicht durch unsere Praxis oder durch
unser Verhalten erschaffen wird, haben wir auch bessere Aus-
sichten, dass unser Bemühen in die richtige Richtung geht.
Mit anderen Worten: Was wir suchen, ist immer schon gegenwärtig. Es ist uns näher als unsere eigene Haut. Mit der tiefen
Erkenntnis der wahren Natur kommt große Erleichterung.
Han Shan Te Ch'ing schrieb:

»Zuerst leere die Täuschung des Selbst.
Wenn die Täuschung des Selbst als leer erkannt wird,
Wie kann die äußere Welt noch ein Hindernis sein?
Der Moment der Erkenntnis ist Erleuchtung.
Alle Spuren sind weggeschwemmt.
Dieser Moment ist erfrischend,
Still, unvergleichlich, unbedingt, ...
Nichts kommt ihm gleich.«

Auf diese Weise werden Unverstand, Täuschung und die wi-
derstreitenden Emotionen, die Herz und Geist quälen, ge-
schwächt, zum Teil sogar entwurzelt. Damit ist aber noch nicht
das Ziel erreicht. Die sechste Paramita ist erst dann vollendet,
wenn *alle* inneren Hindernisse und Fesseln, *alle* widerstreiten-
den Emotionen und Gefühle – einschließlich Verlangen und
Aversion, Stolz und alle Unwissenheit und Täuschung – für
immer verschwunden sind. Nicht nur »durchschaut«, sondern
aus unserem ganzen Sein und Tun verschwunden. Das ist die
Vollendung der Weisheit – Prajna Paramita.

Das Üben der Paramitas macht also unsere spirituelle Praxis
vollständig. Auf der Ebene der letztendlichen Wirklichkeit erkennen wir die Natur der Dinge und verwirklichen Freiheit
und Frieden. Andererseits praktizieren, entwickeln und vervollkommnen wir auf der Ebene der Erscheinung alle guten
Qualitäten unseres Seins wie Großzügigkeit, Liebe und Mitge-

fühl, Interesse und Enthusiasmus; für unser eigenes Wohlergehen, aber viel mehr noch für das Wohl aller Lebewesen.

Was wir also hier tun, das, was wir Praxis nennen, ist keineswegs etwas, bei dem wir uns erst anstrengen und dann warten,
bis etwas anderes geschieht. Vielmehr ist es beides, Praxis und
Manifestation oder Spiel dessen, was für uns am wertvollsten
und schönsten ist im Leben.

Lama Surya Das sagt:

»Die Dinge sind nicht ganz genau,
was sie zu sein scheinen.

Was wir daraus machen,
darauf kommt es an.

Wir sind viel mehr Buddha,
als wir glauben.

Worte sagen viel,
bedeuten wenig.

Alles vergeht
und nichts bleibt.

Niemand spricht ein Wort
und nichts geschieht.

Die Wirklichkeit ist
eigentlich Leerheit –
in Verkleidung.«[1]

DIE MACHT DES WORTES

*Worte haben die Macht Zwietracht zu säen und
Zorn zu erregen.
Worte haben aber auch die Macht zu versöhnen und
zu heilen.*

Die Sprache ist ein wesentlicher Ausdruck des menschlichen
Lebens. In der Verwendung von Sprache unterscheiden wir
uns von anderen Lebewesen. Sie ist hoch entwickelt und ihr
Ausdruck hat weit reichende Wirkungen. Deshalb ist die ge-
sprochene Sprache, unser »alltägliches« Reden, ein wichtiges
Übungsfeld für spirituelle Praxis.

Reden ist so wirksam, dass es Feinde schaffen, Kriege verursachen und Leben zerstören kann. Es vermag aber auch Weisheit zu erzeugen, Trennung zu überbrücken, zu heilen und
Frieden zu schaffen.

Die folgende Geschichte illustriert die Macht des Wortes:
Der Sohn des Dorfältesten ist erkrankt. Alle möglichen
Heilmittel sind ausprobiert worden, aber keines hat ihn heilen
können. Schließlich holt man die Heilerin, die weise Frau. Die
Heilerin spricht ein paar Gebete, eigentlich nur einige Worte,
wendet sich dann an die Anwesenden und sagt:»Jetzt wird der
Junge genesen.« Viele der Anwesenden sind erstaunt und der
kritischste unter ihnen protestiert:»Es ist lächerlich zu glauben,
dass man mit ein paar Worten jemanden heilen könne!« Worauf
die Heilerin ihn anherrscht:»Was verstehst du denn vom Heilen? Du hast keine blasse Ahnung und dazu bist du ein völliger
Narr!« Der Mann wird nun gänzlich aufgebracht und wütend,

wird feuerrot im Gesicht und will gerade zurückschreien, als die Heilerin ruhig sagt: »Siehst du. Wenn ein paar Worte die Macht haben dich zornig und rot im Gesicht zu machen, wie sollten ein paar andere Worte nicht die Macht haben zu heilen?«

Machen wir von der Sprache den rechten Gebrauch, können wir uns selbst und andere heilen. Wenn wir sie aber ungeschickt verwenden oder missbrauchen, werden wir uns und anderen schaden.

Für den geschickten Umgang mit Sprache gibt es drei oder vier wichtige Kriterien. Anders als bei Geboten sollten diese Richtlinien nicht im moralisierenden Sinne verstanden werden, es geht nicht darum, was sich gehört und was nicht. Es geht einzig und allein um die Wirkung unserer Worte auf uns selbst wie auch auf andere. Es geht also darum, ob sie heilen oder verletzen, ob sie Wohlergehen oder Leiden schaffen. Dabei ist es die Absicht oder Motivation, die das Reden karmisch heilsam oder unheilsam macht und somit angenehme oder schmerzhafte Resultate in der Zukunft schafft. Drei grundlegende Kriterien sind:

– Ist das, was wir sagen, ehrlich und wahr oder nicht?
– Ist es hilfreich oder verletzend?
– Ist das Gesagte sinnvoll oder nicht?

Die vier traditionellen Richtlinien raten, Abstand zu nehmen von:

– Lüge und Unwahrheit
– Verleumdung
– grobem, verletzendem Reden
– sinnlosem Gerede und Geschwätz.

Abstand zu nehmen von Lüge und Unwahrheit bedeutet ehrlich zu sein. In einer Lehrrede hat der Buddha »rechtes Reden« so umschrieben:

»Man spricht die Wahrheit, fühlt sich der Wahrheit verpflichtet, ist zuverlässig und vertrauenswürdig. Man wird nie absichtlich lügen, weder zu seinem eigenen Vorteil noch zum Vorteil einer anderen Person, noch für irgendeinen Vorteil.«[1]

Wenn wir die Wirklichkeit verstehen und realisieren möchten, müssen wir sie auch respektieren, indem wir in jeder Beziehung mit ihr im Einklang bleiben. Es lohnt sich, selbst unsere »kleinen Lügen«, Über- und Untertreibungen, Ausflüchte und Vertuschungen unter die Lupe zu nehmen. Wenn wir einer Aussage Kraft verleihen möchten, sind wir oft versucht dies durch grobe oder subtile Über- oder Untertreibungen zu tun. *»Jedesmal,* wenn ich in Eile bin, hat der Zug Verspätung!« »Ich musste wieder *stundenlang* auf dich warten!« »Das hat mich Tausende von Franken gekostet«, wenn es vielleicht 1730 Franken waren. Solche subtilen Verzerrungen – aus welchen Gründen auch immer – scheinen unbedeutend zu sein; sie sind aber nicht im Einklang mit der Wirklichkeit und schaffen innere Dissonanzen.

Ehrlichkeit ist eine Form von Offenheit, während Lügen die Dinge oft viel komplizierter macht und uns zwingt ständig auf der Hut zu sein. Eine einzige Lüge nötigt uns oft weiter zu lügen, um die Konsequenzen und Verwicklungen dieser ersten Unwahrheit auszubügeln. Plötzlich finden wir uns in einem Lügennetz verstrickt!

Auf der Hut sein müssen bedeutet, sich verschließen, verstecken und verteidigen zu müssen. Dadurch werden wir angespannt und verspannt, eingeschränkt und von der Wirklichkeit abgetrennt. Was wir verstecken, kann nicht klar gesehen und erkannt werden – nicht einmal von uns selbst. Wir machen uns und anderen so lange etwas vor, bis wir es selbst glauben.

Wenn wir uns verschließen und verspannen, können wir nicht offen sein. Dadurch wird auch unsere Liebe und Großzügigkeit eingeschränkt, denn diese sind ja Ausdruck der Offenheit. Wenn wir uns abgrenzen und abtrennen, werden wir entfremdet und einsam. Das trennende Ich-Gefühl wächst. Leiden in Form von Isolation, Einsamkeit und Depression nimmt zu.

Ehrlichkeit hingegen befreit, erleichtert und macht es überflüssig, etwas vortäuschen, darstellen oder verteidigen zu müssen. Es wird unnötig, Selbstbilder, Gehabe und Selbstdarstellungen aufrechtzuerhalten. Dies erzeugt Leichtigkeit, Unbesorgtheit und Heiterkeit. Und das motiviert uns wiederum, Ehrlichkeit mehr und mehr zu unserer natürlichen, selbstverständlichen Lebenshaltung werden zu lassen.

Vom Buddha heißt es, dass er in all seinen Leben als Bodhisattva, in denen er sich zur Vollkommenheit eines Buddha hin entwickelte, hier und dort einmal einen der ethischen Grundsätze verletzt habe – mit einer Ausnahme. In all den Hunderten von Leben habe er nie das Gelübde der Ehrlichkeit gebrochen.

Der zweite Aspekt, nicht-verletzende Rede, bedeutet: nicht verleumden, nicht Zwietracht stiften oder Menschen voneinander entfremden durch Anschwärzen und üble Nachrede; nicht grob und verletzend reden und andere nicht durch Beschimpfung, Schmähung oder Sarkasmus verletzen.

Mit den Worten Buddhas: »Was man hier gehört hat, wiederholt man nicht dort, um Zwietracht zu stiften, und man einigt Entzweite und ermutigt jene, die geeinigt sind.

Man erfreut sich an Eintracht und spricht Worte, die Eintracht fördern. Man vermeidet rohe Worte und spricht liebevolle, zu Herzen gehende und höfliche Worte. Man vermeidet leeres Gerede und spricht zur rechten Zeit, den Tatsachen gemäß. Man spricht über die Lehre und über die Praxis ... und spricht Worte, die wertvoll sind, mit passenden Argumenten zur rechten Zeit, angemessen und sinnvoll. Dies wird rechte Rede genannt.«[1]

Beide, Verleumdung und grobes Reden, fördern und verstärken unsere Aggressivität. Verleumdung und Beschimpfung, die beide aus der Aversion entspringen, sind verpasste Gelegenheiten Annehmen und Liebe zu üben. Dabei gibt es so viele Möglichkeiten, durch Worte zu helfen und zu heilen:

– Weitergeben nützlicher Information
– Wertvolle Bildung
– Unterstützen von Eintracht und Harmonie
– Echte, von Herzen kommende Komplimente machen
– Positives über Abwesende äußern
– Intelligente Lösungen vorschlagen, anstatt nur die Ansichten und Meinungen anderer zu kritisieren
– Jede Art von Segen und Gebet, wie zum Beispiel »Mögen alle Lebewesen glücklich sein!«

Dadurch werden erstaunlich starke heilsame Kräfte erzeugt.

Es geht also nicht nur um das Vermeiden des ungeschickten oder gar schlechten Redens; nicht-verletzende Rede wirkt auch aufbauend, schafft ein positives Umfeld, erzeugt frische Energien und teilt diese mit anderen.

Der dritte Aspekt, sinnvolles Reden, bezieht sich auf das Vermeiden von sinnlosem Gerede und Geschwätz. Dies mag uns vielleicht recht unbedeutend erscheinen. Vom Gesichtspunkt spiritueller Praxis ist aber gerade dieser Aspekt von großer Bedeutung. In der buddhistischen Tradition heißt es, das schlimmste Karma, das wir uns schaffen könnten, entstehe durch Töten oder durch mangelndes Verstehen von Ursache und Wirkung. Oft wird aber darauf hingewiesen, dass die schlimmste der negativen Handlungen sinnloses Geschwätz sei: weil wir nämlich wegen seiner scheinbaren Bedeutungs-

losigkeit nicht merken, wie viel wertvolle Zeit und Energie
wir in unserem Leben mit bedeutungslosem Gerede ver-
schwenden. Allerdings gibt es auch Fälle, in denen das, was wie Geschwätz aussehen mag, sinnvoll ist.»Small talk« kann ein Mittel
sein, zwischenmenschliche Barrieren zu überwinden, Nähe zu
schaffen oder einfach Kontakt herzustellen:»Guten Tag!« »Wie
geht es Ihnen?« »Schönes Wetter heute, nicht wahr!« Solches
Reden kann auch ein Mittel sein, jemanden aufzuheitern und
für einen Moment von seinen Sorgen abzubringen. Auch
Humor gehört hier dazu, so lange er nicht auf Kosten anderer
geht.

Der Zeitpunkt, wann etwas gesagt wird, spielt auch oft eine
Rolle. Was wir zu sagen haben, mag wahr sein, kann aber andere verletzen. In solchen Momenten ist es unter Umständen
besser zu schweigen.

Bisher ging es vor allem um das *Was* des Gesagten. Aber auch
die Art und Weise, *wie* kommuniziert wird, ist bedeutungsvoll.
Zur Kommunikation gehört beides, Reden und Zuhören, mit
wechselnden Rollen.

Zuhören ist eine ganz zentrale Fähigkeit, nicht nur in der
Kommunikation, sondern auch in der Meditation. Geshe Rabten riet uns, beim Zuhören sollten wir nicht sein wie »eine
umgekehrte Schale«, »eine löchrige Schale«, »eine verschmutzte Schale«.

Die umgekehrte Schale illustriert den Zustand, in dem wir
so tun, als würden wir zuhören, im Grunde genommen aber
völlig unaufmerksam, desinteressiert und abwesend oder zer-
streut sind. Es kann nichts in das Gefäß gelangen.

Die löchrige Schale zeigt den Zustand, in dem wir zwar
hören, was gesagt wird, aber alles gleich wieder vergessen. Zum
einen Ohr hinein, zum andern hinaus.

Die verschmutzte Schale illustriert den Zustand, in dem wir
während des Zuhörens voll von eigenen Vorstellungen und

Ansichten sind und somit das Gesagte ständig werten und interpretieren. Was eigentlich gesagt wird, was herüberkommen soll, wird entstellt.

Ein Professor, Spezialist für Zen-Texte, war sehr gebildet und auch ein wenig eingebildet. Eines Tages suchte er einen alten Zen-Meister auf, um Zen noch besser verstehen zu lernen. Der Meister empfing ihn freundlich und der Professor verwickelte ihn sogleich in ein anspruchsvolles Gespräch. Als der Meister dem Professor Tee anbot, ließ dieser sich in seinen Erwägungen nicht beirren und redete weiter. Der Meister begann Tee einzuschenken und fuhr gleichfalls damit fort. Da merkte der Professor, dass der Tee zu Boden rann, und rief: »Halt, halt, da geht nichts mehr hinein! Die Tasse ist schon übervoll!« »In der Tat«, lächelte der Meister, »genau wie bei Ihrem Geist! Der ist schon so voll von Ansichten, Vorstellungen und Urteilen über alles und jedes – da bleibt kein Raum mehr für Zen!«

Zuhören ist eine Kunst. Wir üben sie zum Beispiel, während wir einem Dharmavortrag lauschen. Man könnte sogar sagen, Vipassana-Meditation selbst sei eine Art interessiertes, sorgfältiges und konzentriertes Zuhören. Um Kommunikation sinnvoll und vollständig zu machen, ist sorgfältiges Zuhören unerlässlich.

Wenn wir wirklich sorgfältig zugehört haben, sind wir in der Lage zu wiederholen, was die andere Person gesagt hat. Manchmal ist es sogar sinnvoll, das Gesagte tatsächlich zu wiederholen. Dadurch können viele Missverständnisse gleich zu Beginn vermieden oder beseitigt werden. In einer schwierigen Situation geben wir der andern Person das Gefühl angenommen oder zumindest angehört zu werden. Eine solche Haltung ist auch ein Ausdruck gegenseitigen Respekts. So wird der empfangende Aspekt, Zuhören, zu einem wirkungsvollen Übungsfeld.

Beim Sprechen, beim Sich-Mitteilen, lohnt es sich, auch auf das Formulieren genauer zu achten. In der Psychotherapie ist der Gebrauch der Ich-Form seit langem bekannt. Wenn ich zum Beispiel klar beschreibe, was ich in einer bestimmten Situation denke und fühle, so beschreibe ich, wie es für *mich* wirklich ist. Ich spreche also über subjektive Tatsachen und an Tatsachen gibt es nichts zu rütteln.

Ein Beispiel:»In deiner Nähe fühle ich mich verlegen. Ich denke, es kommt daher, dass ich mich eingeschüchtert fühle, weil du eine geschliffene, kultivierte Benehmens- und Ausdrucksweise hast.« Oder:»Ich komme mir etwas minderwertig vor, weil du so teure, modische Kleider trägst.« Tatsache ist: »Ich fühle mich verlegen.« Und:»Ich denke, es kommt daher, dass ich mich eingeschüchtert fühle, weil du ...« Ein Gefühl und eine Vermutung. Ich beschreibe meine Realität. Da ist kein Problem.

Wenn mir nun aber diese direkte Aussage über meine eigenen Gefühle zu persönlich ist, mir zu nahe kommt, kann ich dieselbe in der Du-Form ausdrücken, wobei ich natürlich immer noch von meinen Gefühlen und Vermutungen spreche. Nun klingt es allerdings so, als ob der Gesprächspartner diese Gefühle hätte.

Ein Beispiel:»Du bist so überheblich, weil du glaubst, mit deiner geschliffenen Art etwas Besonderes zu sein.« Oder:»Du bist so überheblich, weil du glaubst, mit deinen teuren, modischen Kleidern etwas Besonderes zu sein.« Eine solche Aussage wird unweigerlich einen Konflikt auslösen.

In den ersten Beispielen spreche ich über mich, meine Gefühle und Gedanken in der Ich-Form. In den zweiten Beispielen spreche ich zwar auch von mir, aber ich tue so, als ob es sich um ein Fehlverhalten der anderen Person handeln würde.

Ein anderes, extremes Beispiel macht dies noch besser deutlich:»Du bist ein völliger Idiot!« versus »*Ich* bin wütend auf dich!« Die Realität wird auf zwei sehr verschiedene Arten beschrieben, mit offensichtlich sehr verschiedenen Wirkungen.

Eine ähnliche Problemquelle ist das Sprechen in der »Du-Form«. Ich möchte eine Erfahrung beschreiben und sage: »Wenn *du* in der Meditation stundenlang so dasitzt und plötzlich die Angst hochkommt, möchtest *du* am liebsten schreiend aus dem Raum rennen.« Obwohl der Sprecher eigentlich sich selbst meint, ist die Aussage problematisch, weil sie in der Du-Form gemacht wird und für den Zuhörer höchstwahrscheinlich nicht zutrifft. Der Zuhörer sitzt vielleicht nie stundenlang in der Meditation. Möglicherweise kommt bei ihm nicht Angst hoch, sondern Freude. Und auch wenn Angst kommt, möchte diese Person vielleicht nicht am liebsten schreiend hinausrennen, sondern der Herausforderung begegnen. Aus diesen Gründen kann es für die Zuhörer sehr schwierig sein, diese Aussage zu hören, ohne mit Widerstand zu reagieren.

Ganz anders, wenn die Aussage lautet: »Wenn *ich* in der Meditation stundenlang dasitze und Angst plötzlich in *mir* hochkommt, möchte *ich* am liebsten schreiend aus dem Raum rennen.« Diese Ich-Aussage kann problemlos akzeptiert werden.

Vielleicht sehen wir bereits, wo das Problem liegt: Durch den Gebrauch der Du-Form hoffen wir zu vermeiden, mit unseren persönlichen Realitäten konfrontiert zu werden und Verantwortung dafür übernehmen zu müssen. Ehrlichkeit und die Bereitschaft, sich zu offenbaren, sind notwendig, wenn man sich in der Ich-Form mitteilt. Dabei ist aber auch die Wirkung völlig anders. Sie ist therapeutisch; beim Sprechenden schafft sie Klarheit und Offenheit, für den Zuhörenden wirkt sie konfliktmindernd.

Die Wir-Form ist der Du-Form ähnlich, aber wohl etwas weniger problematisch. Zum Beispiel: »Es stimmt uns froh, wenn wir das schöne, trockene Wetter sehen.« Einerseits können sich vielleicht die meisten der Angesprochenen mit dieser Aussage identifizieren. Sie fühlen sich mit eingeschlossen. Andererseits kann die Aussage auch Schwierigkeiten schaffen. In unserer Gruppe mag nämlich jemand sein, der seit Wochen auf Regen für seinen Garten oder seine Felder wartet. Diese Person wird sich durch diese Aussage ausgeschlossen fühlen. Die Wir-Form kann also andere mit einschließen und dadurch positiv erfahren werden. Sie kann aber auch ausschließend, sich aufdrängend oder trennend wirken, wenn jemand mit der Aussage nicht einverstanden ist. Einer meiner Lehrer verwendete meistens die Ich-Form, wenn er über Negativitäten des Geistes sprach, aber die Wir-Form bei den Tugenden und guten Qualitäten. Zum Beispiel: »Wenn ich aus Wut und Aversion heraus handle, schaffe ich mir karmisch leidvolle Ergebnisse in der Zukunft. Wenn wir liebevoll und großzügig sind, hilft das nicht nur anderen, sondern wirkt sich auch positiv auf uns selbst aus.« Diese Ausdrucksweise kann das Zuhören und Nachvollziehen wesentlich erleichtern.

Problematisch ist auch der Gebrauch einer »Ausschließlichkeitssprache« anstelle der »Möglichkeitssprache«. Sagen wir: »Du kommst *immer* zu spät« oder sagen wir: »Du kommst *manchmal* zu spät«, »Du kommst *oft* zu spät«, »Du kommst *ab und zu* zu spät«? Es macht einen großen Unterschied, ob wir Aussagen offen halten und für die Realität des Angesprochenen Raum lassen oder nicht. Darum ist es sinnvoll und hilfreich, »vorläufige«, »nicht-ausschließliche« Wahrscheinlichkeits- und Möglichkeitsformen zu benutzen.

Statt »immer«, können wir »oft«, »im Allgemeinen«, »gelegentlich«, »ab und zu« oder »manchmal« verwenden. Wenn zum Beispiel die Mutter zum Kind sagt: »Du bist *immer* so frech«, so kann dies verletzen und weitere negative Folgen nach sich ziehen.

Statt »nie« können wir lieber »selten«, »kaum« oder »wenig« verwenden. »Du sagst mir nie, dass du mich gern hast«, kann verletzend wirken, wenn der Satz: »Du sagst mir nicht gerade allzu oft, dass du mich gern hast«, eher den Tatsachen entspricht.

Anstelle von »so ist es und nicht anders« wäre »vermutlich«, »wahrscheinlich«, »möglicherweise« oder »könnte« angemessener.

Es gibt allerdings Fälle, wo ausschließliche Sprache zutreffend ist – und da kann sie auch gebraucht werden.

Sehr verbreitet ist es, persönliche Wertungen als allgemeine Wahrheiten darzustellen:»Das ist ein tolles Buch.«»Das ist der beste Film des Jahres.«»Peperoni sind scheußlich.« Auch hier entstehen Probleme: Vom Ansprechpartner wird Solidarität verlangt oder er wird zum Gegner gemacht, falls er nicht gleicher Meinung ist. Dabei wäre es so einfach zu sagen:»Ich fand dieses Buch toll.«»Der Film hat mich persönlich fasziniert.« »Ich mache einen großen Bogen um Peperoni.« Niemand wird solches abstreiten können oder wollen.

Nicht-ausschließliche Aussagen fühlen sich meistens ganz anders an, sind viel offener, sanfter und durchlässiger. Außerdem sind sie wirkungsvoller. Weil es für den Empfänger leichter ist, sie zu hören, kommen sie deshalb eher an. Dabei tragen sie auch der sich ständig verändernden, unkontrollierbaren, bedingten Natur der Wirklichkeit Rechnung und wirken deshalb harmonisierend und befreiend.

Um all das wirklich üben zu können, müssen wir gegenwärtig und achtsam sein beim Sprechen und Kommunizieren. Um während des Sprechens oder Zuhörens achtsam zu sein, hilft es, im Körper zentriert zu bleiben: Beim Sitzen können wir uns der Berührung und des Drucks der Sitzfläche bewusst sein; beim Stehen nützt es, aufrecht und gut geerdet dazustehen; wenn wir beim Sprechen unsere Körperempfindungen wahrnehmen, bleiben wir dadurch auch in Kontakt mit unseren Gefühlen.

So wichtig wie die Kunst des Redens und Zuhörens ist auch das Schweigen, die Stille. Bruder David Steindl-Rast sagt: »Die Leere der Stille ist unerschöpflich reich; alle Worte dieser Welt sind nur ein Tropfen ihrer Fülle.«[2]

SPIRITUELLE LEHRERINNEN UND LEHRER IM WESTEN

Lehrende sind wie Führer, wenn wir in unbekannte Gebiete reisen, wie eine Eskorte, wenn wir durch gefährliche Gegenden ziehen. Lehrende sind aber auch einfach Menschen mit ihren Charakterzügen und Eigenheiten. Darum gibt es auch für sie Maßstäbe der Integrität.

Was macht jemanden zum Lehrer, zur Lehrerin und was ist unsere Haltung gegenüber Lehrenden? Was bedeutet es, Lehrer oder Lehrerin zu sein, und wie gehen wir als Studierende mit Lehrpersonen um? Über dieses Thema sollte bei uns im Westen vermehrt und offener diskutiert werden, auch, um es aus dem Bereich des Geheimnisvollen und der Geheimniskrämerei herauszuholen.

Dazu einige Vorbemerkungen: Wann immer hier von »Lehrerinnen« oder »Lehrern«, »Studenten« oder »Studentinnen« die Rede ist, so sind immer beide Geschlechter gleichermaßen gemeint. Um der Sprache nicht Gewalt anzutun, wird aber im Folgenden oft auf Doppelkonstruktionen verzichtet. Sodann verwende ich als Gegenpart zu den Lehrenden häufig nicht »Schüler«, sondern den Ausdruck »Studierende«, weil in ihm das Unterwegssein, aber auch die Mündigkeit mitschwingt. Schließlich werden hier keine Namen genannt und so ist, wie man sagt, »jegliche Ähnlichkeit mit lebenden Personen unbeabsichtigt und zufällig.«

In westlichen Dharma-Kreisen wird folgende Geschichte erzählt: Irgendwo hier im Westen begibt sich ein Mann auf eine Flugreise nach Asien, nimmt nach der Landung den lokalen

Bus, um nach langer, beschwerlicher Fahrt den heiligen Berg
mit den riesigen Klöstern und Tempeln zu erreichen. Er will
den großen Guru sehen. Eine lange Treppe führt hinauf zum
Portal und unzählige Leute warten auf eine Audienz. Man
weist ihn an:»Du darfst höchstens drei Worte zum Guru sprechen.« Er sagt »okay« und stellt sich hinten an. Man erklärt
ihm, wie er sich entsprechend der Tradition zu verhalten habe.
Endlich wird er in den Tempel eingelassen.»Also nur drei
Worte, ja?« Er betritt eine riesige Halle mit Tausenden von
Kerzen und Lichtern und dem hohen Thron, auf dem der
Guru sitzt. Der Mann verbeugt sich, schaut auf zum Guru und
sagt die drei Worte:»Susanne, komm heim!«

Mehr und mehr westliche Frauen und Männer haben mittlerweile begonnen das Dharma zu lehren.

Beide Aspekte, das Lernen wie das Lehren und Weitergeben, sind elementare Muster des Lebens. Als kleine Kinder
schauen wir genau wie Kätzchen oder Entlein auf zu anderen,
zu den Älteren, um zu sehen, was diese tun; wie sie essen, sich
bewegen, gehen oder schwimmen, wie sie kommunizieren und
was sie tun, um ihre Bedürfnisse zu befriedigen. Wir schauen,
ahmen nach; wir fragen, lernen, studieren, werden ausgebildet.

So finden wir uns alle immer wieder in beiden Rollen:
jener der Lehrenden und jener der Studierenden. Beides sind
natürliche Funktionen, die einzig davon abhängen, ob wir
mehr oder weniger von einer Sache verstehen als andere, sei es
in Bezug auf ein bestimmtes Thema, ein gewisses Können oder
eine Lebensart.

Dabei gibt es eine Vielfalt solcher Rollen – zum Beispiel die
der Eltern, der Schullehrerinnen, der Meister eines Handwerks
oder der Buddhas. Oder aber jene der Kleinkinder, der Schülerinnen, Lehrlinge oder Dharma-Studenten. Wenn wir interessiert sind, etwas zu lernen, sind wir Schüler. Wenn wir mit
anderen unsere Erfahrung und unser Wissen teilen, sind wir
Lehrer. Wenn eine Erleuchtete den Weg weist, dann handelt es

sich um eine Lehrende, und wenn dieselbe Person nach dem Weg fragt, ist sie Suchende.

Damit jemand Lehrer sein kann, muss es Schüler geben, und umgekehrt. Keine der beiden Rollen existiert ohne die andere. Das ist alles sehr offensichtlich. Es ist aber wichtig zu sehen, dass es niemals so etwas wie einen »Lehrer an sich« gibt, also keine unabhängig existierende Person, die »Lehrer« *ist*; noch gibt es in diesem Sinn jemanden, der aus sich heraus »Schüler« *ist*. Beides, »Lehrer sein« und »Schüler sein«, existiert als solches nur in gegenseitiger Bedingtheit und ist somit in einem essentiellen Sinne »leer«. Es sind einfach Rollen, abhängig von einer bestimmten Situation, ganz ohne Selbstexistenz.

Es gibt einen Swami in Südindien, dessen Geschichte illustriert, wie das, was zwischen Lehrern und Schülern vorgeht, meist ein dichtgewobenes Netz aus zwischenmenschlichen Vorgängen ist. Schwierig zu sagen, was dabei Ursache und was Wirkung ist.

In einem trockenen Flussbett ragte ein Arm aus dem Sand. Die Leute gruben und fanden einen Mann. Da er erstaunlicherweise noch lebte, stellten sie ihn auf einem Tee-Verkaufswagen aus — bei einer Busstation, die später seinen Namen trug. Der Mann saß nur da und gab grunzende Laute von sich. Leute aus aller Welt kamen her, verbeugten sich vor ihm, verehrten ihn, hörten ihn in ihrer Sprache sprechen, hatten bedeutungsvolle Träume und machten tiefe spirituelle Erfahrungen. Ein Ärzteteam untersuchte den Mann und stellte fest: Er war katatonisch (eine Form der Schizophrenie, verbunden mit Krampfzuständen der Muskulatur). Die Diagnose wurde von seinen Anhängern jedoch aufs schärfste bestritten und das Ärzteteam wurde zum Dorf hinausgejagt. Dieser Vorfall machte den Mann, schon jetzt als Swami verehrt, noch berühmter und weitere Leute kamen, um in seiner Gegenwart, im Darshan, zu verweilen … Eine echt indische Geschichte.

Was dazu gesagt werden kann, ist Folgendes: Es sind zwischenmenschliche Beziehungen vorhanden, so seltsam uns diese im vorliegenden Fall erscheinen mögen, und etwas scheint auch zu geschehen. Echtes Lehren? Die Kraft des Segens? Projektionen? Betrug oder einfach Unsinn? Wer von uns kann das beurteilen? Wir können es sicher nicht für andere tun. Wir können nur immer für uns selbst entscheiden und dabei versuchen so klar, offen und ehrlich wie möglich zu sein.

Wir haben also gesehen, dass das Ereignis des Lehrens und Lernens eine natürliche Funktion des Lebens ist. Wir brauchen Lehrerinnen, spirituelle Freunde, die uns belehren, inspirieren, ermutigen, beraten, führen und oft auch bestätigen. Wir erhalten ihre Lehre und Unterstützung; je nach Sprachgebrauch könnte man auch sagen: ihren Segen. Ohne das geht es zumeist auch nicht oder jedenfalls nur selten und führt dann wahrscheinlich nicht in allzu große Tiefe.

Wo finden wir als Studierende Führung und Unterstützung? Können wir den Lehrern trauen und sollen wir ihnen folgen? Oder suchen wir besser anderswo?

Kalil Gibran sagt:»Niemand vermag euch etwas zu offenbaren, das nicht schon halbschlummernd im Dämmern eures Wissens ruht. Der Lehrer, der im Schatten des Tempels wandelt, gibt seinem Gefolge eher von seinem Glauben (Vertrauen!) und seiner Liebe als von seiner Weisheit. Ist er wahrhaftig ein Weiser, so fordert er euch nicht auf, das Haus seiner Weisheit zu betreten; eher geleitet er euch zur Schwelle eures eignen Geistes.«[1]

Die Aufgabe der Lehrerin ist es also, gewisse Bedingungen schaffen zu helfen; jene Bedingungen, unter denen sich die Wahrheit über die Wirklichkeit, die Wahrheit über uns selbst und das Leben, enthüllen kann.

In der Vipassana-Tradition vermitteln Lehrer Methoden, die diese Bedingungen fördern. Sie vermitteln ihr Verständnis des Lebens, der inhärenten Leerheit aller Dinge – deren wahrer Natur – und zeigen auf, was wir selbst noch nicht sehen. Sie schaffen einen Raum des Angenommenseins, wo wir uns selbst begegnen können; so lernen wir uns annehmen und verstehen. In anderen Traditionen mögen die Funktionen der Lehrer variieren: Es gibt Lehrende, die das Schwergewicht auf Unterricht und Studium legen, bis die Studierenden wirklich Klarheit über die Lehre gewonnen haben; danach erst werden sie ins Retreat geschickt. Einige ermutigen Selbsterforschung durch den Dialog mit dem Lehrer. Andere brauchen nur wenige Worte – sie lehren durch ihr Beispiel und ihre Präsenz. Auch gibt es welche, die durch ihre inneren Kräfte und durch die Macht des Segens wirken und so ihren Schülern Hingabe und Öffnung gegenüber ihrer eigenen Weisheit und ihrem wahren Sein ermöglichen. Wieder andere ermutigen im selbstlosen Dienen, verschiedenen Körperübungen oder in dem, was es noch alles gibt in dieser Welt der Spiritualität. Die Methoden sind so vielfältig wie das Leben selbst.

Wie gehen wir mit den Lehren um, die wir erhalten? Auf die Frage, wem wir glauben sollten und wem nicht, riet der Buddha, sich nicht aufs Hörensagen noch auf Überlieferungen zu verlassen, ja, nicht einmal auf eine verwirklichte Person, für die wir Respekt hätten. Wenn wir für uns selbst wüssten und spürten, dass etwas nicht zu innerem Glück führe, sondern zu Leiden, dann sollten wir es nicht annehmen. Er empfahl, die Lehren zu prüfen und zu schauen, ob sie sinnvoll seien. Durch unsere eigene Wahrnehmung und Intelligenz sollten wir sie erproben und, wenn als hilfreich erfahren, auch tatsächlich anwenden.

In buddhistischen Ländern werden oft die Qualitäten von Buddha, Dharma und Sangha rezitiert. Als besonders wichtige Eigenschaften des Dharma, der Lehre, werden unter anderem

genannt: Es ist erfahrbar, hier und jetzt. Es lädt ein, selbst zu erforschen, beruht also nicht einfach auf Glauben, und ist direkt
erfahrbar. (Der vollständige Text befindet sich im Glossar.)

Wenn Erforschen, Untersuchen, Hinterfragen, ja sogar
Zweifeln nicht erwünscht sind, seid vorsichtig und seht euch
vor! Aber wenn Fragen und Untersuchen willkommen sind
und die Lehre Sinn macht, dann probiert sie aus, wendet sie an.

Ein letzter Punkt: Wir sollten uns darüber im Klaren sein,
was wir von einer Lehrenden erwarten. Dies kann uns sehr
viel Schwierigkeiten ersparen. Wer zum Beispiel »Bhakti«, die
Praxis von Hingabe an das Göttliche, von Aufopferung und
Gesang, praktizieren möchte, geht besser nicht zu einem Vipas-
sana-Retreat. Wer die altruistische Haltung von Bodhichitta im
Rahmen des tibetischen Mahayana üben möchte, wird das
wahrscheinlich nicht in einem orthodoxen Theravada-Kurs
tun können, und wer sich ausschließlich mit der Praxis reiner
Achtsamkeit beschäftigen möchte, wähle vielleicht besser nicht
ein tibetisches Lehrseminar. Damit sei nichts gesagt gegen die
hohen Werte der unterschiedlichen Traditionen. Es ist jedoch
sinnvoll, zuerst zu schauen, was wir brauchen und wünschen,
um die Chance zu haben, dieses dann bei den entsprechenden
Lehrenden und Kursen zu finden. Sonst werden wir vermutlich enttäuscht.

Somit sollten die Grundlagen klar sein: Wir verstehen die
sich gegenseitig bedingende Beziehung zwischen Lehrenden
und Studierenden. Und wir setzen die Lehre um, indem wir sie
erforschen, prüfen und für uns selbst ausprobieren.

Nun zu den Lehrenden. Es ist sicher nicht zu gewagt zu behaupten, dass im Westen oft eher naive Ideen darüber vorherr-
schen, was spirituelle Lehrende wirklich sind. Oft sind unsere
Vorstellungen und Erwartungen gleichzeitig zu hoch und zu
niedrig. So will ich im Folgenden versuchen, etwas Licht in
diese Grauzone zu bringen, und mögliche Leitlinien aufzeigen.
Viele meiner Gedanken stammen aus Diskussionen und Inter-

views mit Lehrenden und Studierenden aus verschiedenen, vor allem buddhistischen Traditionen.

Seien wir uns zunächst bewusst, dass die unterschiedlichsten Menschen spirituelle Lehrerinnen oder Lehrer sein können. Dorfpriester oder befreite Heilige aus den verschiedensten Kulturen; Einsiedler, große Gelehrte, Ordinierte oder auch Laien mit langer Praxis. Auch Bhaktis, das heißt große Verehrer Gottes, oder soziale Aktivisten wie Mahatma Gandhi, Vimala Thakar oder Martin Luther King jr. zählen dazu. Es gibt so viele »Lehrer« und so genannte »Lehrer«, wie es Blumen gibt in den Gärten der Erde. Es gibt auch das Unkraut. Und sämtliche Möglichkeiten dazwischen.

Wenn wir die Lehrenden der Vipassana-Meditation, aber auch anderer Traditionen genauer betrachten, lassen sich etwa die folgenden Gruppen finden, wobei es auch hier große Unterschiede und Variationen gibt:
— *Lehrende, die zutiefst verwirklicht sind und die zugleich großes Geschick haben im Lehren.* Dies sind die Besten – und Seltenen.
— Dann gibt es *jene, deren Praxis und Verwirklichung sehr tief ist, die aber nicht besonders geschickt sind im Lehren und Weitervermitteln.* Es gibt Menschen, die sich jahre- oder jahrzehntelang in intensiver Praxis übten und die außerordentlich verwirklicht sind, denen jedoch die Begabung fehlt, das, was sie erkannt und erfahren haben, für andere verstehbar und nachvollziehbar zu machen. Es gibt auch einige seltene Individuen, die mit relativ wenig Praxis sehr weit kommen. Etwa wie jener verwirklichte Lama, der sagte: »Ich erreichte das Dach des Hauses, ohne die Treppe zu benutzen. Fragt mich nicht, wie man da hinaufkommt. Ich kann's euch nicht erklären.« Obwohl diese Menschen oft nicht in der üblichen Art lehren, können sie andere durch ihr lebendiges Beispiel, durch ihr Sein und durch ihren Segen zutiefst berühren.
— Dann gibt es *jene, deren Praxis zwar nicht unbedingt sehr tief ist, die aber große Liebe und Verpflichtung gegenüber dem Dharma fühlen*

und dies leben; Menschen, mit klarem Verständnis der Praxis und mit guter Lehrbefähigung. Ihr Wirken kann außergewöhnlich hilfreich sein und andere weit führen.

– Schließlich sind *jene* zu erwähnen, *die weder Verwirklichung noch Lehrfähigkeit haben.* Vermutlich würden sie besser nicht lehren.

Für uns ist es zweifellos wichtig, uns all dieser Möglichkeiten bewusst zu sein, gerade weil es oft schwierig oder sogar unmöglich ist, zu wissen, welche Lehrer wie geartet sind. Lernen wir sie näher kennen, werden wir gewisse Vermutungen entwickeln und uns dabei nichts vormachen wollen. Andererseits ist es auch nicht besonders sinnvoll, zu viel Zeit in die Ermittlung ihres Realisierungsgrades zu investieren. Nützlich ist auch hier der Ratschlag, dass wir uns vorwiegend auf das Dharma, auf die Lehre und die Praxis, stützen sollen, statt auf die Person der Lehrenden.

Was die Dinge bei uns im Westen oft kompliziert macht, ist die Tatsache, dass manche von uns sich ihre Lehrerinnen oder Lehrer gern als eine Art ideale, perfekte Supermenschen imaginieren. Es kann bisweilen sehr, sehr weit gehen, was manche alles in ihre spirituelle »Helden« und »Heldinnen«, ihre Idole projizieren, die oft auch Vater- und Mutterfiguren für sie darstellen.

Ich glaubte beispielsweise vor Jahren in Asien, dass meine Lehrer nie zu essen brauchten! Ich hatte von großen Yogis gehört, die von »Samadhi-Nahrung«, das heißt von Energie, die aus tiefer Konzentration entsteht, lebten. So glaubte ich, dass das sicher auch bei meinen Lehrern der Fall sei. Was für eine Enttäuschung, aber auch Erleichterung, als ich einen von ihnen in einen Apfel beißen sah! Manche Leute waren völlig überrascht, Meditationslehrer Auto fahren zu sehen. Sollten diese vielleicht durch die Luft fliegen? Eine Lehrerin erzählte von einer Kursteilnehmerin, die ihr gestand, dass sie ihr beim Pin-

keln zugehört habe. Die Schülerin fand es äußerst befreiend zu
wissen, dass auch Meditationslehrerinnen pinkeln müssen!
Lehrende sind auch Menschen. Natürlich hat echte innere
Freiheit nichts mit äußerer Erscheinung oder mit besonderen
Kräften zu tun. Aber viel mehr noch sollte uns klar sein, dass
Lehrende einen persönlichen Charakter, Eigenheiten, Ecken
und Kanten haben. Das gilt nicht nur für westliche Vipassana-
Lehrer. Wer schon als Koch oder Organisatorin an einem Meditationskurs oder in einem Retreatzentrum mitgewirkt hat,
erlebt fast immer Inspirierendes und Desillusionierendes – und
wird sicher realistischer. In asiatischen Traditionen wird gesagt,
es sei besser, nicht zu lange, zu nahe bei den Lehrenden zu sein,
damit man ihre Fehler nicht sehe. Es scheint aber, dass es für
uns im Westen ganz gesund sein kann, eben diese Fehler wahrzunehmen. Wir erhalten ein realistischeres Bild von dem, was
möglich ist. Wenn wir Lehrende nicht in den Himmel heben,
sondern uns eher auf die Lehre, auf unsere Praxis und unser
eigenes Verständnis verlassen, können wir auch nicht so tief
fallen, wenn unsere Erwartungen einmal enttäuscht werden.
Auch brauchen wir dann nicht die Fehler unserer Lehrer mit
komplizierten und bemühten Erklärungen zu rechtfertigen.

In den letzten Jahren buddhistischer und spiritueller Geschichte im Westen gab es eine ganze Anzahl kleinerer und auch
großer Skandale. Lehrer, die sehr verwirklicht zu sein schienen
– und es zum Teil wohl auch bis zu einem gewissen Grad
waren oder sind –, waren in Missbrauch von Macht, Sexualität,
Geld, Alkohol oder Drogen verwickelt.
    Diese Vorfälle zeigen, dass tiefe Erkenntnis oder »Erleuch-
tung« (Verwirklichung von *sotapati, darshanamarga, kensho*) zwar
mit entsprechender Wandlung sowie Klarheit in Bezug auf die
wahre Natur aller Dinge und den Weg verbunden sein kann;
aber sie zeigen auch, dass diese Erfahrungen oft noch lange
nicht tiefer verwurzelte Emotionen *(kilesa/klesha)* wie Verlangen, Aversion oder Stolz endgültig zu beseitigen vermögen.

Allzu oft wird diese erste »Erleuchtungsstufe« mit vollständiger Erleuchtung verwechselt. Der Unterschied zwischen diesen beiden Stufen der Verwirklichung ist aber in etwa vergleichbar mit einem alpinen Aussichtsberg und dem Mount Everest. Für viele Schüler und Gruppen um Lehrer, die in solche Skandale verwickelt waren, saß der Schock verständlicherweise sehr tief und man begegnete der Situation zum Teil mit großer Enttäuschung und Überreaktion, zum Teil mit völligem Verdrängen und Verneinen. Aber letztlich war der Prozess der Konfrontation und des Aufarbeitens in vielen Fällen doch sehr hilfreich; Wunden konnten heilen und es wurde ein realistischeres und gesunderes Verhältnis zu den Lehrern und zur Praxis gefunden. In anderen Fällen wird leider bis heute weiter verdrängt, verharmlost oder beschönigt.

Wenn Lehrende also auch »nur« Menschen sind, heißt das aber nicht, dass einfach alles in Ordnung ist, was sie tun! Es gibt wichtige Maßstäbe der Integrität:

– Haben wir das Gefühl, dass Lehrende die Studierenden ständig bewerten und beurteilen und dass echtes Mitgefühl und Interesse an deren innerem Wachstum fehlt? Dann müssen wir uns fragen, woher das kommt.

– Von Lehrenden sollte man verlangen, dass sie ihr Bestes geben, um den Maßstäben, die sie setzen, auch selbst gerecht zu werden.

– Auch Dharma-Lehrende müssen ihren Lebensunterhalt bestreiten können. Aber offensichtliche Gier nach Geld und Macht oder jede Art von Suchtverhalten sollte hinterfragt werden. Dabei dürfen wir uns nicht beeindrucken lassen von Aussagen über verrückte Weisheit (»crazy wisdom«) oder so genanntes hartes Mitgefühl (»tough compassion«), wobei sich Gurus jenseits aller Maßstäbe stellen, die für gewöhnliche Praktizierende gelten.

– Wenn wir bei Lehrern die Tendenz zu sexueller Annäherung oder Ausbeutung erkennen, sollten wir das nicht still-

schweigend dulden. Dasselbe gilt bei Missbrauch und Abhängigkeit von Alkohol und Drogen.

Wird das Einhalten ethischer Grundregeln durch die Lehrenden betont, so handelt es sich weder um puritanische noch
um fundamentalistische Ansätze, wie auch schon behauptet
wurde, sondern um das Recht der Schülerinnen und Schüler,
vor Übergriffen geschützt zu sein. Es handelt sich hier um eine
Problematik, die bereits aus der psychotherapeutischen Praxis
bekannt ist. Etwas vereinfacht kann man sagen, dass Menschen,
die durch Missbrauch seelisch verwundet wurden, oft besonders gefährdet sind, wieder in eine ähnliche Situation zu geraten und ausgenützt zu werden, wenn sie sich in Vertrauen und
Hingabe öffnen. Denn sie glauben, im Therapeuten (oder eben
im Guru) die ideale Vater- oder Mutterfigur gefunden zu
haben. Hier wird von den Therapeuten und spirituellen Lehrern äußerste Klarheit, Integrität und echtes Mitgefühl verlangt.

– Häufiges Sichgehenlassen in Wut und Irritation muss nicht
einfach ignoriert und übersehen werden. Wir brauchen uns
nicht beeindrucken zu lassen, wenn es heißt:»Er – und oft ist es
ja ein Er – nimmt eben das schlechte Karma seiner Schüler auf
sich« oder:»Wir können das sowieso nicht verstehen und wir
sollten auch gar nicht versuchen, die ›geschickten‹ Mittel und
Handlungen des Meisters ergründen zu wollen«.

Natürlich bedarf es auf Seiten der Studierenden viel Mut,
offen zu fragen und zu hinterfragen. Aber wir müssen es tun!
Wir wollen nicht weniger als die Wahrheit! Dabei ist das offene Hinterfragen ganz etwas anderes als das Hintenherum-Kri-
tisieren, das recht wenig Mut erfordert.

Jemand hat vorgeschlagen, wir sollten, wenn wir wirklich
Bescheid wissen möchten über die Integrität einer Lehrperson
und darüber, ob sie wirklich das lebt, was sie lehrt, die Partner
und Ehefrauen oder -männer fragen.Wenn ihr es wirklich wissen wollt, fragt ihre Ex-Partner!

Manchmal spüren wir, dass die Lehren, die uns gegeben werden, stark, wirkungsvoll und hilfreich sind – und trotzdem hat
dieser Lehrer offensichtliche Probleme. Hier brauchen wir
nicht Beschönigung, sondern Klarheit: Wir haben die Lehren
nötig und wir wollen Rat und Führung, weil sie uns weiter-
bringen. Deshalb brauchen wir aber die Person der Lehrerin
nicht zu imitieren. Es wäre fehl am Platz, sie unkritisch als Vorbild für alle Aspekte unseres Lebens zu nehmen. Wir müssen
uns hier die Freiheit bewahren, verantwortlich und autonom
zu sein.

Diese klare Haltung schließt nicht aus, dass wir als Studierende gegenüber den Lehrenden auch etwas nachsichtig sind –
als Ausdruck unserer Wertschätzung dafür, dass sie ein Gefäß
sind für die Lehre, welche das wertvollste Geschenk ist, das wir
im Leben erhalten können. Ein Text sagt über die Lehrenden:
»Sie sind wie Führer, wenn wir in unbekannten Gebieten reisen, wie eine Eskorte, wenn wir durch gefährliche Gegenden
ziehen, und wie ein Fährmann, wenn wir einen großen Fluss
überqueren.« Gute Lehrende sind außergewöhnlich selten und
wertvoll.

Für die Beurteilung spiritueller Gruppen und Bewegungen
könnte eine »Checkliste der Fragwürdigkeiten« nützlich sein.
Grund zur Beunruhigung besteht besonders dann, wenn meh-
rere Punkte der folgenden Liste zutreffen:
– Es ist unannehmbar, wenn Gurus oder Gruppen finanzielle
oder – noch schlimmer – sexuelle Ausbeutung betreiben. Bei
Gurus, von denen gesagt wird, dass sie sehr verwirklicht seien,
ist dies besonders skandalös.
– Wo immer wir starre Hierarchien und Machtstrukturen fin-
den, sollten wir aufhorchen. Allerdings ist dies nicht immer ein
Alarmzeichen, da solche Strukturen in Asien Tradition haben.
Im Westen scheint dies allerdings oft ein Zeichen von Sektie-
rertum zu sein, besonders, wenn alle Macht bei einer einzigen
Person liegt, ganz gleich, wie erleuchtet diese sein mag.

– Auch das Betreiben politischer Agitation sollte uns hell-
hörig werden lassen.

– Suspekt sind auch jene, die lehren, ohne von ihren eigenen
Lehrern dazu ermächtigt worden zu sein, oder die in keine
Tradition eingebunden sind. Dasselbe gilt für Gurus, die sich
für erleuchtet erklären oder gar behaupten, ihr ursprünglicher
Lehrer verstehe die Lehre nicht wirklich.

– Es ist verdächtig, wenn der eigene Weg oder die eigene
Methode als weitaus besser als alle anderen hingestellt wird
(was leider recht oft vorkommt) und dazu noch andere Traditionen und Methoden belächelt oder herabgewürdigt werden.

– Vorsicht ist geboten, wo Fragen oder Kritik unerwünscht
sind und Gehorsam und Unterwerfung verlangt werden.

– Gefährlich sind Sekten, aus denen man nicht problemlos
austreten kann. Diese üben in der Regel äußeren oder auch inneren Druck aus: Sie suggerieren Schuldgefühle oder auch das
Gefühl, man sei nun ausgeschlossen von der Gnade und vom
Kreis der Auserwählten.

Kurz, alles, was uns abhängiger macht, anstatt uns zu befrei-
en, ist äußerst fragwürdig, ganz gleich, wie die Erklärungen
und Entschuldigungen lauten. Lassen wir die Finger davon!
Wir schulden es unserer Würde als Menschen, nicht mitzu-
machen, wenn sich etwas nicht gut anfühlt im Grunde unseres
Herzens.

Wer ist überhaupt zum Lehren berufen? Was oder wer macht
jemanden zum Lehrer, zur Lehrerin? Diese geheimnisumwit-
terte Frage scheint sich langsam zu klären. Es scheint nämlich,
dass es keine allgemein gültigen festen Regeln gibt und auch
nie gab, weder in der Vergangenheit noch irgendwo im Osten.

Wenn eine Person zu lehren beginnt, beruht dies eher auf
dem Zusammentreffen ihrer Praxis und Verwirklichung einerseits und ihrer Beziehung zu ihren Lehrern als auch den Bedingungen und Maßstäben, die diese anwenden, andererseits.

Vor einiger Zeit erschien in einer deutschen buddhistischen Zeitschrift der offene Brief des tibetischen Lamas Dagyab Kyabgön Rinpoche, der seit Jahren in Europa lebt und unsere Sprache spricht.[2] Er ist der Meinung, Lehren habe tiefe Bedeutung und Konsequenzen für alle Beteiligten – und deshalb sei es an der Zeit, dass dieses Thema im Westen mehr diskutiert und geklärt werde. Der Lama erwähnt vier Faktoren, die darauf hinweisen könnten, dass man mit dem Lehren beginnen *könne*, ohne dass man aber deshalb lehren *muss*:

– Umfassende Kenntnis der Lehre
– Mindestmaß an Verwirklichung
– Auftrag des eigenen Lehrers
– Anfrage eines oder mehrerer Schüler

Zu diesen Punkten einige Kommentare:
– *Umfassende Kenntnis der Lehre:*
Von buddhistischen Lehrenden sollte man eine umfassende und gründliche Kenntnis der Lehre erwarten können. Im Westen, wo die Lehre noch kaum richtig Fuß gefasst hat, ist eine korrekte Vermittlung des Dharma besonders wichtig. Die Gefahren der Fehlinterpretation und vor allem auch der Verwässerung sind noch groß genug. Auch die Tendenz, die Tiefe der Lehre auf eine ausschließlich psychologische Ebene zu reduzieren, ist heute beträchtlich. So sollten wir also den Aspekt der »umfassenden Kenntnis der Lehre« nicht unterschätzen. Natürlich muss er mit dem zweiten Punkt einhergehen:

– *Ein Mindestmaß an Verwirklichungen:*
Hier gibt es nicht allzu viel Übereinstimmung unter den verschiedenen Traditionen und Lehrern. Immerhin könnte man zumindest für Lehrende der Vipassana-Tradition sicher sagen:

– Mindestens zehn Jahre Praxis und davon möglichst einige Jahre in intensiven Retreats.

– Beherrschen der Meditationsübungen der eigenen Tradition und Kenntnis einer Anzahl von Methoden anderer Traditionen.

– Verständnis und direkte Erfahrung der Vergänglichkeit und der Leerheit aller Selbst-Existenz *(suññata/shunyata)* sowie Gelassenheit und innerer Friede.

– Tiefe Verpflichtung und Liebe gegenüber der Lehre, zu Freiheit und Mitgefühl, die zum zentralen Thema und zum Grundton dieses Lebens geworden sind.

– Ein nicht-wertendes, mitfühlendes Interesse für die Menschen, für alles Lebendige und ein gewaltloser, ehrlicher Lebensstil, der daraus entsteht.

– Die ernsthafte Absicht, offen bleiben und weiter lernen zu wollen; von den eigenen Lehrern und Lehrerinnen, von sich selbst, von Kolleginnen und Freunden, von den Studierenden und vom Leben selbst. Eine permanente »spirituelle Supervision« ist äußerst wichtig.

– Für uns im Westen ist es offensichtlich sehr hilfreich, wenn Lehrende – außer es seien Mönche oder Nonnen – einige Erfahrung und Klarheit haben in Bezug auf Arbeit, Geld und Beziehungen.

Vermutlich werden wir nicht all das in einer Person vereint finden. Aber wir sollten auch nicht zu anspruchslos sein. Die spirituellen Möglichkeiten für uns Menschen sind nämlich immens. Dabei sprechen wir hier nicht von »Erfahrungen«, die man haben kann, sondern von innerer Wandlung, also vom Resultat oder den »Früchten«. Allerdings ist es kaum möglich, Verwirklichung nach einem festgelegten Schema zu bestimmen. Begriffe bezüglich der Verwirklichung werden in verschiedenen Traditionen unterschiedlich verwendet. Das im Westen gebräuchliche Wort »Erleuchtung« macht die Sache noch verwirrender. Und die Tatsache, dass in manchen Traditionen die Lehrenden und Gurus als erleuchtet angesehen werden sollen, ganz unabhängig davon, was sie tatsächlich ver-

wirklicht haben, macht die Dinge auch nicht einfacher. Trotzdem mögen einige Hinweise hilfreich sein, welche Varianten
von Lehrenden es geben kann:
– Da gibt es Menschen, die viel praktiziert haben, die eine innere Offenheit und Weite kennen und bei denen Identifikation
und »Reaktivität« im Sinne von Anhaften und Aversion nicht
mehr so stark sind. Diese Menschen verbreiten eine Atmosphäre der Liebe und Großzügigkeit.
– Dann gibt es jene, die die wahre Natur des Seins so klar erkannt haben, dass all ihre Zweifel geklärt und innere Freiheit,
tiefes Vertrauen und Inspiration da sind. Oft wird diese Stufe
der Erkenntnis als »Erleuchtung« bezeichnet. Es sind Menschen, die großen Respekt verdienen. Wie erwähnt, bedeutet
das aber noch lange nicht, dass die tief verwurzelten Negativitäten *(kilesa/klesha)* wie Verlangen, Abneigung, Stolz völlig
verschwunden sind. So sollten wir uns hier nichts vormachen
oder vormachen lassen. Wenn die erwähnten Negativitäten
noch erkennbar und vorhanden sind, ganz gleich wie »subtil«,
entspricht die Verwirklichung eben »nur« dieser Stufe und
nicht einer höheren.
– Dann gibt es jene seltenen und wertvollen Menschen, die
vollständig frei sind von Verlangen und Anhaften, Hass und
Aversion; solche Menschen sind sehr rar, besonders im Westen.
– Schließlich gibt es jene, deren Herz und Geist völlig klar
sind. Keine Spur mehr von Selbst, von Getrenntsein oder von
innerer Unruhe jeglicher Art. In vielen Traditionen werden sie
richtigerweise als »vollständig Erleuchtete« bezeichnet. Für uns
gewöhnliche Sterbliche sind sie nicht unterscheidbar von der
vorhergehenden Stufe. Es sind wahrhaft Heilige, makellos in
ihrem Sein und Tun.
– Letztlich gibt es noch die Möglichkeit, Buddha zu sein. Es
ist völlige innere Freiheit, tiefer Frieden und gleichzeitig auch
die Vervollkommnung aller menschlichen Qualitäten, die es
den Buddhas ermöglicht, zum Vorteil und Segen aller Lebewesen optimal zu wirken. Wie ein Text sagt: »So wie mit der

aufgehenden Sonne das Licht überallhin strahlt, so durchdringt das Gewahrsein der Buddhas alle Dinge.«
Allerdings schafft auch hier die Tradition des Öfteren Verwirrung. Oft wird – aus Respekt und Verehrung oder einfach der Tradition entsprechend – als Buddha bezeichnet, wer in Wirklichkeit nicht dieser Stufe entspricht.

Zum dritten Punkt auf der Liste: Um zu lehren, sollte man vom *eigenen Lehrer beauftragt sein.* Es gab immer wieder große Meditierende, die regelrecht zum Lehren gedrängt werden mussten; der drängende Wunsch, Lehrer zu werden, sollte dagegen eher als Warnsignal betrachtet werden. Sicher müssen sich jedoch Lehrer und Schüler nach einer viele Jahre dauernden Beziehung und Zusammenarbeit einig werden, ob und wann es Zeit ist für den Studierenden, mit dem Lehren – das heißt mit dem Teilen des Wissens und der Erfahrung – anzufangen. Deshalb ist es auch völlig angemessen, ja sogar empfehlenswert, jene, die unsere Lehrer werden, zu fragen, wie sie zu dieser Rolle gekommen sind und wer genau sie dazu ermächtigt hat. Wir sind oft schnell beeindruckt von Personen mit eindrücklichen Titeln und exotisch anmutenden Praktiken, die sich vorn aufs Podium setzen und ihren Mund aufmachen. Gerade bei Menschen aus dem Osten mit spirituellem Ansehen, in religiösen Gewändern akzeptieren wir Autorität oft ungefragt. Deshalb laufen die Lehrenden oft Gefahr, sich selbst für sehr wichtig zu halten und sogar eingebildet und arrogant zu werden.

Besonders für Menschen im Westen ist es auch außerordentlich wichtig, eine Zeit des Trainings und Assistierens mit ihren Lehrerinnen oder Lehrern zu verbringen, bevor sie zu lehren beginnen; dies ist für jegliche Art der Lehrtätigkeit nützlich. Die Lehrenden sind dafür verantwortlich, ihre Schülerinnen und Schüler zu fördern. Schlecht wäre es für alle, wenn wegen mangelnden Wissens und Könnens des Lehrers die Chancen für Erkenntnis und inneres Wachstum der Studierenden nicht genutzt würden. Auch müssen angehende Lehrende psychische und spirituelle Krisenzustände richtig einzuschätzen wissen und deshalb den Umgang damit erlernen. Leider kommt es heute im Westen immer wieder vor, dass schon nach wenigen Jahren der Praxis gelehrt wird. Selbst wenn Studierende bedeutende Erkenntnisse, große Lehrfähigkeit und die Unterstützung ihrer Lehrer haben, scheint doch ein Zeitraum von mindestens zehn Jahren intensiver Auseinandersetzung mit der Praxis unbedingt erforderlich, bevor jemand mit dem Lehren beginnt.

Der vierte und letzte Punkt scheint offensichtlich: *Anfrage eines oder mehrerer Schüler.* Lehrende oder solche, die es werden wollen, die sich selbst als Lehrer anbieten, sind eher fragwürdig. Es geht um Dharma, um Praxis, um ein Leben in innerer Freiheit und um Mitgefühl. Wenn man auf seinem Weg gebeten wird, sein Verständnis der Lehre zu teilen – gut. Aber in gezielter Absicht eine Zuhörerschaft zu suchen entspringt wohl kaum einer echten spirituellen Motivation. Lehrtätigkeit sollte durch den Wunsch gekennzeichnet sein, sich für den Erfolg des Dharma einzusetzen, anstatt Dharma für seinen eigenen Erfolg einzusetzen.

Dogen Zen-ji sagt: »Wenn wir lehren und alle Dinge erleuchten wollen, sind wir verwirrt. Wenn alle Dinge uns lehren und erleuchten, sind wir erleuchtet.«

So ist der Weg zum Lehren ein sehr individueller und organischer Vorgang. Er beruht auf der Hingabe an Lehre und Praxis, auf dem Verstehen der wahren Natur aller Dinge und auf der Beziehung zum eigenen Lehrer, zur eigenen Lehrerin.

Etwas einfacher verhält es sich beim Teilen der Lehre mit Freunden. Manche Lehrende halten es für problemlos, ja hilfreich, wenn sehr erfahrene Studierende, die viele Retreats gemacht haben, zum Beispiel eine Abendgruppe leiten. Man teilt so sein Verständnis mit anderen. Dies sollte allerdings in enger Zusammenarbeit mit der eigenen Lehrerin, dem eigenen Lehrer geschehen. Zwischen dieser Art zu teilen und dem Leiten längerer, intensiver Kurse besteht aber ein großer Unterschied.

Noch ein letzter Punkt zum Lehrer-Schüler-Verhältnis: Wir sollten erkennen, dass es eine überaus große Skala von Beziehungen zwischen Studierenden und Lehrern gibt. Diese Skala reicht von der Zuschreibung aller Kräfte zur Förderung unserer Entwicklung, Erkenntnis und Befreiung an den Lehrer bis zur Zuschreibung sämtlicher Fähigkeiten der inneren Wandlung, Erkenntnis und Freiheit an die Studierenden, mit sämtlichen dazwischen liegenden Möglichkeiten. Alle Varianten scheinen gebräuchlich und vielleicht sogar richtig zu sein. Trotzdem gibt es auch hier Extreme, die wir besser vermeiden:

Das eine Extrem ist der Glaube, dass ich alles allein tun muss und niemand mir wirklich helfen kann. Dies steht im direkten Widerspruch zur Bedeutung von Sangha und zur Tatsache des Verbundenseins und der wechselseitigen Bedingtheit allen Seins.

Das andere Extrem ist der Glaube, dass jemand es für mich tun kann, während ich selbst wirklich keine echte Möglichkeit habe, meine Entwicklung und Befreiung zu vertiefen. Dies steht genauso im Widerspruch zu der Tatsache des Verbundenseins und des wechselseitig bedingten Entstehens aller Dinge. Diese Haltung spiegelt auch nicht die Tatsache wider, dass es immer schon Heilige gab und heute noch gibt, Männer und Frauen, die wirklich frei und mitfühlend sind und die es längst für uns getan hätten, wenn das tatsächlich möglich wäre.

So liegt die Wahrheit also irgendwo in der Mitte auf dieser offenen Skala der Möglichkeiten:

Wir brauchen Lehrer und Lehrerinnen. Wir wollen von allem und jedem in dieser Welt lernen. Wir brauchen all die Hilfe, die wir erhalten können.

Gleichzeitig müssen wir all unsere Kräfte einsetzen, unser ganzes Wesen, rückhaltlos.

So nehmen wir unser Herz in die Hände und verschenken es – an die Wahrheit, an die Wirklichkeit, an alle Lebewesen –; wir verschenken es an alles Lebendige in all seiner Weite und Tiefe. Denn es ist das Leben selbst, das uns lehrt.

BODHISATTVAS AM WERK

*Nagarjuna riet dem König: »So wie du gern darüber
nachdenkst, was zu tun wäre, um dir selbst zu helfen,
so solltest du gern darüber nachdenken, was zu tun
wäre, um anderen zu helfen.«*[1]

In dem Maße, wie wir die vier edlen Wahrheiten, vor allem
jene des Leidens und der Befreiung vom Leiden, in uns selbst
verstanden und verwirklicht haben, in dem Maße werden sie
auch auf die Außenwelt, unsere Mitmenschen und unsere Mitlebewesen anwendbar. Das eigentliche Maß für die Verwirklichung unseres Mitgefühls ist dessen Ausdruck in Handlungen.
Der Buddha des Großen Mitgefühls, Avalokiteshvara, wird oft
dargestellt mit vielen Köpfen – friedvollen und Furcht erre-
genden – und mit tausend Armen, jeder mit einem Auge der
Weisheit versehen. Die Arme streckt er in jede Himmelsrich-
tung aus, um die Wesen zu beschützen, vom Leiden zu befreien
und sie das Dharma zu lehren. Zusätzlich zum Mitgefühl
braucht es Weisheit und Geschick, um wirklich hilfreich zu
sein, was in den Darstellungen von Avalokiteshvara durch das
Auge in jeder helfenden Hand illustriert wird.

Durch das Studium der Lehre und deren praktische Anwendung werden wir zu einem vertieften Verständnis der Wirklichkeit und der Natur des Geistes gelangen. Dies bedeutet, dass
wir beginnen, »abhängiges Entstehen« und somit die wechselseitig abhängige Vernetztheit und Verbundenheit allen Lebens
zu erkennen und zu erfahren. Es ist diese Erkenntnis, die uns
mit dem Leben verbindet, uns aber auch verpflichtet. Durch

Verbundenheit und Einssein mit den Lebewesen, durch das Wegfallen des Gefühls der Getrenntheit entsteht eine natürliche Motivation, zum Wohle aller zu wirken. Der Geist des Bodhisattva erwacht. Das traditionelle Bodhisattva-Ideal bedeutet, zum Wohle aller Wesen die Buddhaschaft erreichen zu wollen. Konkret kann das oft so aussehen, dass die sich vollständig im Dharma Engagieren – ob Mönche oder Nonnen, Lamas oder Zen-Meisterinnen – zwar als wichtigen Teil ihrer Praxis und als Ausdruck ihrer Verwirklichung Belehrungen geben, sich aber eher selten sozial, politisch oder einfach praktisch in der Welt engagieren. Dabei bezieht sich aber die Praxis der Bodhisattvas doch immer auf eine Auseinandersetzung mit dem Leiden und dem Wohlergehen aller Lebewesen. Deshalb ist es nicht erstaunlich, dass es auch immer wieder bedeutende sozial engagierte Buddhisten gab, sei es in Ländern des Mahayana-Buddhismus, sei es in jenen des Theravada.

Besonders heute wieder scheint im Buddhismus ein Aufbruch stattzufinden; eine Sensibilisierung für die Problematik und das Leiden der Mitwelt. Dies zeigt sich in der wachsenden Zahl der Menschen, die sich für soziale Gerechtigkeit, für die Menschenrechte, für Freiheit und Demokratie, für Natur und Umwelt, für die Erde mit ihrer Artenvielfalt und für die Rechte der Tiere engagieren.

Aber bereits der **Buddha** selbst forderte seine Laienanhänger immer wieder auf, den Armen und Abhängigen zu helfen, sie zu ernähren und zu unterstützen. Vor allem empfahl er auch seinen hochgestellten und vermögenden Anhängern, unter denen sich sogar Könige befanden, sich der weniger begünstigten und leidenden Menschen anzunehmen.

Er lehrte nicht nur den Weg zur Erleuchtung, sondern ging gegen den Aberglauben vor und bekämpfte die alten Werte, die besagten, dass gewisse Würdenträger in Religion und Politik ihre Positionen durch den Willen Gottes innehätten. Er stellte das Kastensystem in Frage, das heißt die Klassenzugehörigkeit entsprechend der Geburt: eine rassistische, sozial-religiöse Ordnung, die leider bis heute die armen und ausgebeuteten Massen Indiens, die allzu oft am Rande des Verhungerns leben, in Unterdrückung und Rechtlosigkeit hält. Auch bekämpfte er den Brauch der Tieropferung.[2]

Bei verschiedenen Gelegenheiten warnte er vor Ungleichheiten in der Verteilung von Reichtum und der damit verbundenen Gefahr der Hungersnot. Er machte klar, dass Armut bei den Unterprivilegierten mehr Verbrechen zur Folge haben werde, die Moral der Gesellschaft untergrabe und in der Gesellschaft eine Atmosphäre des Hasses und des Neides schaffe – eine Lektion, die wir und die Verantwortlichen unserer Regierungen in vielen Fällen bis heute nicht gelernt haben.

Er kritisierte den Geist der Rachsucht und schlichtete Konflikte, die zu Kriegen auszuarten drohten. Dabei betonte er:»In einer Schlacht verlieren beide, Gewinner und Verlierer.« Auch pries er den Wert der Ethik. Er betonte, dass die Menschen ihren Lebensunterhalt nicht durch Arbeit und Berufe bestreiten sollten, in denen Menschen oder Tiere getötet, verletzt oder ausgebeutet werden.

Er organisierte seine Sangha von Mönchen und Nonnen in einer Weise, die sie von der Gesellschaft, den Menschen aus Städten und Dörfern, unmittelbar abhängig machte in Bezug auf Nahrung, Kleidung und andere Lebensnotwendigkeiten. Es war ihnen dadurch unmöglich, sich auf unbestimmte Zeit in die Wälder oder Berge zurückzuziehen. Vielmehr mussten sie durch Belehrungen und durch beispielhaftes Vorleben einer spirituellen und heiligen Lebensführung ihren Teil zur Dharma-Bildung der Menschen in Dörfern und Städten beitragen.

Es ist offensichtlich, dass wir alle unsere eigene Form der spirituellen Praxis finden und auf die uns entsprechende Art ausdrücken müssen. Dabei ist es sicher gerade bei der Hektik unserer Zeit von großer Bedeutung, dass wir Möglichkeiten finden oder schaffen, innezuhalten, Einkehr zu üben, zur Besinnung zu kommen, wie das in der Stille von Meditationsretreats oder Klausuren möglich ist. Andererseits muss spirituelle Praxis auch im Äußeren gelebt und manifestiert werden. Bei »Kontemplativen« mag sich das darin äußern, dass sie ihre Erfahrung und ihre Erkenntnisse in angemessener Weise mitteilen. Für die meisten von uns dagegen, die wir in der »Welt« leben, bedeutet dies, unser Leben in einer Weise zu führen, die nicht nur für uns selbst heilsam, sondern in irgendeiner Weise für die Gesamtheit des Lebens auf diesem Planeten hilfreich ist. Ob zu Hause in der Familie, in unserem Beruf oder in der Freizeit, ob im kleinen Kreis oder in der Weltpolitik, unser Tun und Sein muss von Sensibilität und Verantwortung geprägt sein und vom Wunsch, zum Wohle aller zu wirken. Beides ist also wichtig: Stille und Einkehr einerseits, Handeln und Praktizieren in Verbundenheit mit der Welt andererseits.

Immer schon wurde Dharma von verschiedensten Menschen, in vielfältigsten Formen und mannigfaltigen Situationen praktiziert. So befanden sich unter Buddhas bekanntesten Schülerinnen und Schülern nicht nur viele Nonnen und Mönche, die tiefe Verwirklichung erlangt hatten, sondern Königinnen und Könige, Kaufleute, Kurtisanen, einfaches Landvolk und sogar Räuber.

Eine der wichtigsten Schülerinnen Buddhas war dessen Tante Pajapati Gotami, die den Prinzen Siddharta nach dem Tode seiner Mutter liebevoll großzog. Sie bat den Buddha, als Nonne in den Orden aufgenommen zu werden, und kann deshalb als die Gründerin der buddhistischen Nonnen-Sangha betrachtet werden. Pajapati – ihr Name bedeutet »Führerin einer großen Gemeinde« – hatte eine außergewöhnlich tiefe Praxis und erreichte die endgültige Befreiung.

Der reiche Kaufmann Anathapindika wollte dem Prinzen Jetavana aus Savatthi dessen Hain abkaufen, um diesen der Sangha als Aufenthaltsort zu schenken. Dies gelang ihm erst, nachdem er sich bereit erklärt hatte, als Kaufpreis die ganze

Fläche des Parks mit Goldmünzen zu bedecken. Der Jetavana-
Hain wurde zum beliebtesten Aufenthaltsort für die Mönche
und Nonnen. Der Buddha selbst soll dort neunzehn Regen-
perioden verbracht haben, eine Zeit von etwa drei Monaten
pro Jahr, während der sich die Sangha am gleichen Ort aufhielt
und sich vermehrt der Meditation widmete. Anathapindika
war nicht nur ein großer Gönner, sondern auch ein erfolg-
reicher Praktizierender des Dharma.

Bekannt ist auch die Kurtisane Ambapali, eine große Gön-
nerin, die der Sangha ihren Mango-Hain schenkte und diese
dort mit den »vier Lebensnotwendigkeiten«, Nahrung, Kleidung, Obdach und Arznei, versorgte.

Ein gefürchteter Räuber und Wegelagerer hatte beschlossen, alle Menschen, die seinen Wald durchquerten, zu töten,
einen ihrer Finger abzuschneiden und sich daraus eine Hals-
kette zu machen. So wurde er bald unter dem Namen Angulimala – »Kette aus Fingern« – bekannt und berüchtigt. Eines
Tages erschien der Buddha in dem Wald, wo Angulimala sich
alsbald auf ihn stürzen wollte, um ihn zu töten. Angulimala
rannte auf den Buddha los, kam ihm aber nie näher, obwohl
der Buddha ruhig und gemächlich dahinschritt. »Halt an!«, rief
Angulimala schließlich frustriert und erschöpft. »Ich habe bereits angehalten«, erwiderte Buddha, »du bist es, der immer
noch rennt!« Angulimala war von der unerschütterlichen Ruhe
des Buddha so tief beeindruckt, dass er ihn nach der Lehre und
Praxis fragte, die einen solchen Seinszustand hervorzubringen
vermag. Er lernte schnell und praktizierte eifrig, bis er die vollständige Befreiung erlangte.

Geschichten wie diese oder Berichte von Bimbisara, dem
König; Kisagotami, der Mutter; Cunda, dem Schmied, und
vielen anderen zeigen, dass Menschen jeder Couleur und aus
allen Gesellschaftsschichten an der Lehre interessiert und
davon berührt waren und dass diese dementsprechend in den
verschiedensten Formen praktiziert werden kann.

Eine bedeutende Figur in der Geschichte des Buddhismus, die
spirituelle Prinzipien auf eindrückliche und nachhaltige Weise
in die Tat umsetzte, war der große **Kaiser Ashoka,** der etwa
dreihundert Jahre nach der Zeit Buddhas in Indien lebte.
Nachdem er durch blutige Kriege große Teile Indiens (von
Persiens Grenzen im Westen zur Ganges-Mündung im Osten
und bis Goa im Süden) erobert hatte, erkannte er die erschre-
ckende zerstörerische Wirkung seines kriegerischen Tuns und
besann sich auf die wahren Werte des Lebens. Als er nämlich
die Sterbenden und Toten auf dem Schlachtfeld betrachtete,
auf dem er gerade einen weiteren großen Sieg erkämpft hatte,
fühlte er sich zutiefst bedrückt und innerlich aufgewühlt. Als er
aufblickte, sah er einen Mönch, der in tiefstem Frieden da-
herschritt. Da wurde ihm klar, dass er, der Herrscher über ein
riesiges Reich, unglücklich war, während dieser völlig besitz-
lose Mönch tiefes Glück ausstrahlte. Da bat er diesen um Be-
lehrung. Der Kaiser wandte sich dem Buddhismus zu und
verbrachte den Rest seines Lebens damit, sein Reich auf
humane, bestmögliche Art zu regieren. Er ließ Krankenhäuser
bauen, ernährte die Armen, ließ die Landstraßen mit Alleen
versehen, die den Reisenden kühlenden Schatten gewährten,
ließ Brunnen für Trinkwasser erbauen, Tierspitäler errichten
und veranlasste, dass überall im Lande Tafeln aufgestellt wurden, welche die Leitlinien der Lehre – und die seiner Überzeugung – verkündeten.

Auf einem dieser Edikte stand genau das zu lesen, was man sich
auch in der heutigen Zeit so sehr wünschen würde: »Der
Klang der Kriegstrommeln ist zur Musik der Lehre geworden«,
mit einem Aufruf zur Gewaltlosigkeit gegenüber Menschen
und Tieren und zur Achtung der Familie. Ein anderes Edikt
beschreibt des Kaisers eigenes Bemühen, das Essen von Fleisch
zu reduzieren und letztlich ganz aufzugeben, um Tiere vor der
Schlachtung zu bewahren. Der Kaiser regte zur Freiheit von
Sektierertum an und sah davon ab, seine eigene – buddhistische

– Religion zur Staatsreligion zu erheben. Damit hatte er ansatzweise eine Trennung von Staat und Kirche vorweggenommen. In einem anderen Edikt spricht er offen über sich selbst: »Ich bin nie vollständig zufrieden mit meiner Achtsamkeit und der Ausführung öffentlicher Arbeiten und ich betrachte die Förderung des Wohls meines Volkes als meine höchste Pflicht.«

Es war Ashokas Einfluss, sein Wirken und seine Macht, die den Buddhismus von einer unbedeutenden religiösen Gruppe zu einer angehenden Weltreligion machte. Es war mit sein Verdienst, dass sich die Lehren des Dharma ausbreiten und als maßgebende Werte für die Gesellschaft etablieren konnten.

Zu dieser Zeit fand der Buddhismus auch in Sri Lanka Eingang. Der Mönch Mahinda, Ashokas Sohn, war der erste, der dort Mönche ordinierte, und des Kaisers Tochter, die Nonne Sanghamitta, gründete dort den Nonnenorden.

Ungefähr im zweiten Jahrhundert unserer Zeitrechnung lebte der herausragende Meister und Philosoph **Nagarjuna** auf dem indischen Subkontinent. Er war ein großer Denker und auch Erneuerer des Buddhismus. Nach der Legende stieg er ins Meer hinunter, um von den sagenumwobenen Nagas die Prajnaparamita-Texte, welche die Nagas seit Buddhas Zeit aufbewahrt hatten, in Empfang zu nehmen und sie der Menschheit zugänglich zu machen. Mit Nagarjunas Erscheinen nahm die Mahayana-Tradition des Buddhismus ihren Aufschwung und vor allem auch die Madhyamika-Sichtweise, deren Begründer und wichtigster Vertreter er war. Auch zu dieser Zeit war spirituelle Praxis unter den Laien üblich und es gibt Berichte sowohl über einfache Leute wie über königliche Anhänger und Praktizierende der Lehre. So schrieb Nagarjuna zum Beispiel einen wichtigen Lehrbrief an König Udayi, die »Juwelenkette des Rates an den König«. Darin riet er dem König:

»So wie du gern darüber nachdenkst, was zu tun wäre, um
dir selbst zu helfen,

so solltest du gern darüber nachdenken, was zu tun wäre, um anderen zu helfen.«[1]

Nachdem er in diesem Brief zuerst großes Gewicht auf spirituelle Praxis, Integrität im Verhalten, Entsagung und die Erkenntnis der letztendlichen Wirklichkeit legt, berät er im Folgenden den König über das angemessene Regieren seines Volkes.[3] Er empfiehlt, die Menschen spirituell zu inspirieren durch Bau und Unterhalt von Tempeln, Stätten des Lernens und der Kontemplation, durch die Unterstützung von Lehrern und das Abschreiben von Texten. Er ermutigt ihn, fast zweitausend Jahre vor dem Aufkommen sozialistischer Ideen, einen Wohlstandsstaat aufzubauen, das Leiden der Kinder, Armen, Kranken und Behinderten und der Alten zu lindern sowie Essen, Obdach und medizinische Versorgung für Bettler zu ermöglichen. Selbst die Sorge um Hunde, Vögel und andere Tiere wird dem König ans Herz gelegt wie auch das Anlegen von Notvorräten für das Volk. Auch niedrige Steuern und Preiskontrolle sind Themen und sogar humaner Strafvollzug wird erwähnt. Nicht zuletzt fordert er den König auf, Minister einzusetzen, die »weise sind, mit spiritueller Praxis, zwar unerschrocken, aber gütig, freundlich, zugänglich und dankbar«.

Auch hier wird wieder sichtbar, dass beides, die Meditation und das Wirken in der Welt, als gleich wichtige Komponenten der Praxis betrachtet werden. Nagarjuna berät den König sowohl in Belangen des angemessenen Verhaltens und Regierens als auch in der tiefen Meditation über die konventionellen und die letztendlichen Aspekte der Wirklichkeit, Madhyamika.

Menschen, die sich für das Wohl aller engagieren, hat es im Buddhismus wohl zu jeder Zeit gegeben. Besonders heute finden wir wieder große, sozial wirkende Bodhisattvas, gerade auch in Ländern des Theravada.

Der Thailänder **Sulak Sivaraksa** ist ein international angesehener Aktivist für Frieden, soziale Gerechtigkeit und Menschenrechte.[4] Er ist verheiratet, hat drei Kinder und ist Autor einer Anzahl von Büchern wie zum Beispiel »Saat des Friedens«[5]. 1995 erhielt er den Alternativen Nobelpreis. Sein spiritueller Lehrer war Ajahn Buddhadassa, einer der bekanntesten Mönche und Dharmalehrer des modernen Thailand, der als bedeutender Reformator des Buddhismus gewirkt hat. Sulak Sivaraksa ist zutiefst besorgt über die Krise, in der sich unsere Gesellschaft befindet und die sich in Ländern wie Thailand noch dramatischer auswirkt als bei uns. Wie unzählige Länder der »Dritten Welt« wird auch Thailand durch die rasante Industrialisierung und Überflutung durch materialistische Denk- und Verhaltensweisen in seinen sozialen, geistigen, kulturellen und ökonomischen Grundstrukturen und Werten zutiefst erschüttert.

Über Jahrhunderte hinweg gab es in Thailand geschätzte und gepflegte Lebensweisen und Werte der Bevölkerung: gegenseitige Achtung, Respekt der Jungen für die Alten, Erziehung in den Werten des Buddhismus, eine gemächlichere Lebensweise, der die Hektik unserer Zeit noch fremd war, sowie eine natürliche Verbundenheit mit der Natur. Diese Haltungen wurden in den letzten zwei bis drei Jahrzehnten radikal ersetzt durch kurzfristig orientiertes Profitdenken, skrupellose Ausbeutung der Natur, Abwanderung der Jungen in die Städte etc. Gleichzeitig wurden aber die von altersher bestehenden sozialen und politischen Strukturen keineswegs durch die westlichen Formen der Demokratie ersetzt.

Deshalb ist Sulak Sivaraksa auch seit Jahrzehnten ein unermüdlicher Kritiker der vom Militär gestützten Regierungen Thailands, und dies verbunden mit einem großen Risiko, sein Leben und das seiner Familienangehörigen und Freunde zu gefährden. Nachdem er die Regierung für den offensichtlichen Mangel an Demokratie und die grassierende Korruption kritisiert hatte, wurde er vor Gericht gestellt, wo er eine Strafe von bis zu 30 Jahren Gefängnis zu erwarten hatte. Erst durch internationale Unterstützung von Seiten vieler buddhistischer

Freunde, Amnesty International und von anderen Menschen-
rechtsgruppen wurde er wieder freigelassen.

Sulak Sivaraksa versteht die heutige Krise als eine spirituelle
und soziale. Er wendet sich gegen Korruption, Nationalismus,
Kapitalismus und »Konsumismus« und betont die Notwendigkeit, die Armen zu unterstützen und zu beschützen, und befür-
wortet die Anwendung von buddhistischen Prinzipien auf die
soziale Realität. Durch die Anwendung von Achtsamkeit, Gewaltlosigkeit und Dharmapraxis kann viel Leiden überwunden
werden – im Individuum wie in der Gesellschaft. Sulak Sivaraksa ist davon überzeugt, dass die alten Bräuche und Werte
auf die heutigen Situationen und Bedürfnisse übertragen werden müssen, um den rein konsumorientierten kapitalistischen
Kräften, die das Land und die Leute zerstören, entgegenzuwir-
ken

Er kämpft gegen die Zerstörung der teilweise noch intakten
sozialen und ökonomischen Strukturen und Werte der Familie
der ländlichen Gebiete sowie gegen den zunehmend mächtigen Einfluss der dekadenten, zerstörerischen westlichen Zivilisation mit ihrer Konsumhaltung, ihrem Hang zur Gewalt, mit
der Drogenabhängigkeit unter den jungen Leuten, mit ihrem
Sextourismus. Wegen der zunehmenden Armut unter den
Thai-Dorfbewohnern senden Zehntausende von Familien, die
sich am Rande des Verhungerns befinden, ihre Töchter als
Prostituierte in die Städte, um minimale Mittel zum Überleben
zu beschaffen. Allzu oft kehren diese Frauen nach einigen Jahren zurück ins Dorf, sind an Aids erkrankt und müssen die
Qualen eines schmerzhaften Todes erleiden, dabei werden sie
von den Dorfbewohnern und oft noch von ihren eigenen Familien wegen ihrer Krankheit und ihrer Arbeit als Prostituierte
gemieden.

Heute gibt es viele engagierte Buddhisten in Thailand, die
gegen diese Missstände ankämpfen und als Aktivisten durch
Erziehung und durch ihr Vorbild versuchen, ganzheitlichen
Sichtweisen zum Durchbruch zu verhelfen; Sichtweisen, wel-

che die innere Haltung des Geistes und des Herzens als Grundlage sehen. Sie erkennen die spirituellen, sozialen, politischen, wirtschaftlichen und ökologischen Aspekte des Lebens als untrennbar miteinander verbunden.

Sulak Sivaraksa kämpft auf lokaler, nationaler und internationaler Ebene für diese Prinzipien, ohne Rücksicht auf persönliche Gefahr und Anfeindung, der er immer wieder ausgesetzt ist. Vor einigen Jahren wurde erneut ein Haftbefehl gegen ihn ausgestellt, nachdem er mit der Tatsache an die Öffentlichkeit getreten war, dass viele burmesische Studenten, die vor dem unterdrückerischen Regime in Rangun nach Nordthailand geflohen waren, zurück nach Burma geschickt wurden, wo sie Folter und Tod erwartete. Sulak Sivaraksa sprach darüber und nannte auch den Namen des verantwortlichen Generals. Daraufhin musste er in eine ausländische Botschaft flüchten; von dort wurde er außer Landes gebracht. Sulak Sivaraksa bleibt jedoch unerschütterlich in der Hingabe zu seiner Arbeit, zu seiner Überzeugung und zu einer inneren Haltung, die menschliche und spirituelle Werte weit über den Egoismus der modernen Konsumgesellschaft stellt. In diesem Sinne zitiert er die folgende Aussage Buddhas:

»Die Taten, durch welche man Verdienste schafft, sind nicht einen Bruchteil der liebevollen Güte wert; denn liebevolle Güte strahlt, leuchtet, scheint und übertrifft jene Taten, gerade so, wie alles Licht der Sterne nicht einen Bruchteil des Mondlichtes wert ist, welches strahlt, leuchtet und scheint.«

1958 initiiert **Dr. A. T. Aryaratne** aus Sri Lanka ein Selbsthilfeprojekt in abgelegenen, armen Dörfern seines Landes. Er nennt es Sarvodaya-Bewegung, was so viel heißt wie »Erwachen für alle« oder »zur Realität erwachen«, in Anlehnung an die Bewegung Gandhis und Vinoba Bhaves in Indien.[4] Durch ein Netzwerk von jungen Leuten beginnt er mit den Dorfbewohnern zu arbeiten. Es werden Projekte zur Verbesserung der Hygiene und Gesundheit, der Bildung, der Landwirtschaft,

des Handwerks und der Kunst verwirklicht. Dabei spielt die
Verbreitung und Anwendung buddhistischer Prinzipien eine
große Rolle. Man »erwacht« zunächst zu der Realität, dass man
für seine eigenen grundlegenden Bedürfnisse sorgen muss.
Dann beginnt man zu schauen, wie man wahrhaftig glücklicher werden kann. Entsprechend der buddhistischen Erkenntnis bedeutet dies, weniger gierig, weniger gewalttätig und
weniger »unwissend« zu sein. Man versucht also, die entgegen-
gesetzten Qualitäten des Geistes und des Herzens zu entwickeln: Teilen anstelle der Gier, liebevolle Güte statt Hass, Erleuchtung anstelle von »Unverstand«. Das Wort »Erwachen« in
Sarvodaya schließt all diese Aspekte mit ein. Bei der Hilfe und
Arbeit, die geleistet wird, wird die innere Haltung des Erwachens als der wichtigste Aspekt betrachtet. Die Arbeit wird als
Bestandteil spiritueller Praxis verstanden. Aus dieser Art des
Teilens entsteht eine unmittelbare innere Freude. Die Arbeit
beginnt immer mit einigen Minuten der Gewahrseins- und
der Metta-Meditation, denn die innere und die äußere Arbeit
werden als eng zusammengehörig empfunden.

Die Arbeit Aryaratnes und seiner Bewegung in einem Land,
in dem seit Jahren Bürgerkrieg herrscht, ist nicht immer unge-
fährlich: Immer wieder wurde versucht, die Sarvodaya-Aktivis-
ten in ihrer Arbeit zu behindern, und sie erhielten oft sogar
Morddrohungen. Einmal hörte Aryaratne davon, dass ein ge-
dungener Mörder ihn umbringen sollte. Er ging direkt zu dem
Mann hin, schilderte ihm, um was es bei seiner Arbeit und den
Sarvodaya-Projekten gehe, und erklärte: »Wenn du mich umbringen willst, tu es bitte jetzt und hier und nicht in der Schule in Gegenwart meiner Schüler. Allzu leicht könnten sonst
noch andere Menschen verletzt werden.« Der Mann war von
Aryaratnes Mut und Mitgefühl so beeindruckt, dass er von seinem Vorhaben abließ.

Mit einer solchen Haltung zu leben und zu arbeiten erfordert viel Überzeugung und Hingabe. Dabei bleibt das Credo
dieser Bewegung die Verpflichtung gegenüber den buddhisti-

schen spirituellen Werten des Erwachens: Großzügigkeit, Güte, Mitgefühl und Dienst zum Wohle aller. Das Selbsthilfewerk hat sich bis heute auf mehrere tausend Dörfer ausgebreitet.

Zu der Zeit, als sich der Meditationslehrer und Aktivist Christopher Titmuss als Mönch in Thailand aufhielt, lebte **Bhikkhu Mahaghosananda** im selben Kloster. Christopher erzählt, dass dieser seine Klosterzelle nur selten verlassen habe. Man hätte in ihm nie einen Aktivisten gesehen. All die anderen Mönche wurden dazu angehalten, auf dem Areal oder unter den Bäumen zu meditieren, nur dem Ehrwürdigen Mahaghosananda wurde vom Lehrer so viel Vertrauen geschenkt, dass er für sich selbst praktizieren durfte.

Er ist einer der wenigen Mönche, die das Pol-Pot-Regime in Kambodscha überlebt haben. Im Laufe des langen, schrecklichen Bürgerkriegs in seinem Land wurden sein Bruder und alle siebzehn Angehörigen seiner Familie von den Roten Khmer ermordet.

Als Massen seines Volkes vor den Roten Khmer nach Thailand flüchten mussten, ging er in die Flüchtlingslager, um zu helfen und um Dharma und Metta-Meditation zu lehren. Bald erhielt er Drohungen von Seiten der Roten Khmer, denen seine Aktivitäten missfielen, so dass einer seiner Anhänger ihm ein Flugticket von Bangkok nach Paris kaufte, um ihn in Sicherheit zu bringen. Er ging nach Bangkok in ein Reisebüro, verkaufte dieses Ticket wieder und ließ von dem Geld Zehntausende von Metta-Flugblättern drucken. Daraufhin bestieg er den Zug, fuhr zurück in die Flüchtlingslager und verteilte die Blätter unter den Flüchtlingen.

In den neunziger Jahren begann er damit, Dhammayatras oder Friedensmärsche in seinem immer noch vom Krieg heimgesuchten Land durchzuführen. Bei der zweiten dieser Yatras marschierte er mit drei- bis vierhundert Teilnehmenden von der Grenze Kambodschas nach Phnom Penh. Sie marschierten durch Gegenden, die selbst von den UNO-Truppen gefürchtet wurden und wo es viele Landminen gab. Einige der Marschierenden wurden erschossen. Eines Nachts wurde sogar eine Handgranate in die Dharma-Halle geworfen; die Granate explodierte jedoch glücklicherweise nicht. Der Marsch wurde fortgesetzt. Der Ehrwürdige Mahaghosananda sagt über diese Friedensmärsche: »Jeder Schritt ist eine Meditation. Jeder Schritt ist ein Gebet. Jeder Schritt baut eine Brücke.«

Kambodscha ist ein Land, in dem es mehr Landminen gibt als Menschen. Mahaghosananda unterstützt alle Bestrebungen, in seinem eigenen Land wie auch international, Herstellung, Export und Einsatz dieser heimtückischen Kriegsgeräte zu verhindern. Weltweit wird jede Viertelstunde ein Mensch von einer Mine getötet oder verstümmelt. Dabei trifft es fast ausschließlich Zivilisten, mehrheitlich Frauen und Kinder. Mahaghosananda betont: »Um wirklich Frieden schließen zu können, müssen wir die Landminen des Hasses, der Gier und der Täuschung in unseren eigenen Herzen räumen.«

Ein weiterer Marsch dieser Art ist als Dhammayatra-Marsch für den Frieden bekannt geworden. Die Route sollte ursprünglich nach Pailin, der Hochburg der Roten Khmer, führen und dann weiter zu den immer wieder umkämpften und schwer verminten Regionen von Nordwest-Kambodscha, um dann bei den buddhistischen Tempeln von Angkor Wat zu enden. Obgleich ein Zwischenfall, bei dem die Roten Khmer mit automatischen Waffen und Granaten das Feuer eröffneten, die Marschierenden zwang, ihre Route zu ändern, zogen sie weiter in Richtung Angkor Wat, das sie einen Monat später erreichten. Eine Sprecherin für den Friedensmarsch sagte: »Wenn die Roten Khmer den Dhammayatra angreifen, ist das, wie wenn sie unsere Nation angreifen würden.« Die Roten Khmer-Guerillas entschuldigten sich später und drückten ihren Wunsch nach Frieden aus.[6]

Mahaghosananda wurde gefragt: »Was sagen Sie den Leuten, wenn sie marschieren?« »Zu den Älteren sage ich: ›Sagt euren Söhnen, sie sollen die Uniform ausziehen, ihre Gewehre

niederlegen und den Hass in sich selbst ›töten‹.‹ Manchmal tun
sie das wirklich und es gab Soldaten, die früher getötet hatten,
die tatsächlich ihre Uniformen auszogen, ihre Gewehre nie-
derlegten, ihre Dorfbekleidung anzogen und mitmarschier-
ten.«

Diese Märsche haben mehr für die Heilung Kambodschas
und zum Engagement von Menschen für den Frieden beigetragen als all die UNO-Missionen, Gespräche und Konferenzen; denn die Leute waren berührt vom makellosen Geist dieses Mannes und seiner Verpflichtung und Hingabe für den
Frieden.

Mahaghosananda[7] wünscht, dass in den folgenden Worten
Buddhas alle Menschen Führung, Kraft und Mitgefühl in
ihrem Herzen finden mögen:

»In jenen, die Gedanken der Anklage und der Rache gegen andere hegen, wird der Hass nie versiegen. In denen, die
keine solchen Gefühle hegen, wird Hass sicher erlöschen.
Denn Hass wird nie durch Hass gestillt, sondern durch lieben-
de Güte allein. Dies ist ein ewiges Gesetz.«

Bereits weltbekannt ist der vietnamesische Mönch, Dichter,
Aktivist und Lehrer **Thich Nhat Hanh**. Mit sechzehn Jahren
wurde er als Mönch der Lieu-Quan-Schule des vietnamesischen Zen ordiniert. Nach einem längeren Aufenthalt im Westen gründete er in seiner Heimat die Van-Han-Universität und
die Schule der Jugend für Sozialarbeit, die als Basis seiner Bewegung für Gewaltlosigkeit, Frieden und kulturelle wie spirituelle Erneuerung diente.

Während des Krieges wurden er und seine Mitarbeiter
immer wieder von beiden Kriegsparteien bedroht, denn wer
nicht Partei ergreifen wollte, wurde als Feind betrachtet.

Als Leiter der vietnamesisch-buddhistischen Friedensdele-
gation in Paris bereiste er abermals den Westen und schilderte
den Krieg aus der Erfahrung des einfachen vietnamesischen
Landvolkes; er beschrieb dessen unvorstellbare Leiden unter

den amerikanischen Bombenangriffen, dem tödlichen Feuer des Napalms, der Entlaubung der Wälder durch den chemischen Wirkstoff Agent Orange. Seine Aufgabe sah er darin, zu helfen, die tiefen Wunden, die dieser Krieg auf beiden Seiten hinterlassen hatte, zu heilen, und in diesem Sinne arbeitete er auch mit amerikanischen Kriegsveteranen.

Er verwendete seine Energie zudem darauf, den vietnamesischen Flüchtlingen, unter anderem den »Boat people«, zu helfen, und gründete Plum Village, ein Dorf im Südwesten Frankreichs, in dem auch Flüchtlinge beherbergt werden.

Für die im Exil lebenden Vietnamesen ist Plum Village ein Ort, an dem sie wichtige Elemente ihrer vietnamesisch-buddhistischen Kultur bewahrt finden. Mittlerweile ist Thich Nhat Hanh aber auch für immer mehr Menschen aus dem Westen zu einem wichtigen spirituellen Lehrer geworden.

In seinen Belehrungen legt Thich Nhat Hanh großes Gewicht auf das Erfahren und Erkennen der Verwobenheit allen Lebens und aller Dinge, des »Inter-Being« oder »Inter-Sein«, um den von ihm geprägten Begriff zu gebrauchen.

Seine Bücher sind weltweit bekannt und die 14 Regeln des von ihm gegründeten Tiep-Hien-Ordens, des Ordens des Inter-Seins[8], sind eine optimale Zusammenfassung einer buddhistisch inspirierten Ethik; sie eignen sich besonders für jene, die das In-der-Welt-Sein als ihr wichtigstes Praxisfeld betrachten.

Bereits 1967 wurde Thich Nhat Hanh von Martin Luther King jr. – kurz vor dessen Tod – für den Friedensnobelpreis nominiert. Heute gibt er weltweit Dharmabelehrungen, leitet Meditationskurse und nimmt an Friedenskonferenzen und an Veranstaltungen für den Schutz der Umwelt und des Planeten teil. Er ist einer der Aktivisten, die maßgeblich dazu beigetragen haben, Spiritualität mit den Anliegen der Ökologie zu verbinden und die ökologische Alternativbewegung auf die grundlegende Bedeutung einer inneren, spirituellen Ökologie aufmerksam zu machen.

Nicht nur im sozialen oder ökologischen Bereich, sondern auch in der politischen Arena findet man außergewöhnliche Menschen, die ihr ganzes Leben für buddhistische und menschliche Werte einsetzen und riskieren.

Eine der eindrücklichen Figuren in den buddhistischen Ländern Asiens heute ist die Friedensnobelpreisträgerin **Aung San Suu Kyi** aus Burma oder Myanmar.[9] Sie ist eine Stimme für menschliche Würde und Menschenrechte in einem Land, das eine der schlimmsten Menschenrechtssituationen der Welt aufweist.

1945 wurde sie als Tochter des burmesischen Nationalhelden Aung San geboren, der maßgeblich zur Befreiung und Unabhängigkeit Burmas beitrug. Nach einem Studium der Politischen Wissenschaften in Delhi und der Ökonomie in Oxford arbeitete sie für die UNO in New York, heiratete 1972 und lebte, als zweifache Mutter, in Bhutan und England. Im April 1988 kehrte sie nach Burma zurück und trat nach den ersten gewaltsamen Niederschlagungen der Demokratiebewegung in die Politik ein, wo sie sich für freie Wahlen stark machte. Die Grundprinzipien ihrer Politik sind Gewaltfreiheit und Wiederherstellung der Menschenrechte in Burma auf der Grundlage einer Mehrparteien-Demokratie. Nach der brutalen Niederschlagung der Freiheitsdemonstrationen im September 1988 wurde die Nationale Liga für Demokratie gegründet mit Aung San Suu Kyi als Generalsekretärin.

Im Juli 1989 wurde Aung San Suu Kyi festgenommen und unter Hausarrest gestellt. Sie trat in einen zwölftägigen Hungerstreik. Bei den anschließenden freien Wahlen gewann ihre Partei mit überwältigender Mehrheit, wurde aber von der Regierung fern gehalten. 1991 erhielt Aung San Suu Kyi den Sacharow-Preis und den Friedensnobelpreis. Das Nobelpreiskomitee wollte damit die »unermüdlichen Bemühungen dieser Frau anerkennen und seine Unterstützung für die vielen Völker in aller Welt zeigen, die mit friedlichen Mitteln nach Demokratie, Menschenrechten und ethnischer Versöhnung

streben«. Im Frühjahr 1995 wurde sie von den Militärs erstmals
zu einer Diskussion im Fernsehen eingeladen, wo mögliche
Auswege aus der Krise erörtert wurden. Im Hintergrund war
der in England lebende burmesisch-buddhistische Mönch Dr.
Rewatta Dhamma Sayadaw als Vermittler zwischen Aung San
Suu Kyi und dem Militärregime tätig geworden. Im Juli 1995
kam sie nach sechs Jahren Hausarrest frei. Bereits im folgenden
Jahr wurde ihre Freiheit aber erneut stark eingeschränkt.

Aung San Suu Kyi schrieb: »Nicht Macht korrumpiert den
Menschen, sondern Furcht. Furcht vor dem Verlust der Macht
korrumpiert jene, die diese Macht ausüben, und Furcht vor
dem Zugriff der Macht korrumpiert jene, die ihr unterworfen
sind.«[10]

Sie sieht die Probleme der Menschen – persönlich oder na-
tional – als Wirkung der unheilsamen Qualitäten im Herzen
des Menschen: Verlangen, Hass und Unwissenheit.

Sie wiederholt die Worte ihres Vaters: »Verlasst euch nicht
nur auf den Mut und die Unerschrockenheit der anderen.
Jeder von euch muss Opfer bringen, um ein mutiger, furcht-
loser Held zu werden. Dann erst werden wir alle wirkliche
Freiheit genießen können.« Sie fordert und lebt es vor, die
Prinzipien von Gerechtigkeit und Anstand hochzuhalten. Sie
spricht von einer »Revolution des Geistes« zur Wandlung der
geistigen Haltungen und Werte. Ihr Mut und ihre Furchtlosigkeit sind von solcher Art, dass sie niemals ihre Freilassung und
Ausreise, die ihr mehrmals angeboten wurden, angenommen
hat. Sie bleibt beharrlich in ihrem Bemühen auf friedliche,
gewaltlose Weise Freiheit, Gerechtigkeit und Menschenwürde
in ihrem Land wiederherzustellen.

Noch dramatischer als in Burma ist die Situation für die Menschen in Tibet. Seit der Invasion Tibets durch China sind als
direkte Folge der Besetzung schätzungsweise mehr als eine
Million Tibeter umgekommen, das heißt rund 20 % der Ge-
samtbevölkerung. Allein während des Aufstandes in Lhasa im

März 1959 sollen 87 000 Tibeter von chinesischen Soldaten
umgebracht worden sein. Heute gibt es 115 000 tibetische
Flüchtlinge in der Welt. Zehn von hundert Tibetern waren
mindestens zehn Jahre lang in den Gefängnissen oder den Ar-
beitslagern der Besatzungsmacht. Öffentliche Belehrungen
über den Buddhismus sind verboten und Mönche und Nonnen werden endloser öffentlicher Erniedrigung und brutaler
Folter ausgesetzt. Tempel werden, auch heute, als Lagerhäuser
und Klöster als Maschinenwerkstätten verwendet. Die Chinesen plünderten und zerstörten während der »Kulturrevolution«
mehr als 6 000 buddhistische Klöster.

Obwohl der buddhistische Mönch Tenzing Gyatso, der
XIV. Dalai Lama, Oberhaupt der Tibeter, sein ganzes Leben
und seine ganze Energie auf die Befreiung Tibets von der
grausamen Besetzung durch die Chinesen ausgerichtet hat, ist
seine Verpflichtung und seine Hingabe an die Werte des Dharma so geartet, dass er von tibetischer Seite Gewaltanwendung
und Blutvergießen zum Zweck der Befreiung seines Landes
und Volkes nie zugelassen hat.

Dabei empfiehlt er nicht nur Gewaltlosigkeit im Äußeren,
sondern praktiziert und lehrt diese Haltung auch als Grund-
qualität des Herzens. So komponierte er im Herbst 1960, nur
ein halbes Jahr, nachdem er und 100 000 seiner Landsleute
aus Tibet flüchten mussten, ein Lied über seine »Feinde«, die
Chinesen:

»Jene unerbittlich Grausamen – auch sie sind Gegenstand
    des Mitgefühls;
die Übel der Täuschung haben sie verrückt gemacht,
mutwillig zerstören sie sich und andere.
Mögen sie das Auge der Weisheit verwirklichen
und wissen, was zu tun und was zu unterlassen ist.
Mögen sie im Glanz der Freundschaft und der liebevollen
    Güte verweilen.«[11]

In einem Interview betonte er:»Um in Zukunft mit den Chinesen freundschaftlich und nachbarschaftlich leben zu können, ist es wichtig, den Kampf um die Freiheit ohne Gewalt zu führen.«[12]

Gerade diese innere Haltung, die unter keinen Umständen Hass auf den Feind aufkommen lässt, ist Ausdruck seiner außerordentlichen menschlichen und spirituellen Stärke und Verwirklichung. Auf die Frage, ob es ihm gelinge, die Chinesen zu lieben, obwohl sie ihm und seinem Volk so viel Leid zugefügt hätten, antwortete er:»Nun, natürlich sind das Feinde. Doch wie kann man das erklären? Jedes Ding hat viele Seiten. Sicher haben die Chinesen gefoltert, Gräueltaten begangen, vieles zerstört. Von dieser Seite gesehen nennen wir sie unsere Feinde. Sie haben unser Glück zerstört, uns unsere Rechte genommen. Doch von einem anderen Gesichtspunkt aus betrachtet ist dieselbe Person, die all das getan hat, ein Wesen, das nach Glück strebt, das nicht leiden will. Auf der Grundlage dieses Respekts kann man echtes Mitgefühl entwickeln.«

Es ist das konsequente Durchsetzen dieser Haltung der Gewaltlosigkeit, für die er 1989 den Friedensnobelpreis erhielt.

Gemeinsam ist all diesen beispielhaften Menschen die hohe Wertschätzung menschlicher und spiritueller Qualitäten – der Prinzipien des Dharma. Dies wird sichtbar im sozialen Denken bei Ashoka und Sulak Sivaraksa, im altruistischen Dienen für die menschliche Gemeinschaft bei Aryaratne, in den Bemühungen um den Frieden und die Mitwelt von Seiten Thich Nhat Hanhs, in der Furchtlosigkeit Aung San Suu Kyis und in der konsequenten Haltung der Gewaltlosigkeit des Dalai Lama. Diese Menschen lehren diese Haltungen nicht nur, sie verkörpern sie auch und drücken sie ebenso in ihrer Handlungsweise aus. Darüber hinaus vertreten sie eine ganzheitliche, spirituelle Sicht- und Handlungsweise gegenüber der Erde und allen ihren Bewohnern: Menschen, Tieren und Pflanzen, Wäldern, Bergen und Gewässern.

Es ist unerlässlich, dass wir lernen, ganzheitlich zu denken. Das heißt, dass wir nicht nur den Menschen, sondern unserem ganzen Planeten und allen »gewachsenen« Kulturen, alten Religionen und Weisheitssystemen wie auch intakten Ökosystemen mit Respekt und Wertschätzung begegnen

Rodger Kamenetz schreibt: »Die chinesische Attacke auf Tibets Religion ist ein besonders gewalttätiges Beispiel der globalen Zerstörung des spirituellen Ökosystems durch Materialisten, die in ihrer Suche nach Produktivität und Profit religiöse Ökosysteme zusammen mit denen der Natur entwurzeln. Es ist eine Attacke unter dem Vorwand der ›Wissenschaftlichkeit‹ – des Glaubens, dass die Objektivität des Labors das Modell zum Verständnis der Wahrheit sei. (...) Unsere alten Quellen der Weisheit rufen die Menschen auf, sich zu ihren höchsten Fähigkeiten zu erheben und sich untereinander auf außergewöhnlich offene und großzügige Weise zu verhalten, unter schwierigen Umständen ihre Meinungsverschiedenheiten zu transzendieren und Verständnis zu schaffen über alle Barrieren der Konvention und der Angst hinweg. Diese Weisheit ist so zerbrechlich wie unser Ökosystem, das durch eine überwältigende materialistische Kultur bedroht wird. Ich glaube an spirituelle Ökologie.«[13]

Die noch lebendigen und intakten Weisheitstraditionen sind ebenso wie die wenigen noch unversehrten Ökosysteme unserer Welt tatsächlich »vom Aussterben bedrohte Arten« geworden. Sie gilt es, neu zu entdecken, zu fördern und zur Blüte zu bringen.

Nachdem Buddhismus und Dharmapraxis bei uns im Westen Fuß gefasst haben, Meditationszentren, Tempel, Klöster und lokale Meditationsgruppen entstanden sind, scheint ein Erwachen zu neuen Erkenntnissen stattzufinden. Dieses Erwachen zur eigentlichen Wirklichkeit dieses Daseins wirkt sich auf verschiedene Bereiche aus: Den inneren Bereich der unmittelbaren meditativen, spirituellen Praxis, den äußeren, zwi-

schenmenschlichen Bereich und den globalen Bereich des ver-
netzten, abhängigen Daseins in dieser Welt.

*Im inneren Bereich der meditativen, spirituellen Praxis findet ein Er-
wachen statt, hin zum Erkennen der Wurzel allen Übels, der zerstörerischen Zustände und Eigenschaften unseres Geistes und Herzens.*
Unverstand, Täuschung, unrealistische Wahrnehmung werden
gesehen als der Grund, aus dem Hass und Aversion, Verlangen
und Anhaften, die Ursachen allen Leides, entstehen. Durch
vertiefte meditative Erkenntnis wird einerseits abhängiges Entstehen, die Vernetztheit des Daseins durch Ursache und Wirkung, erkannt. Andererseits wird die nicht erfassbare, letztendliche Natur aller Dinge – leer von unabhängiger Selbstexistenz
– erfahren. Dadurch wird das scheinbare Vom-Leben-Ge-
trenntsein durchschaut und tiefere Verbundenheit erfahren.
Ethische Integrität im Verhalten gegenüber allen Lebewesen
wird mehr und mehr zur natürlichen Lebenshaltung – nicht
als aufgezwungene oder scheinfromme Moral, sondern auf-
grund der Erkenntnis des allseitigen Verwoben- und Verbundenseins.

Dies bedeutet einen Schritt weg vom egozentrischen Versuch, immer am meisten für sich selbst herauszuschlagen, hin
zur Erkenntnis, dass Glück und Freiheit, die wir doch perma-
nent besitzen möchten, in einer Haltung der Großzügigkeit,
Offenheit und Liebe zu finden sind.

In diesem »inneren« Bereich haben wir unsere eigenen negativen Gewohnheiten und Tendenzen gegen uns und müssen
diese erkennen, überwinden und auflösen. Wir haben aber
auch die ununterbrochene Beeinflussung durch unsere Gesellschaft gegen uns. Über diese schreibt Anne Wilson-Schaef in
ihrem Buch *When Society becomes an Addict:* »Die am besten an-
gepasste Person in unserer Gesellschaft ist jene, die nicht tot
und nicht lebendig ist, sondern empfindungslos – ein Zombie.
Wenn man tot ist, ist man nicht fähig, die Aufgaben der Gesellschaft auszuführen. Wenn man aber ganz lebendig ist, muss man

ständig ›Nein‹ sagen zu vielen Tatbeständen in unserer Gesellschaft, zu Rassismus, Zerstörung der Umwelt, nuklearer Bedrohung, Wettrüsten, verschmutztem Trinkwasser und krebserregenden Nahrungsmitteln. Deshalb liegt es im Interesse unserer Gesellschaft, jene Dinge zu fördern, die dem Dasein die Schärfe nehmen und uns mit unseren Fixierungen beschäftigen, die uns leicht betäubt und zombie-ähnlich halten. Auf diese Weise funktioniert unsere moderne Konsumgesellschaft selbst als Süchtige.«[14]

Es ist eben diese Gesellschaft, die behauptet, Fortschritt und Egoismus ohne Rücksicht auf Verluste der anderen machten uns glücklich. Diese zersetzenden Einflüsse aus unserer Umgebung müssen wir erkennen und neutralisieren.

Im äußeren, zwischenmenschlichen Bereich findet ein Erwachen statt, hin zur Erkenntnis der Zusammenhänge zwischen unserer inneren Haltung und unserem Sein und Handeln in der Welt. Es wird klar, dass die krassen sozialen Ungerechtigkeiten, auch in vielen Ländern des reichen Westens, und die völlig einseitige Verteilung des Reichtums zwischen Norden und Süden zugunsten des Nordens Ausdruck der unheilsamen Eigenschaften des menschlichen Geistes sind: Verlangen, Habgier, Raffsucht. Somit wird auch klar, dass unsere Praxis sich sowohl innerlich wie äußerlich manifestieren muss. Verbundenheit allen Lebens bedeutet immer ein Gefühl des Getragenseins und der Dazugehörigkeit.

Diese Erfahrung muss aber auch ein tieferes Verantwortungsgefühl für das Leben wecken, von dem wir nun erfahren haben, dass wir selbst das Leben sind.

Wenn 1993/94 allein in der Europäischen Union 2,5 Milliarden Kilo Obst und Gemüse für 1,2 Milliarden Mark mit Steuergeldern aufgekauft und vernichtet wurden und gleichzeitig über eine Milliarde Menschen in absoluter Armut leben, von denen jedes Jahr 40 Millionen an Hunger und hungerbedingten Krankheiten sterben, so geht uns das etwas an.

Dabei hat sich die Ernährungslage heute in 70 von 92 Ländern verschlechtert und ist in 45 Ländern kritisch bis alarmierend.

Der Schritt weg vom wohlwollenden Mitleid der so genannten Wirtschaftshilfe – die oft eher menschenverachtender Ausbeutung gleicht – hin zu einer echten Wirtschaftszusammenarbeit, ja zu gelebter »Verbundenheit« muss trotz fast unüberwindlich scheinender Hindernisse dringend getan werden. Immer noch werden die natürlichen Ressourcen der »Dritten Welt« durch den reichen Norden ausgebeutet und die Finanzströme fließen insgesamt gesehen immer noch eindeutig »nordwärts«. Die Vergabe von Geldern und Krediten sollte an soziale und ökologische Auflagen geknüpft sein. Den Frauen müsste endlich derselbe Stellenwert zugestanden werden wie den Männern. Das bedeutet, dass wir die alten Strukturen des Neokolonialismus und die Macht der Weltbanken und -konzerne, die das heutige Weltwirtschaftssystem prägen und den Zustand vollständiger Abhängigkeit der ärmeren Völker aufrechterhalten, in Frage stellen und überwinden müssen.

Dies bedingt eine radikale Veränderung in unserem Denken und Handeln. Wir müssen unsere Verbrauchermentalität ablegen – und damit bei uns selbst anfangen.

Es liegt an uns, geeignete Entwicklungsorganisationen zu unterstützen, vielleicht sogar darin mitzuwirken und, wo immer möglich, auch Direkthilfe zu leisten. Zumindest können wir bewusst einkaufen und Einrichtungen für fairen Handel und partnerschaftliche Entwicklung fördern.

Wir erkennen, dass die Arroganz und der Hass des Nationalismus und des Rassismus Ausdruck des Dünkels, der Aversion und des Hasses im menschlichen Geist und Herzen sind. Gerade der Nationalismus hat als wahnhaftes Produkt des menschlichen Geistes mit der Wirklichkeit kaum etwas gemein. Der syrische Astronaut M. A. Faris schrieb: »Aus dem All sah ich die Erde – unbeschreiblich schön, ohne die Narben der nationalen Grenzen.«[17]

Wenn es heute weltweit weiterhin rund 60 kriegerische Konflikte und Kriege gibt, die auch dadurch geschürt werden, dass die Länder mit großenteils im Westen produzierten Waffen beliefert werden, und wenn es deshalb heute auf dieser Erde – der Heimat des Menschen – rund 20 Millionen Flüchtlinge und Vertriebene gibt, geht uns das alle etwas an. Wenn es immer noch 20 000 nukleare Sprengköpfe in vermutlich fast einem Dutzend Ländern gibt, hat das auch mit uns etwas zu tun. Und zwar nicht nur mit uns als mögliche Betroffene, sondern auch als Mit-Verursacher, -Produzenten und -Gewinnler. Dazu sagt der Erzbischof Hunthausen: »Atomkrieg beginnt in unseren Herzen. Und es ist hier, wo er enden muss.«

Wenn immer noch in 80 Ländern, mit zunehmender Tendenz, gefoltert wird und sogar die freiesten und demokratischsten Länder die Todesstrafe – eine der schrecklichsten Foltern, die es gibt – wieder einführen, müssen wir etwas dagegen unternehmen; schreiben, protestieren oder zumindest die entsprechenden Organisationen unterstützen. Gefragt ist persönliches Engagement und da ist jede Einzelne von uns gefordert, selbst wenn unser Beitrag manchmal entmutigend gering aussieht. Mahatma Gandhi betonte in Bezug auf unser Wirken in der Welt: »So ziemlich alles, was du tust, mag dir unbedeutend erscheinen, aber es ist sehr wichtig, dass du es tust!« Das Problem ist also, wie so oft, nicht unsere Ohnmacht, sondern unsere Trägheit und Gleichgültigkeit.

Letztlich findet auch im globalen Bereich ein Erwachen statt, hin zur Erkenntnis der weltweiten ökologischen und sozio-ökonomischen Zusammenhänge. Noch nie in der Geschichte der Erde war es so offensichtlich, wie eng alles mit allem verknüpft ist: Durch ungehemmte Produktions- und Konsumierwut wird unsere Mitwelt vergiftet und zerstört und immer öfter auch die Ernährungskette der Menschen beeinträchtigt. Jahr für Jahr werden zum Beispiel über 160 Millionen Tonnen Dreck, Schutt,

Chemieabfälle, Klärschlamm und Ölrückstände allein in die Nordsee versenkt – ein mit giftigem Abfall gefüllter Güterzug, der über anderthalbmal um den Äquator reicht.[15]

Gewinnung und Verbrauch von Rohstoffen und Energie wie auch die Zerstörung der Regenwälder wirken sich zum Beispiel als Treibhauseffekt und über die Luftqualität direkt auf das Klima und den Zustand der Umwelt aus. Bevölkerungsdichte und -zuwachs bedingen wiederum einen höheren Energie- und Rohstoffverbrauch sowie ein weiteres Eindringen der Menschen in die Natur und die noch intakten Ökosysteme.

Rodung und intensive Bodennutzung fördern Erosion und Ver-Wüstung. Durch Entwaldung und Überweidung werden jedes Jahr nutzbares Land in der Größenordnung Griechenlands zu Wüste. Ein Drittel der ganzen Erdoberfläche ist von Verwüstung bedroht.[16] Dabei gibt es heute 1,5 Milliarden Rinder auf der Erde – fast ausschließlich für Fleisch- und Milchproduktion. Sie fressen nahezu zwei Drittel des gesamten Getreideertrages der Erde und werden dann von knapp einem Fünftel der Erdbevölkerung verzehrt.

Die armen und sozial nicht abgesicherten Massen der »Dritten Welt« sehen ihre einzige »Altersversicherung« weiterhin in vielen Nachkommen; jene, die bereit wären, die Kinderzahl einzuschränken, werden von Kirchen und Fundamentalisten moralisch und materiell bekämpft. Dies lässt die Erdbevölkerung weiter anwachsen. Zerstörung in nie gekanntem Ausmaß ist die Auswirkung all dieser folgenschweren Entwicklungen.

Auch diese Tatsachen verlangen nach einer radikalen Veränderung in unserem Denken und Handeln. Wir müssen uns dringend lösen von unserer eingefleischten anthropozentrischen (den Menschen im Zentrum wähnenden) Sichtweise des Lebens zugunsten eines ganzheitlich-planetarischen Denkens und Handelns. Heute genügt es nicht einmal mehr, dass der Mensch »Umweltschutz« betreibt. Um wirkungsvolle Ver-

änderungen zu ermöglichen, ist die Sichtweise der Tiefenökologie, der Schritt von »Umwelt« zu »Mitwelt« notwendig: eine
Verschiebung unserer Perspektive vom Menschen als Beherrscher oder Beschützer des Lebens auf der Erde hin zum Menschen, der Mitbewohner und Teil des Lebens an sich ist.

Wir müssen nicht langsam, sondern schnell und sicher zu
der Tatsache erwachen, dass die Natur und Mitwelt zu zerstören bedeutet, uns selbst zu zerstören. Nur diese Erkenntnis
wird die Menschheit dazu bewegen, in ihrer Profitgier innezuhalten und unserem Planeten und seinem Leben mit mehr
Vernunft und letztlich sogar mit Respekt, Sensibilität und Ehrfurcht zu begegnen.

Der Astronaut Taylor Wang schrieb nach seinem Welt-
raumflug:»Eine chinesische Geschichte erzählt von Männern,
die ausgesandt wurden, einer jungen Frau Leid zuzufügen, aber
nachdem sie ihre Schönheit erblickten hatten, zu ihren Be-
schützern wurden. Genauso fühlte ich mich, als ich die Erde
zum ersten Mal sah. Ich konnte nicht anders als sie lieben und
wertschätzen.«[17]

Eine erfreuliche Entwicklung zeichnet sich dort ab, wo ein ge-
genseitiges Sich-Entdecken, eine Annäherung stattfindet: zwischen Buddhisten und Praktizierenden anderer spiritueller
Wege einerseits und zwischen Menschen oder Gruppen andererseits, die sich aktiv für die Menschenrechte, für die Hun-
gernden und die Flüchtlinge, für den Frieden, für die Tiere, für
Natur und die Um- und Mitwelt einsetzen.

Friedensaktivistinnen erkennen, dass sie erst dann wirkungsvoll arbeiten können, wenn sie wenigstens eine Ahnung
von innerem Frieden haben. Umweltschützer merken, dass das
Verhältnis: Mensch − Natur − Umwelt erst dann stimmen
kann, wenn man in sich selbst die eigene Vorstellung einer
scheinbaren Getrenntheit vom Leben durchschaut hat, wenn
man das miteinander verwobene, sich wechselseitig bedingende Sein erkannt und echte Verbundenheit erfahren hat. Da-

durch löst sich die ruinöse Haltung der Anthropozentriertheit auf, in der sich der Mensch als auserwählten, außergewöhnlich intelligenten und schlauen Hüter, Wärter oder Beherrscher seiner Mitwelt, der Natur und des ganzen Planeten sieht. Umgekehrt erwachen meditierende, praktizierende Buddhisten zur Erkenntnis, dass das Äußere, die anderen, die Welt, nicht vom Inneren, vom Persönlichen, getrennt werden kann – und zwar heute weniger denn je –, und so werden sie selbst vermehrt aktiv in der Welt.

Heute gibt es im Westen schon recht viele engagierte Gruppen von Buddhisten. Sie betreuen Flüchtlingskinder in Frankreich, betreiben Suppenküchen in den Großstädten Englands, leiten Drogenentzugsprojekte nach buddhistischen Grundsätzen und bauen unzählige Direkthilfe-Projekte auf, sei es in Asien oder anderswo. In den letzten Jahren sind weltweit buddhistische Gemeinschaften entstanden, die für den Frieden eintreten; ein internationales Netzwerk engagierter Buddhisten wurde geschaffen und es gibt Menschenrechtsaktivismus, antinukleare Bewegungen, Pionierarbeit in der Tiefenökologie und Buddhisten für Tierschutz – gegen Tierversuche und Tierfabriken. Es gibt buddhistische Zeitschriften für Um- und Mitwelt und es gibt zahlreiche Meditationsretreats für Friedensaktivisten sowie für Menschen, die sich im ökologischen Bereich engagieren.

Als Praktizierende auf einem spirituellen Weg sind wir aufgerufen, unsere Praxis so zu gestalten, dass das Wohl aller Lebewesen auf diesem Planeten mit eingeschlossen ist. Wir alle müssen dazu beitragen, unser Bestes geben, wenn wir – oder spätestens unsere Kinder – nicht in die endgültige globale Katastrophe schlittern wollen, sondern ein friedliches, bedeutungsvolles Miteinanderleben aller Arten und Lebewesen auf diesem Planeten ermöglichen möchten.

Der deutsche Astronaut S. Jähn berichtete: »Bereits vor meinem Flug wusste ich, dass unser Planet klein und verwundbar

ist. Doch erst als ich ihn in seiner unsagbaren Schönheit und
Zartheit aus dem Weltraum sah, wurde mir klar, dass der
Menschheit wichtigste Aufgabe ist, ihn für zukünftige Genera-
tionen zu hüten und zu bewahren.«[17]

Fast genauso erlebte es der sowjetische Astronaut A. Leo-
nov: »Die Erde war klein, hellblau und so ergreifend allein;
unser Zuhause, das behütet werden muss wie eine heilige Re-
liquie.«[17]

GLOSSAR

In der Theravada-Tradition der buddhistischen Länder Südostasiens und Sri Lankas wird auf die Schriften des Pali-Kanons zurückgegriffen und somit sind Textverweise aus dieser Tradition meist in der Pali-Sprache gehalten.

In den Traditionen des nördlichen Buddhismus (Tibet, China, Japan usw.) wird vorwiegend auf die in Sanskrit niedergeschriebenen Lehren und Schriften zurückgegriffen und Textverweise aus diesen Traditionen sind meist in Sanskrit wiedergegeben.

Werden in diesem Glossar die Begiffe in Pali und Sanskrit aufgeführt, so ist zunächst der Pali-, dann der Sanskrit-Ausdruck angegeben.

Aussprache (wie im Englischen):
sh = sch, j = dsch, ch = tsch

Anatta/Anatman: Nicht-Selbst. Ohne unabhängiges, selbstexistierendes »Ich«.
Anicca/Anitya: Vergänglichkeit, Unbeständigkeit, ständiger Wandel.
Avalokiteshvara: Buddha des Großen Mitgefühls.

Bhakti: Begriff aus dem Hinduismus. Praxis der Hingabe, Liebe zu Gott.

Bodhichitta: Altruistische, uneigennützige Haltung des Mitgefühls: das Bestreben, zum Segen aller Lebewesen die vollständige Erleuchtung eines Buddha zu erlangen.

Bodhisatta/Bodhisattva: Eine Person, ein Lebewesen, das Bodhichitta verwirklicht hat (siehe Bodhichitta).

Brahmavihara: Ort des Verweilens der Brahmas – der höchsten Götter. Bezieht sich auf die vier Qualitäten des Geistes und des Herzens: liebevolle Güte (Metta/Maitri), Mitgefühl (Karuna), Mitfreude (Mudita) und Gleichmut (Upekkha/Upeksha).

Buddha: Erwachte/r, vollständig Erleuchtete/r. Kann sich auf den historischen Buddha oder auf die höchste Verwirklichungsstufe beziehen.

Dana: Großzügigkeit, Geben.

Darshan: Anschauen, Sehen, Erkennen. Begegnung mit Heiligen oder Gurus, um Segnung und Erkenntnis zu erlangen.

Dhamma/Dharma: Lehre der Erkenntnis, Befreiung und Ganzwerdung. Auch universelle Ordnung und ihre Gesetzmäßigkeiten. Die Rezitation der Qualitäten des Dhamma in der Pali-Sprache lautet:
»Svakkhato bhagavata dhammo, sanditthiko, akaliko, ehipassiko, opanayiko, paccatam veditabbo vinnuhi'ti.« »Gut dargelegt ist die Lehre des Erleuchteten; hier und jetzt zu verwirklichen, mit sofortiger Wirkung, zur Erforschung einladend, dem Ziel (der Befreiung) zuführend, selbst zu erkennen, durch jene, die weise sind.«

Dukkha: Nicht dauerhaft befriedigend, unzuverlässig, leidhaft. Im Theravada: Alle erschaffenen Dinge des Daseins sind »dukkha«. Im Mahayana: Alle Erfahrungen des verblendeten Geistes sind »dukkha«.

Dzogchen: Vom tibetischen, »Dzog-pa chen-po«, die Große Vollendung. Eine Weisheits-Tradition, die vorwiegend in der ältesten tibetischen Schule der Nying-ma-pas praktiziert wird.

Guru: Spiritueller Lehrer, spirituelle Lehrerin (tibetisch: Lama).

Jhana/Dhyana: Jhana bezieht sich auf außerordentlich tiefe, konzentrative Versenkungsstufen der Samatha-Meditation. Dhyana bedeutet in gewissen Traditionen »Meditation«; (chinesisch: Ch'an, japanisch: Zen).

Kamma/Karma: Gesetzmäßigkeit von Ursache und Wirkung aller Aktivitäten des Körpers, der Rede und des Geistes, entsprechend der dahinterliegenden Absicht.
Karuna: Mitgefühl.
Khanti/Kshanti: Geduldiges Annehmen.
Kilesa/Klesha: Täuschende, quälende, unheilsame Geisteszustände und Emotionen.

Lama: Titel spiritueller Lehrer in der tibetischen Tradition (Sanskrit: Guru).

Mahamudra: Wörtlich »Das Große Siegel«. Fortgeschrittene, direkte Gewahrseins-Meditationspraxis zur Verwirklichung der Buddhaschaft, in der Tradition des tibetischen Mahayana und Vajrayana nach den »Neuen Schulen« (Sar-ma) der Sakya, Kagyü und Gelug.
Mahasiddhas: Tantrische Yogis und Yoginis, die Verwirklichung erlangt haben – vor allem bekannt aus dem alten Indien.
Mahayana: Traditionen des nördlichen Buddhismus, in denen das Bodhisattva-Ideal stark betont wird.
Mandala: In der tibetischen Vajrayana-Tradition gebräuchliche zwei- oder dreidimensionale Darstellungen des Wesens vollkommen erwachter Buddhas. Gewisse Mandalas sind auch symbolische Darstellungen des Universums.
Mantra: Das essentielle Wesen vollkommen erwachter Buddhas auf der Klangebene.
Metta/Maitri: Liebe, Güte.
Mudita: Mitfreude.

Nibbana/Nirvana: Das Ungeborene, Un-Bedingte. Befreiung, Erlösung von Herz und Geist. Erlöschen der täuschenden und quälenden Geistes- und Herzenszustände. Das Ende des Leidens.

Pañña/Prajna: Erkenntnis der wahren Natur – der letztendlichen Wirklichkeit. Weisheit.

Parami/Paramita: Vervollkommnung, Vollendung heilsamer Herzens- und Geistesqualitäten.

Parinibbana/Parinirvana: »Zustand« der vollständig erleuchteten Buddhas oder der völlig Befreiten (Arhant/Arhanti) nach dem Tod.

Praxis: Das fortwährende Kultivieren von positiven, heilsamen Geistes- und Herzensqualitäten. Bezieht sich im engen Sinn auf die formelle Übung der Meditation, im weiteren Sinn auf die Umsetzung der Lehre in unserem gesamten Leben.

Retreat: Periode intensiver Meditation, in der sich eine einzelne Person oder eine ganze Gruppe im Schweigen und unter Einhaltung gewisser Verhaltensrichtlinien voll und ganz der Meditation und der inneren Entwicklung widmet.

Samatha/Shamatha: Ruhevolles Verweilen. Verwandt mit »Samadhi« nach buddhistischer Definition: Sammlung, Konzentration, Versenkung.

Sangha: Gemeinschaft der Gleichgesinnten. Bezieht sich traditionell auf jene, welche die anfängliche Stufe der Erkenntnis des Unerschaffenen verwirklicht haben, aber auch auf die Gemeinschaft der ordinierten Mönche und Nonnen. Im weiteren Sinne bedeutet Sangha die Gemeinschaft aller Praktizierenden auf dem Weg.

Sati/Smrti: Gewahrsein, Achtsamkeit, unmittelbares Verweilen im gegenwärtigen Moment.

Satipatthana: Grundlagen oder Objekte der Achtsamkeit. Die traditionellen vier Grundlagen der Achtsamkeit sind: Körper,

Erfahrungsqualität (Vedana), Bewusstsein/Bewusstseinsfaktoren, Geistesobjekte.

Sila/Shila: Ethische Integrität, moralisches Verhalten.

Sottapati, Darshanamarga, Kensho: Anfängliche Stufe der Erkenntnis des Unerschaffenen, Unbedingten. Jene, die diese Stufe erreicht haben, werden »edle Sangha« (Arya-Sangha) genannt. Die wahre Natur aller Dinge sowie Weg und Ziel der Praxis sind klar erkannt worden. Bis zur vollständigen Befreiung von allen Kilesas/Kleshas ist noch außerordentlich viel Entwicklung und Vertiefung notwendig.

Suññata/Shunyata: Leerheit von unabhängiger Selbstexistenz. Nicht-Selbstexistenz, Substanzlosigkeit, Nicht-Ergreifbarkeit, Leerheit.

Sutta/Sutra: Lehrrede Buddhas. Lehrrede.

Theravada: Buddhistische Schule Südostasiens und Sri Lankas.

Upaya: »Geschickte«, hilfreiche Mittel zur Vertiefung und Entfaltung der spirituellen Praxis. Fähigkeit, andere Wesen durch methodisches Geschick zur Befreiung zu führen. Wirken der Bodhisattvas, das sich aus Mitgefühl manifestiert. Upaya vervollständigt zusammen mit Prajna, der Erkenntnis der letztendlichen Wirklichkeit, die Praxis.

Upekkha/Upeksha: Gleichmut, heitere Gelassenheit, inneres Gleichgewicht.

Vajrayana: Tantrische Tradition des tibetischen Buddhismus.

Vedana: Die »Erfahrungsqualität« jeder Wahrnehmung des Körpers, der Sinne, des Denkens und der Emotionen und Gefühle – auf der Skala von glückselig/angenehm zu neutral bis hin zu unangenehm/schmerzhaft.

Vihara: Ort des Verweilens, Aufenthaltsort. Kann sich auf ein Kloster beziehen, d. h. auf den Aufenthaltsort der Mönche oder Nonnen, auf den (geistigen) Ort des Verweilens der höch-

sten Götter, wie in »Brahmavihara«, oder einfach auf eine Un-
terkunft.

Viriya: Energie, Bemühen, Ausdauer, Enthusiasmus.

Vipassana/Vipashyana: Erkenntnis-Meditation. (tibetisch:
Lhag-thong).

QUELLENANGABEN

Buddhismus und Meditation:
Mythen und Fakten

1 Lama Anagarika Govinda: *Die psychologische Haltung der früh-buddhistischen Philosophie*, S. 79, Zürich, 1962, (Verlag: R. Löwit, Wiesbaden / Rascher Verlag)
2 *The Teachings of Bhagavan Sri Ramana Maharshi in his own words*, zusammengestellt von Arthur Osborne, S. 86, Sri Ramanasramam, Tiruvanamalai, India
3 Dogen Zenji: *Schobogenzo*, from: the Manifestation of the Koan (Genjo Koan)
4 Nacherzählt aus: Martin Buber: *Die Erzählungen der Chassidim*, S. 191, 13. Aufl. 1996, Manesse Bibliothek der Weltliteratur, Zürich, (Manesse Verlag)

Spirituelles Training

1 Janwillem van de Wetering: *Der leere Spiegel, Erfahrungen in einem japanischen Zen-Kloster*, S. 125, Reinbeck, 1981, (Rowohlt Verlag)
2 »Tricycle«, The Buddhist Review, Sommer 1994, New York, (The Buddhist Ray, Inc.)
3 *A Still Forest Pool, The Insight Meditation of Achaan Chah*, Herausgeber: Jack Kornfield und Paul Breiter, S. 162, Wheaton III,

USA, Madras India, London, England, 1985, (The Theosophical Publishing House)
Deutsche Ausgabe: *Ein stiller Waldteich, Die Erkenntnismeditation
von Ajahn Chah,* Herausgeber: Jack Kornfield und Paul Breiter,
Berlin 1996, (Theseus Verlag)

4 Hermann Hesse: *Siddhartha,* S. 87, Frankfurt am Main, 1976,
(© Suhrkamp Verlag)

5 Ryokan: *One Robe, One Bowl, The Zen Poetry of Ryokan,* übersetzt und eingeleitet von John Stevens, S. 60, New York &
Tokyo, 1977, (John Weatherhill, Inc.)

6 Santako Taneda: *Mountain Tasting,* herausgegeben und übersetzt
von John Stevens, New York & Tokyo, (John Weatherhill, Inc.)

Vipassana–Meditation:
Direktes Gewahrsein – Befreiende Erkenntnis

1 Shantideva: *A Guide to the Bodhisattvas Way of Life,* (Bodhicharyavatara), ins Englische übersetzt von Stephen Batchelor,
Library of Tibetan Works and Archives, Dharamsala, India,
1979. Mit freundlicher Genehmigung des Übersetzers.

2 Ven. Lama Gendün Rinpoche: aus »Karme Gendün«, Nr. 1, Juli
1995. Erster Rundbrief von Kündröl Ling, (Le Bost, F–63640
Biollet, Auvergne, Frankreich). Mit freundlicher Genehmigung
des Übersetzers Lama Lhündrub.

3 Ven. Mahasi Sayadaw: *Practical Insight Meditation,* S. 44, San
Francisco, 1972, (Unity Press)

4 Ven. Acariya Maha Boowa Ñanasampanno: *Things As They Are,*
S. 75, Thailand, 1988

Die drei Grundlagen des Pfades

1 Rumi: *Love's Fire,* Re-creations of Rumi, by Andrew Harvey,
Ithaca, USA, 1988, (Meeramma Publications)

2	Ajahn Sumedho: *Cittaviveka, Teachings from the Silent Mind*, Petersfield, Hants GU31 5EU, England, 1983, (Sangha, Chithurst Forest Monastery). Mit freundlicher Genehmigung des Autors.

3	Jan O. Stenflo: Aus dem Programm *Cortona-Woche 1994, Naturwissenschaft und die Ganzheit des Lebens*. Mit freundlicher Genehmigung des Verfassers.

4	Etty Hillesum: *Das denkende Herz, Die Tagebücher von Etty Hillesum 1941-1943*, S. 207 Reinbeck, (Rowohlt Verlag)

5	Rumi: *We Are Three*, New Rumi Translations by Coleman Barks, Nr.1793, Athens, USA, 1987, (Maypop Books)

6	Longchenpa: *Drei Zyklen zur Entspannung*, (Ngal-gso skorgsum), Teil III

Schwierige Emotionen:
Gift – und Futter für die Weisheit

1	Shantideva: *A Guide to the Bodhisattvas Way of Life*, (Bodhicharyavatara), ins Englische übersetzt von Stephen Batchelor, Library of Tibetan Works and Archives, Dharamsala, India, 1979. Mit freundlicher Genehmigung des Übersetzers.

2	Buddha: *Shilasamyuktasutra*

3	Longchenpa: *Drei Zyklen zur Entspannung*, (Ngal-gso skorgsum), Teil III

4	Buddha: *Dhammapada*

5	Nyoshul Khenpo Rinpoche: *A Spontaneous Song to my Wife: Sacred Heart Essence of Pith-Instructions*, in: Natural Great Perfection, Vajra Songs and Dzogchen Teachings by Nyoshul Khenpo Rinpoche, herausgegeben von Lama Surya Das, S. 134–150 Ithaka, NY, USA, 1995, (Snow Lion Publications)

6	Sujata: *Beginning to See*, Santa Cruz, 1975, (Unity Press)

7	Keith Dowman: *Der Flug des Garuda*, S. 107, Zürich, Berlin, 1994, (Theseus Verlag)

Vertrauen:
Befreiung von innerem Aufruhr

1 Viktor Frankl, ... *trotzdem Ja zum Leben sagen*, Ein Psychologe erlebt das Konzentrationslager, München, 7. Aufl. 1995, (Kösel Verlag)

Der Weg der Mitte

1 siehe zu diesem Thema: Thich Nhat Hanh: *Umarme deine Wut*, Zürich, Berlin, 1990, (Theseus Verlag)

2 Ven. Lama Gendün Rinpoche, Kündröl Ling, Le Bost, F-63640 Biollet, Auvergne, Frankreich. Mit freundlicher Genehmigung des Übersetzers Lama Lhündrub.

Brahmaviharas:
Grenzenlose Güte

1 Paulus: *Korinther*, 13,1.

2 Buddha: *Anguttara Nikaya*, Eka-dasa-nipata 16

3 Erich Fried: *Es ist was es ist*, S. 43, Quartbuch, Berlin, 1983, NA 1996 (Verlag Klaus Wagenbach)

4 Ryokan: *One Robe, One Bowl, The Zen Poetry of Ryokan*, übersetzt und eingeleitet von John Stevens, S. 75, New York & Tokyo, 1977, (John Weatherhill, Inc.)

5 Shantideva: *A Guide to the Bodhisattvas Way of Life*, (Bodhicharyavatara), ins Englische übersetzt von Stephen Batchelor, Library of Tibetan Works and Archives, Dharamsala, India, 1979. Mit freundlicher Genehmigung des Übersetzers.

6 Rumi: *Offenes Geheimnis*, Eine Auswahl aus seinem poetischen Werk, S. 43, München, 1994, © Droemer Knaur Verlag München

7 Ashley Brilliant: *I've Abandonned My Search For Truth*

Vergänglichkeit und Tod
als Ratgeber

1 Ryokan: *One Robe, One Bowl, The Zen Poetry of Ryokan*, übersetzt und eingeleitet von John Stevens, S. 78, New York &
   Tokyo, 1977, (John Weatherhill, Inc.)
2 Carlos Castaneda: *Reise nach Ixtlan, Die Lehre des Don Juan*,
   S. 89/90. © 1972 Carlos Castaneda. Aus dem Amerikanischen
   von Thomas Lindquist. © S. Fischer Verlag GmbH, Frankfurt
   am Main, 1975
3 ders., S. 47

Bodhichitta –
zum Wohl aller Lebewesen

1 Shantideva: *A Guide to the Bodhisattvas Way of Life*, (Bodhi-
   charyavatara), ins Englische übersetzt von Stephen Batchelor,
   Library of Tibetan Works and Archives, Dharamsala, India,
   1979. Mit freundlicher Genehmigung des Übersetzers.
2 Bücher zur Bodhichitta-Praxis:
   – Geshe Kelsang Gyatso: *Das Meditationshandbuch*, Zürich,
   1995, (Tharpa Verlag)
   – Dalai Lama: *Der Weg zur Freiheit,* Kapitel 9, München, 1996,
   (Droemersche Verlagsanstalt Th. Knaur Nachf.)
   Kommentar zur Bodhisattva-Praxis »Geistesschulung in sieben
   Punkten«:
   – Dilgo Khyentse Rinpoche: *Die sieben tibetischen Geistesübun-
   gen*, Bern und München, 1995, (O. W. Barth Verlag im Scherz
   Verlag)
   Kommentar zur Bodhisattva-Praxis »Geistesumwandlung in
   acht Punkten«:
   – Regine Leisner: *Das Denken umwandeln*, Langenfeld, 1994,
   (Chödzong Verlag)
3 Shantideva: *A Guide to the Bodhisattvas Way of Life*, (Bodhi-

charyavatara), Kapitel 8, Vers 114 ff., ins Englische übersetzt von Stephen Batchelor, Library of Tibetan Works and Archives, Dharamsala, India, 1979. Mit freundlicher Genehmigung des Übersetzers.

Praxis als Feier

1 Rumi: *Offenes Geheimnis,* Eine Auswahl aus seinem poetischen Werk, S. 117, München , 1994, © Droemer Knaur Verlag München

2 *A Still Forest Pool, The Insight Meditation of Achaan Chah,* Herausgeber: Jack Kornfield und Paul Breiter, S.164, Wheaton III, USA, Madras India, London, England, 1985, (The Theosophical Publishing House)
Deutsche Ausgabe: *Ein stiller Waldteich, Die Erkenntnismeditation von Ajahn Chah,* Herausgeber: Jack Kornfield und Paul Breiter, Berlin, 1996, (Theseus Verlag)

3 Copyright by Lama Surya Das, Dzogchen Foundation, P.O. Box 734, 02140 Cambridge, MA, USA

4 Kabir: *The Kabir Book,* Versions by Robert Bly, Boston, USA, 1977, (The Seventies Press, Beacon Press)

5 Shantideva: *A Guide to the Bodhisattvas Way of Life,* (Bodhicharyavatara), ins Englische übersetzt von Stephen Batchelor, Library of Tibetan Works and Archives, Dharamsala, India, 1979. Mit freundlicher Genehmigung des Übersetzers.

Stufenweise Entwicklung – unmittelbare Erkenntnis

1 Copyright by Lama Surya Das, Dzogchen Foundation, P.O. Box 734, 02140 Cambridge, MA, USA. Mit freundlicher Bewilligung des Autors.

Die Macht des Wortes

1 Buddha: *Sutta des Pali Kanons,* Anguttara Nikaya X. 176
2 David Steindl-Rast: *Fülle und Nichts*, München, 1991, (Goldmann Verlag)

Spirituelle Lehrerinnen und Lehrer im Westen

1 Kalil Gibran: *Der Prophet*, S. 43, Olten, Schweiz, 30. Aufl. 1995, (© Walter-Verlag)
2 S. E. Dagyab Kyabgön Rinpoche: in »Lotusblätter«, 4/1988 & 1/1989, München, (Deutsche Buddhistische Union) Mit freundlicher Bewilligung des Autors.

Bodhisattvas am Werk

1 Nagarjuna: *Rajaparikatha – ratnamala*, 256
2 Buddha: *Kutadanta Sutta*, (Ein unblutiges Opfer), Digha Nikaya, 5
3 Nagarjuna: *Rajaparikatha – ratnamala*, 301–345
4 Information u. a. aus: Christopher Titmuss: *Spirit For Change, Voices of Hope in a World in Crisis*, Green Print, London / Insight books, 1989 (Totnes), c/o Gaia House, West Ogwell nr. Newton Abbot, Devon, TQ12 6EN, England, sowie Christopher Titmuss: *The Green Buddha*, Insight Books, 1995, (Totnes)
5 Sulak Sivaraksa: *Saat des Friedens*, Braunschweig, 1995, (Aurum Verlag)
6 *Peacemarch in Cambodja:* aus »Tricycle«, The Buddhist Review, Frühjahr 1994, New York, USA, (The Buddhist Ray, Inc.)
7 Aus: *The Path of Compassion, Writings on Socially Engaged Bud-*

dhism, herausgegeben von Fred Epsteiner, Berkeley, CA, USA, (Parallax Press)

8   Thich Nhat Hanh: *Einssein*, Zürich, Berlin, 1987, (Theseus Verlag)

9   Information u. a. aus: *Aung San Suu Kyi, Ein Portrait*, Michael Aris (Hg.), Heyne Sachbuch, 510, München, 1991, (W. Heyne Verlag), vergriffen

10 ebenda, S. 89

11 H.H. XIV. Dalai Lama: *Words of Truth, A prayer for Peace in Tibet and Compassion in the World*, S. 2, Boston, 1993, (Wisdom Publications)

12 Brückenbauer, Nr.13, 29. 3. 95, Interview: »Die Stimme Tibets«, Jean-François Duval, Übersetzung: Maja Jurt

13 Rodger Kamenetz: *The Jew in the Lotus*, S. 288, San Francisco, USA, (Harper Collins)

14 Anne Wilson-Schaef: *When Society becomes an Addict*, San Francisco, USA, 1987, (Harper Collins)
    Deutsch: Anne Wilson-Schaef: *Im Zeitalter der Sucht, Wege aus der Abhängigkeit*, München, 1993, (Deutscher Taschenbuch Verlag)

15 Greenpeace-Information

16 *Atlas of Earth Mysteries*, Rand McNally, the Environment, Collins Insight Geography

17 *The Home Planet*, herausgegeben von Kevin W. Kelley, Association of Space Explorers, Addison-Wesley Publishing Company, USA and Mir Publishers, Moscow, 1988

ÜBER DEN AUTOR –
KURSINFORMATION

Fred von Allmen wurde 1943 in Bern geboren. Er arbeitete als freischaffender Fotograf und beteiligte sich an einer Reihe von Ausstellungen. Nach ausgedehnten Reisen in Europa und Afrika begegnete er 1970 in Indien dem tibetischen Lama Geshe Rabten, der für ihn zum Hauptlehrer wurde und dem er später an dessen neue Wirkungsorte Rikon und Mont-Pèlerin in der Schweiz folgte. Dort widmete er sich ausgedehnten Studien der buddhistischen Psychologie und Philosophie sowie der überlieferten Lehrtexte. Fred von Allmen erhielt Initiationen und Belehrungen von Lamas aller vier tibetischen Traditionen.

Er verbrachte insgesamt sechs Jahre in Asien und nahm an zahlreichen Vipassana-Retreats bei Sri S. N. Goenka, Anagarika Munindra und anderen Lehrern der Theravada-Tradition in Indien, Sri Lanka und Burma teil.

Ab 1981 verbrachte Fred von Allmen über drei Jahre im Retreat am Zentrum der Insight Meditation Society in Barre (Massachusetts, USA) bei Lehrern wie Joseph Goldstein, Jack Kornfield, Sharon Salzberg, Christopher Titmuss und anderen.

Meditation praktizierte er vorwiegend unter der Leitung von Lehrern der tiefgründigen buddhistischen Praxis- und Meditationsüberlieferungen der Theravada-Tradition. In Bezug auf die Belehrungen über Motivation, »geschickte« Mittel *(upaya)* und Sichtweise wurde er vor allem von Lehrern der tibetischen Mahayana-Tradition inspiriert und geführt. Insgesamt lebte Fred von Allmen über sechs Jahre im Retreat. Er nimmt bis heute auch immer wieder an Workshops und Kursen für Selbsterfahrung auf der Basis der modernen Psychotherapie teil.

Ende 1984 begann er, nach entsprechendem Training, mit seiner eigenen Lehrtätigkeit. Seither leitet er Vipassana-Kurse und buddhistische Workshops in Europa, Asien und den USA. In der Schweiz ist er unter anderem auch als Lehrer an Retreats der Dhamma Gruppe Schweiz, einer Organisation für buddhistische Meditationskurse, tätig. Es ist ihm ein Anliegen, die Lehre auch zu Bereichen wie Alltag, Studium, Therapie und soziale Verantwortung in Beziehung zu setzen.

Viele seiner persönlichen Retreats verbringt er in Einsiedeleien. Auch praktiziert er weiterhin unter der Leitung von Lamas der tibetischen Dzogchen- und Gelugpa-Traditionen sowie von Lehrenden der Vipassana-Meditation. Fred von Allmen ist verheiratet und lebt in der Schweiz. 1990 erschien sein erstes Buch »Die Freiheit entdecken« im Theseus Verlag.

Information über Meditationskurse mit Fred von Allmen und anderen Lehrern und Lehrerinnen:

Dhamma Gruppe Schweiz
Buddhistische Meditationskurse
Postfach 5909
CH-3001 Bern, Schweiz.

Fred von Allmen

Die Freiheit entdecken

Vipassana-Meditation im Westen
Mit einem Vorwort von Dagyab Kyabgön Rinpoche

Die Freiheit entdecken heißt, sich selbst und das ureigene Wesen des Daseins klar zu erkennen. Genau um dieses Erforschen und Erkennen geht es Fred von Allmen in seinem Buch über die Vipassana-(Erkenntnis-) Meditation. Auf einfache, direkte Weise und weitgehend frei von asiatischer Kulturprägung werden in diesem Buch Meditation und spirituelle Praxis als Zugang zu Erkenntnis, Liebe und Mitgefühl vermittelt. Dabei wird zwar die Wichtigkeit intensiver Meditationserfahrung betont, gleichzeitig aber die Bedeutung spiritueller Praxis hervorgehoben, durch die wir Liebe und mitfühlendes Handeln in unserem alltäglichen Leben verwirklichen.
Das Buch enthält darüber hinaus vier Beiträge der weltweit bekannten Vipassana-Lehrer Chistine Feldman, Joseph Goldstein, Jack Kornfield und Christopher Titmuss.

168 Seiten, Broschur, DM 29,90   öS 218,-   sFr 29,-
ISBN 3-89620-035-6

Neuerscheinung im Frühjahr 1997 bei Theseus

Alfred Weil (Hrsg.)

Karma

Schriftenreihe der DBU bei Theseus

mit Beiträgen von: Ayya Khema, Dagyab Kyabgön Rinpoche, Paul Debes, Kalu Rinpoche, Nakagawa Fumon Roshi, Nyanaponika, Sangharakshita, Sogyal Rinpoche, Zentatsu Baker-roshi u. a.

Namhafte Lehrerinnen und Lehrer aller großen buddhistischen Traditionen stellen in ihren Beiträgen die Grundlagen der buddhistischen Auffassung von Karma vor, beleuchten die Wechselbeziehung von Karma und Wiedergeburt und zeigen auf, wie das Gesetz des Karma konkret wirkt und unsere Lebenswirklichkeit prägt.

ca. 300 Seiten   ca. DM 39,90   öS 291,–   sFr 38,90
ISBN 3-89620-108-5

Albert Low

Wo bist du, wenn ein Vogel singt?

Kommentare zum Mumonkan

Die Übung des Zen erfordert keinen besonderen Geisteszustand, keine speziellen Lebensumstände. Im Gegenteil: Albert Low geht in seinen Kommentaren zum Mumonkan, einer der bekanntesten klassischen Koan-Sammlungen, von den Alltagserfahrungen des modernen Menschen aus und zeigt, dass unser gewöhnliches Leben für die wahre spirituelle Übung vollkommen ist.

Ausführlich legt er dar, wie man mit Koans, diesen rätselhaften Paradoxa der Zen-Schulung, arbeiten kann. Mit Hilfe vieler Beispiele, Hinweise und Anekdoten schlägt er eine Brücke von den alten chinesischen Texten zum heutigen Dasein und Denken.

ca. 336 Seiten
ca. DM 48,- öS 355,- sFr 46,-
ISBN 3-89620-090-9

Namkha Päl

Sonnenstrahlen des Geistestrainings

Vorwort von Geshe Thubten Ngawang

Zentrales Thema dieses klassischen Textes des tibetischen Buddhismus, der die bekannten »Sieben Punkte des Geistestrainings« ausführlich kommentiert, ist die Überwindung des egoistischen Verhaltens. Der vorliegende Kommentar gilt innerhalb der Gelugpa-Tradition als Standardwerk, auf die sich alle weiteren Kommentare dieser Tradition beziehen; er liegt hiermit erstmals in deutscher Sprache vor.

192 Seiten
ca. DM 29,90 öS 218,- sFr 29,10
ISBN 3-89620-107-7

Thich Nhat Hanh

Nenne mich bei meinen wahren Namen

Gesammelte Gedichte

In den mehr als 100 Gedichten dieser Sammlung finden die Weisheit, die Liebe und das Mitgefühl dieses bedeutenden buddhistischen Lehrers auf berührende Weise Ausdruck. Sie zeugen von der großen poetischen Kraft des Autors, Erfahrungen der historischen und letztendlichen Dimension der Wirklichkeit in Bildern von beeindruckender sprachlicher Dichte zu vermitteln.

ca. 200 Seiten

ca. DM 38,-   öS 277,-   sFr 37,-

ISBN 3-89620-104-2

Limitierte Vorzugsausgabe mit einer eingelegten, signierten Kalligraphie Thich Nhat Hanhs, mit Schmuckschuber

ca. 200 Seiten

DM 128,-   öS 934,-   sFr 119,-

ISBN 3-89620-105-0

Andrea Liebers

Als der Buddha einst ein Löwe war

Geschichten für Kinder
Mit Illustrationen von Bruni Feist-Kramer

Der Buddha erzählt seinen Schülern viele Geschichten aus seinen früheren Leben. Bald nach seinem Tod wurden diese Geschichten aufgeschrieben und gehören seitdem zu einem sehr beliebten Teil der buddhistischen Überlieferung. Andrea Liebers hat für diesen Band knapp 20 Geschichten ausgewählt und in einer wunderschön bildhaften Sprache nacherzählt. Die phantasievollen Illustrationen der Künstlerin und Thangka-Malerin Bruni Feist-Kramer lassen diese magische Welt ungemein lebendig werden.

ca. 128 Seiten, ca. 30 farbige Abb.

ca. DM 29,90   öS 218,-   sFr 29,10

ISBN 3-89620-109-3